FLENSBURGER HEFTE

Doppelgänger

Der Mensch und sein Schatten

Inhalt

Zu den Steiner-Zitatangaben in den FLENSBURGER HEFTEN: Die GA-Nummern beziehen sich auf die jeweilige Bibliographie-Nummer der Rudolf Steiner Gesamtausgabe im Rudolf Steiner Verlag, Dornach/Schweiz. Danach sind in der Regel das Erscheinungsjahr der benutzten Ausgabe, das Vortragsdatum bzw. Kapitel und die Seitenzahl angegeben, von der Autor-, Titel- und Ortsnennung wird abgesehen. Nach Bibliographie-Nummern geordnet ist die Rudolf Steiner Gesamtausgabe im Katalog des Rudolf Steiner Verlags aufgeführt. Der Katalog ist durch den Buchhandel erhältlich.

Liebe Leserinnen und Leser!

„Und nun hat man mich mit dem Wesen allein gelassen, nein, nicht nur allein gelassen, zusammen eingesperrt hat man mich mit diesem Wesen, vor dem ich am meisten Angst habe: mit mir selbst.

Weißt du, wie das ist, wenn du dir selbst überlassen wirst, wenn du mit dir allein gelassen bist, dir selbst ausgeliefert bist? Ich kann nicht sagen, daß es unbedingt furchtbar ist, aber es ist eines der tollsten Abenteuer, die wir auf dieser Welt haben können: sich selbst zu begegnen.“

So schildert Wolfgang Borchert in seiner Erzählung „Die Hundeblume“ die Gedanken eines Gefängnisinsassen. – Sich selbst kennenzulernen, ist wahrlich ein Abenteuer! Denn die Selbsterkenntnis ist gerade dadurch charakterisiert, daß sie nicht beim Gewöhnlichen, bei der alltäglichen Selbstwahrnehmung stehenbleibt. Und eine umfassende Selbsterkenntnis darf sich auch nicht nur auf naheliegende bisher undurchdrungene Seelenbereiche des Menschen beschränken – auf verhältnismäßig leicht aufzuspürende Neigungen, Gewohnheiten, Leidenschaften, Begierden, Vorstellungsmuster, Defizite, Einseitigkeiten usw., deren Eingeständnis uns oft schon schwer genug fällt. Sie muß noch tiefer reichen.

Denn in jedem von uns schlummern auch verborgene Kräfte und Eigenschaften, die so ungemein finster sind, daß wir aufgrund unserer Eitelkeit kaum geneigt sind, ihr Wirken in uns wahrhaben zu wollen. Aber ihr Wirken ist so vielschichtig, so vielfältig maskiert und reicht so stark in unser alltägliches Leben hinein, daß es fahrlässig und geradezu katastrophal wäre, sich über ihre Existenz hinwegtäuschen zu wollen. Denn letztendlich würde das bedeuten, das Menschsein zu verkennen und in der eigenen Entwicklung zu verfehlen.

Beizeiten können die Abgründe unterbewußter Schichten des Menschen eruptiv hervorbrechen, und in Anbetracht mancher Gewaltexzesse könnte man meinen, der Schlund der Hölle ergieße sich ans Tageslicht. Aber auch Verhaltensweisen und Einstellungen, die nicht so offenkundig verheerend wie Mord und Folter wirken – Vorurteile, verkappter Haß auf alles Fremde, Lügen, Neid, das Leugnen der eigenen Verantwortung usw. –, lassen in ihrer zerstörerischen Macht oft in Abgründe blicken. Was kommt in allen diesen Verirrungen zum Vorschein? In den verborgenen Bereichen des Menschen wirken verschiedene Wesen, die sogenannten Doppelgänger, die auch als Schatten des Menschen bezeichnet werden. Es sind eigenständige Wesen unterschiedlichster Prägung, die aber gleichzeitig nahtlos zum Menschen gehören und Teile seiner selbst sind. Das Doppelgängerwirken ist dabei nicht nur auf das sogenannte Böse beschränkt, sondern leistet in gewissen Aspekten durchaus auch wohltätige Dienste, indem es z.B. an den konstitutionellen Voraussetzungen mitwirkt, die uns das Menschsein auf der Erde überhaupt erst ermöglichen. Die geballte zerstörerische Kraft kann insbesondere dann hervorbrechen, wenn wir uns dieser Schattenseite des Menschen nicht bewußt sind, sie undurchdrungen, unbeherrscht bleibt und wir nicht ständig bemüht sind, das Doppelgängerwirken zu erkennen und zu verwandeln.

Das vorliegende Buch haben wir in dieser Hinsicht als Leitfaden für das Abenteuer der Selbsterkenntnis konzipiert. Es bietet eine Fülle von Anregungen, um der existentiellen Frage nachzugehen, mit wem wir Menschen unbewußt verkehren, wer uns manchmal quält und peinigt, uns in schweren Träumen oder Erscheinungen erschreckt, wer uns still und heimlich etwas einflüstert, wer uns mitunter aber auch bestärkt, kurz: was in unseren verborgenen Tiefen wirkt und unerkannt auch unser Bewußtsein weitgehend prägt.

Im Gespräch mit Frank Hörtreiter und in dem grundlegenden Artikel von Wolfgang Weirauch werden die einzelnen Doppelgänger genauestens charakterisiert und Wege aufgezeigt, wie man sich ihnen gegenüber verhalten und mit dem Schatten des Menschen umgehen kann. – Zum Einstieg in das Thema eignet sich auch das dann folgende Interview mit Olaf Koob, das einen komplexen Überblick über das Doppelgängerwirken bietet und einen Zugang zu den vielfältigen Alltagswirkungen des menschlichen Schattens eröffnet. – Daran anschließend erzählt Klaus-Dieter Neumann in seinem Beitrag zwei Doppelgängererlebnisse aus seiner Jugendzeit. – Die beiden Artikel von Eckhard Glaeser und Arfst Wagner zeigen beispielhaft Doppelgängermotive in der Literatur, die Auswirkung der Begegnung von Dichtern mit ihrem anderen Selbst sind. – Und Ute Hallaschka und Thomas Höfer gehen in ihren Artikeln aus verschiedenen Blickwinkeln der Frage der inneren Vielfalt nach, die für das zwischenmenschliche Verhalten, z.B. das Gespräch, der inneren Schulung bedarf.

Es grüßt Sie
Ihre
FLENSBURGER HEFTE-Redaktion

Schatten des Menschen

Interview mit Frank Hörtreiter

von Wolfgang Weirauch

© Foto Partner, Hamburg

Frank Hörtreiter, *geb. 1944 in Dresden. Studium am Priesterseminar der Christengemeinschaft in Stuttgart und an der Universität Tübingen (klassische Sprachen und Philosophie). Priesterweihe 1970. Verheiratet seit 1969, vier Kinder. Pfarrer in Hamburg, Hannover, Stuttgart und wieder in Hamburg. Seit 1971 alljährlich in den Kinder- und Jugendferienlagern der Christengemeinschaft und Jugendbegegnungen tätig. Um Gesprächskontakte mit anderen religiösen Gemeinschaften bemüht, aber die Arbeit in der eigenen Gemeinde ist ihm das Wichtigste.*

Stellen Sie sich vor, Sie sitzen am Wasser und lassen den Blick über das weite Meer schweifen. Ein Ruderboot nähert sich langsam, und Sie beobachten die gleichmäßigen Bewegungen des Ruderers. Er steuert direkt auf Sie zu und landet vor Ihren Füßen. Aber als er aufsteht und sich umwendet, sehen Sie sich selbst. Wie würden Sie sich fühlen?

Solche oder ähnliche Erscheinungen gibt es häufig, und Sie hängen mit den unterbewußten Schichten des Menschen zusammen, mit seinem Schatten, mit seinem Doppelgänger. – Das Doppelgängerphänomen ist sehr vielschichtig und nicht leicht zu verstehen. In einer Art Lebens- bzw. Seelengemeinschaft verbringen wir unser Leben mit einigen Wesen, die auf verschiedene Weise als Doppelgänger auftreten und uns quälen, irritieren oder auch stützen können. Sie zu unterscheiden fällt schwer.

Frank Hörtreiter, Pfarrer der Christengemeinschaft in Hamburg, versucht im nachstehenden Interview, aufgrund der anthroposophischen Darstellungen, von Beispielen aus der Literatur und konkreten Erfahrungen Licht und Unterscheidungskraft in die Schattenwelten zu tragen, in denen sich die Doppelgänger des Menschen bewegen.

Wolfgang Weirauch: Der Begriff Doppelgänger ist im Gesamtwerk Steiners ein mehrfaches Teekesselchen – es ist ein Begriff, aber er hat die verschiedensten Inhalte. Können Sie hier etwas Klarheit schaffen?

Frank Hörtreiter: Dazu möchte ich auf den Aufsatz „Der Doppelgänger" von Thor Keller verweisen *(Mitteilungen aus der anthroposophischen Arbeit in Deutschland,* Nr.121/1977), in dem er einen sehr griffigen Überblick über die verschiedenen Doppelgängerwesenheiten im Gesamtwerk Rudolf Steiners gegeben hat. Er unterscheidet sechs verschiedene Doppelgänger. Vier von ihnen ordnet er den vier Wesensgliedern des Menschen zu.

Der Doppelgänger, der mit dem Ich des Menschen verbunden ist, ist derjenige, den man gewöhnlich den kleinen Hüter der Schwelle nennt. Ein zweiter Doppelgängerbegriff bezieht sich auf Astralleib-Leichname aus einer vergangenen Inkarnation. Der dritte Doppelgänger entsteht aus unausgefüllten Teilen des menschlichen Ätherleibes, die vor allem von ahrimanischen Wesen besetzt werden. Der vierte Doppelgänger hängt mit dem physischen Leib des Menschen zusammen und schlüpft kurz vor der Geburt unbemerkt in den menschlichen Leib hinein. Mit Ausnahme der Astralleib-Leichname kann niemand verhindern, daß er die drei anderen Doppelgänger in sich trägt; und der Mensch muß dazu ein vernünftiges Verhältnis finden.

Desweiteren nennt Thor Keller noch zwei andere Doppelgänger. Der eine von diesen beiden ist eine Art guter Doppelgänger. Er entsteht durch die Übung, daß wir alles das intensiv betrachten, was uns schicksalsmäßig trifft, und uns vorstellen, daß wir alles gewollt haben, vor allem auch das, was uns eigentlich in diesem Leben überhaupt nicht paßt. Alles, was von außen auf mich zukommt, alle Notwendigkeiten und sogenannten Zufälle, gehört schicksalsmäßig zu meinem Selbst. Wenn ich diese Ereignisse alle zusammenbilde, schaffe ich damit eine Art guten Doppelgänger von mir.

Der sechste Doppelgänger ist im Grunde eine Parallele zu dem dritten Doppelgänger, der durch Ahriman aus dem Ätherleib gebildet wird. Das ist eine Gewalt, die uns materialistisch denken läßt. Und wenn wir ehrlich sind, denken wir alle – zumindest zeitweise – mehr oder weniger materialistisch, benutzen die kalte Intelligenz und Ratio, so daß unser Lebensleib dadurch verändert wird.

W.W.: Es gibt aber noch weitere Doppelgänger im Gesamtwerk Steiners. Die Unterscheidung, die Thor Keller in bezug auf den dritten und sechsten Doppelgänger macht, kann ich allerdings nicht ganz nachvollziehen. Das ist für mich derselbe Doppelgänger.

Doppelgänger als Astralleib-Leichname

Können Sie kurz darstellen, was ein Astralleib-Leichnam ist und in welchen Fällen er sich in einer nächsten Inkarnation wieder mit einem Menschen verbindet?

F. Hörtreiter: Wer sein Denken, Fühlen und Wollen, wer seine ganze Person nur auf das Materielle der sinnlichen Welt richtet, nimmt nach dem Tod zu wenig Inhalte in die geistige Welt mit, denn eine Seele hat nur in dem Maße Geist, in dem sie ewige Inhalte in sich aufnimmt, also z.B. große Ideen, Ideale, religiöse und übersinnliche Inhalte. Also kann man nicht von jedem Menschen sagen, daß er automatisch eine unverwüstlich ewig lebende Seele hat. Wer aber geistige Inhalte während des Lebens aufgenommen, wer geistige Begriffe gedacht hat, erhält nach dem Tod eine Art Richtschnur, mit der er sich in den nachtodlichen Welten orientieren kann. Die Bemühung um spirituelle Inhalte während des Lebens wird nach dem Tod zu einem Licht, damit man nicht orientierungslos dahinflutet.

Menschen, die sich dagegen nur mit dem Sinnlichen befassen, haben nach dem Tod aus eigener Initiative nicht viel zu tun, obwohl sie eigentlich

Studie zu „Danse Macabre"
Frans Masereel (1941)

sehr viel aufzuarbeiten hätten. Aber sie können es nicht. Die Gesetzmäßigkeiten, die man aus der Anthroposophie kennt – die nächste Inkarnation nach etwa 1.000 Jahren, das nachtodliche Aufsteigen durch verschiedene Geistessphären bis zur Weltenmitternacht, das Erbilden eines neuen Leibes und Schicksalszusammenhanges aus den karmischen Notwendigkeiten heraus, eine rege Kommunikation mit geistigen Wesen –, sind für Menschen, die weitgehend sinnlichkeitsbezogen gelebt haben, auf groteske Weise verändert bzw. zeitlich verkürzt. Solche Seelen müssen schon sehr bald eine neue Inkarnation antreten.

Und dann besteht die Möglichkeit, daß sie ihren alten Astralleib zusätzlich in den neugebildeten mit aufnehmen müssen. Dieser alte Astralleib ist noch nicht aufgelöst, wenn Menschen verhältnismäßig rasch zu einer neuen Inkarnation antreten, und da er nicht mehr von der Individualität erfüllt ist, kann man ihn mit Recht einen Leichnam nennen. Dieser Leichnam hat eine saugende Wirkung auf den wieder inkarnierten Menschen und belemmert ihn mit seinen ganzen unverwandelten Seelendefiziten aus dem letzten Leben. Das wirkt sich während des Lebens so aus, daß man ständig Erlebnisse hat, mit denen man sich einerseits naiv identifiziert, bei denen man andererseits aber auch zusätzlich empfinden kann – zumal wenn man ein etwas feineres Empfinden entwickelt hat –, daß die Ursache nicht in diesem Leben liegt und eigentlich nichts mit einem selbst zu tun hat.

Beherrschende und saugende Leichname

W.W.: Astralleib-Leichname und Ätherleib-Leichname können in spiritistische Sitzungen hereingerufen werden. Auch dies sind Doppelgänger, also nicht die Individualitäten der Verstorbenen selbst. Welche Folgen hat es für die spiritistisch Experimentierenden, solche Überbleibsel in die irdische Welt hereinzurufen?

F. Hörtreiter: Das grenzt an das Gespenstererleben, denn auch Gespenster sind unverwandelte Hüllen, die in der Erdnähe herumhuschen. Wer spiritistisch experimentiert, unterliegt dem gravierenden Irrtum, daß er glaubt, eine Individualität vor sich zu haben, obwohl es nur einer ihrer Leichname, also eine abgelegte Hülle ist. Viele Menschen halten alles was aus dem Übersinnlichen kommt, allein schon deswegen für eine höhere Wahrheit, weil es nicht sinnlich, sondern übersinnlich ist. Und so ein Irrtum wird besonders dann gefährlich, wenn er mein Weltbild und die Ausrichtung meines Handelns bestimmt. Etwas Ähnliches kann man auch bei seelisch Kranken erleben: Je kranker ein Mensch seelisch ist, desto mehr kann er durch die Krankheit etwas Beherrschendes annehmen. Eine manische Führerpersönlichkeit kann z.B. viele Menschen beherrschen, nur nicht sich selbst.

Von einem solchen übersinnlichen Leichnam kann also etwas Beherrschendes, Befehlendes, Machtausübendes ausgehen, oder er hat einen eher saugenden, luziferischen Charakter, so daß die Menschen von seiner scheinbar übermenschlichen Vollkommenheit hingerissen sind. Zu den genannten Irrtümern kommt als weitere Gefahr die mangelnde Nüchternheit hinzu, also daß man entweder beherrscht wird oder berauscht ist. Eine weitere Gefahr ist, daß man durch eine spiritistische Sitzung anfänglich auch in einen übersinnlichen Bereich eintritt, aber ohne sich genügend vorbereitet zu haben. Denn das ganze Geschehen liegt auf der Ebene der Sensation, und das schützende Element der Selbsterziehung bleibt unberücksichtigt. Es ist eine bittere Notwendigkeit, die Moral zu schulen, wenn man den Schritt in geistige Welten wagt. Ermangelt es der Selbstschulung, wird man Beute der eigenen Erlebnisse, und man hat nicht genügend Unterscheidungskraft, um zu erkennen, was Objektivität und was Illusion und Wunschdenken ist.

W.W.: Und es kommt bei einer spiritistischen Sitzung noch hinzu, daß man nicht seine eigenen Seelenkräfte steigert, um mit Übersinnlichem in Kontakt zu treten, sondern daß man das Übersinnliche in die materielle Welt hinabzwingt. Und wahrscheinlich verhindert man dadurch zusätzlich noch, daß sich die Äther- und Astralleib-Leichname auflösen können, indem man sie weiterhin an die Erde bindet.

Der Kontakt zu Selbstmördern kann gefährlich werden

F. Hörtreiter: Das ist ganz richtig. Ich erlebe das in der Seelsorge am stärksten mit Menschen, die mit Selbstmördern in Kontakt getreten sind. Das geschah in diesen Fällen nicht durch spiritistische Sitzungen, aber es kommt auch vor, daß der gutgemeinte Rat, für Selbstmörder zu beten, zu einem Bumerang werden kann.

W.W.: Inwiefern?

F. Hörtreiter: Solch ein Vorgang bekommt dann den Charakter des Vampirhaften, und zwar geschieht das in den heiligsten Momenten, z.B. beim Gebet oder im Kultus, wo man sich auch etwas wehrlos macht, weil man sich dem Geistigen öffnet. Die Menschen machen sich für Geistiges empfänglich, aber plötzlich schiebt sich ein solches Wesen herein und suggeriert eine ungeheure Not. Im Grunde müßte man mit solchen übriggebliebenen Hüllen von Selbstmördern ganz ruppig umgehen, um ihnen deutlich zu machen, daß man sich nicht ungefragt von jedem konsultieren läßt. Das gilt nicht nur für die physische Welt, sondern auch für die geistige. Christus nennt sich im Johannesevangelium (10. Kap.) zugleich die Tür und den Hirten, dem die Tür rechtmäßig geöffnet wird. Und in der Offenbarung des Johannes wird im Sendschreiben an die Gemeinde in Laodizea (Kap. 3) das Bild von der Tür ein wenig verwandelt: „Siehe, ich stehe vor der Tür und klopfe an. Wenn jemand meine Stimme hört und die Tür öffnet, zu dem werde ich eingehen und das Mahl halten und er mit mir." Also auch Christus hat nicht den Anspruch, daß er für jeden ungebeten eine Beglückung sei. Wenn Menschen also der gefährlichen Illusion unterliegen, sie hätten einen in Not geratenen verstorbenen Menschen vor sich, können sie zur Beute eines Astralleib-Leichnams werden. Daraus kann resultieren, daß diese Menschen nicht mehr unbefangen beten bzw. in die Menschenweihehandlung gehen können. Deswegen muß man zu ziemlich energischen Mitteln greifen, um solche Besucher wieder loszuwerden.

W.W.: Und diese Astralleib-Leichname von Selbstmördern teilen sich speziell beim Gebet und in der Weihehandlung mit?

F. Hörtreiter: Eigenartigerweise ja. Zuvor haben die Menschen diesen Wesen aber immer den kleinen Finger gereicht. Das ist aber falsch verstandene Liebe und Hilfsbereitschaft, ohne klaren Blick für die Gegebenheiten. Ich halte das für ein Problem, denn gerade auch in unseren Reihen wird oft der Rat gegeben, sich intensiv mit einem Selbstmörder zu verbinden. Aus meinen Erfahrungen mit den entsprechenden Menschen kann ich aber nur zu größter Vorsicht raten.

W.W.: Was raten Sie diesen Menschen?

F. Hörtreiter: Wenn sie von solchen menschlichen Überbleibseln stark gequält werden, rate ich ihnen, nicht kurz vor dem Einschlafen oder gar im Liegen mit dem wirklichen Wesen des Selbstmörders in Kontakt zu treten, sondern lieber eine halbe Stunde vorher und in aufrechter Körperhaltung. Man kann auch einige Zeit vor der Weihehandlung in den Kultusraum kommen und in Herzlichkeit an den betreffenden Menschen denken, und zwar so, wie er im Leben in einem Augenblick war, den man selbst bejaht hat. Dann kann man ihn bitten, sich während der Menschenweihehandlung an die eigene Seite zu setzen, aber einen nicht zu stören. Die Seele eines solchen Menschen kann dann durch meine Sinne und durch mein Denken etwas von dem Geschehen des Kultus mitbekommen.

Auf der anderen Seite versuche ich, den Menschen den Humor und den Mut zu stärken, denn die Ängstlichkeit, daß ein solches Erlebnis mit einem Astralleib-Leichnam wiederkommt, kann einen Menschen schon verhexen.

W.W.: Aus diesem Problemzusammenhang ergibt sich ein interessanter Gesichtspunkt. Nehmen wir an, es handelt sich um einen Selbstmörder,

der schon seit vielen Jahren tot ist. Seine Individualität hat sich schon von seinem Astralleib gelöst, und dieser Astralleib-Leichnam belästigt einen Menschen auf Erden. Der auf Erden lebende Mensch betet für die verstorbene Individualität, und er wird von dem Astralleib-Leichnam des Verstorbenen traktiert. Kann man irgendwie annehmen, daß die verstorbene Individualität auf ihren eigenen Astralleib-Leichnam einen Einfluß ausübt, bzw. ist so etwas überhaupt möglich, damit diese Belästigungen des Lebenden aufhören?

F. Hörtreiter: Ich halte es schlicht für unwahrscheinlich, daß die Individualität auf ihren Astralleib-Leichnam irgendeinen Einfluß ausübt, denn dieser sollte im wahrsten Sinne verfaulen können. Er soll sich auflösen. Ich halte auch nichts von der Vorstellung, daß man einen solchen Leichnam erlöst, das wäre zu romantisch. Denn ein Mensch erlöst auch keinen physischen Leichnam. Ich kann mich höchstens freuen, daß er sich dem Wesen der Elemente mitteilt. – Je länger der Tod eines Menschen zurückliegt, um so sicherer kann man sein, daß die angesprochenen übersinnlichen Erfahrungen nichts mit der wirklichen Individualität zu tun haben.

Eindringen in fremde Geheimnisse

W.W.: Besteht bei der Wiederverkörperung nur eine Anziehungskraft zwischen dem Astralleib-Leichnam und der ehemals dazugehörigen Individualität, oder halten Sie es auch für möglich, daß eine zur Inkarnation schreitende Individualität einen fremden Astralleib-Leichnam in ihr Wesensgliedergefüge mit aufnimmt?

F. Hörtreiter: Das halte ich für möglich, aber es ist nur eine Vermutung. Ich komme auf diesen Gedanken durch die Schilderungen von Reinkarnationstherapeuten und ihren Patienten über deren frühere Inkarnationen. Dabei kann man feststellen, daß die Individualitäten in vergangenen Inkarnationen nie Durchschnittsmenschen waren. Meist waren es irgendwie rasante, spektakuläre oder berühmte Verkörperungen oder auf recht gruselige Art zu Tode gekommene Menschen. Das ist meines Erachtens in dieser Vielzahl nicht möglich, denn es muß auch „uninteressante“ Menschen oder stille Lebensläufe gegeben haben. Das kann man vor allem deswegen annehmen, weil die Menschen in früheren Jahrhunderten und Jahrtausenden viel kollektiver gedacht haben als heute. In Westfalen sagt man noch heute wie in einem letzten Nachklang dieses kollektiven Empfindens nicht: „Ich mag das nicht“, sondern: „Unsereins mag das nicht.“ Das ist etwas

Ähnliches wie in der Apostelgeschichte, wo es z.B. heißt: „Er wurde gläubig mit seinem ganzen Hause." (Apg. 18, 8) Das heißt nicht, daß die Menschen in früheren Zeiten ichlos gewesen wären, sondern sie waren eher selbstlos bzw. in eine Gemeinschaft eingefügt. Oder auf spaßige Weise heißt es in einem englischen Krimi von dem Butler: „Morgen wird es nicht gehen, denn wir heiraten." Und er meinte damit keineswegs sich selbst, sondern seinen Herrn. In so einem Fall hat man Anteil an beherrschenden Figuren, und das könnte eine Erklärung dafür sein, daß durch die Reinkarnationstherapien so auffällig viele berühmte Menschen in den vergangenen Inkarnationen erscheinen.

W.W.: Ich möchte noch einen weiteren Aspekt der Reinkarnationstherapien und Rückführungen ansprechen. Was dabei auffällt, ist, daß man verhältnismäßig einfach und schnell in eine angebliche vergangene Inkarnation zurückgeführt werden kann. Es könnte nun die eigene Inkarnation sein, es könnte aber auch eine Bewußtmachung eines mit einem verbundenen Astralleib-Leichnams sein oder noch ganz etwas anderes. Auch bei den angeblich reinkarnierten Holocaust-Opfern erhebt sich die Frage, ob diese Menschen sich so schnell wieder inkarnieren konnten, oder ob nur Überreste dieser Verstorbenen erlebt werden, die sich unter Umständen auch mit anderen Menschen verbinden. – Nehmen wir einmal den Fall eines Menschen bei einer Reinkarnationstherapie oder einer Rückführung, der dadurch ein Bewußtsein eines mit ihm verbundenen Astralleib-Leichnams bekommt. Zwar sagten Sie vorhin, daß Sie eine Erlösung eines Astralleib-Leichnams für unangebracht halten, aber ist es nicht zumindest möglich, daß man sich durch die Bewußtmachung dieses Astralleib-Leichnams von ihm befreit?

F. Hörtreiter: Das kann ich nicht ausschließen, halte es aber doch für etwas zweifelhaft. Statt eine Reinkarnationstherapie zu machen, halte ich es für angebrachter, sich mit dem früheren Leben eines Menschen – wie z.B. dem der Anne Frank – intensiv und liebevoll zu beschäftigen. Das ist im Grunde nichts anderes, als wenn man z.B. die Tagebücher eines Verstorbenen liest, vorausgesetzt ich bin mir sicher, daß dies nicht indiskret ist. Er müßte dem im Leben schon zugestimmt haben, denn sonst gleicht es doch eher dem Eindringen in fremde Geheimnisse. Ich habe z.B. vor einiger Zeit einen Zentner Briefe meines verstorbenen Vaters lesen müssen, um etwas juristisch daran zu prüfen, und hatte dabei das starke Empfinden von Schuld. Denn ich wollte die Intimitäten, die er mir im Leben nicht erzählt hat, jetzt nach seinem Tod nicht ungefragt nachlesen. Deswegen habe ich mir eine Technik des Querlesens angewöhnt, die mich schon nach kurzer Zeit hat vergessen lassen, was in den Briefen stand. Eigentlich habe ich nur nach bestimmten Stichworten gesucht. Deswegen ist es immer eine Frage, inwieweit man sich in die Intimitäten eines Menschen einmischt, und das gilt auch für frühere Inkarnationen.

Auf der anderen Seite ist es wahrscheinlich, daß für Menschen, die jung verstorben oder gewaltsam zu Tode gekommen sind, andere Zeitverhältnisse zwischen den Inkarnationen gelten. Wenn man Anne Frank nimmt und die Betrachtung ihres Schicksals mit der Aussage Rudolf Steiners verknüpft, daß ein Mensch erst mit der Pubertät karmafähig wird, dann kann man annehmen, daß sie gar nicht lange Zeit im Kamaloka gebraucht hat. Man muß sehr darauf achten, wie lange ein Mensch gelebt hat und ob es für ihn im Kamaloka etwas zu tun gab.

Wenn der andere in mir spricht

W.W.: Kennen Sie Beispiele dieses Doppelgängers, also des Astralleib-Leichnams, aus Ihrem persönlichen Umkreis oder der Gemeinde?

F. Hörtreiter: Das ist schwer zu beurteilen. Ich erlebe aber häufig Menschen, die den Satz des Paulus, „Mein ganzes Tun ist mir ein Rätsel. Ich führe nicht aus, was ich mir vornehme; sondern gerade was ich verabscheue, das tue ich“ (Römerbrief 7, 15), aussprechen bzw. im Sinne dieses Satzes handeln. Das ist zwar allgemein menschlich, könnte aber auch mit dem jetzt besprochenen Doppelgänger als Astralleib-Leichnam zu tun haben. Das kann ich schwer unterscheiden. Aber es geht darum, daß ein Mensch ganz genau weiß, was er will, und daß seine Seele auch voll davon erfüllt ist, aber trotzdem erlebt er auf eine geradezu gespenstisch zwingende Art, daß er zwar das Richtige sieht und will, aber das Falsche tut. Das kann als Erlebnis ein so starkes verfremdetes Neben-sich-Stehen sein, daß ich mir vorstellen kann, daß es mit dem Astralleib-Leichnam zusammenhängt. Das erkennt man vor allem an dem zwingenden Charakter, der hin und wieder von den Menschen auch so ausgedrückt wird: „Wenn dann der andere in mir spricht, sehe ich auch plötzlich alles, was ich vorher anders beurteilt habe, in seinem Sinne.“

W.W.: Was macht man in so einem Fall, bzw. was raten Sie solchen Menschen?

F. Hörtreiter: Auf jeden Fall bin ich überzeugt, daß es diesen gespenstischen bösen anderen in mir geben kann. Dies ist natürlich nicht immer der

Astralleib-Leichnam, denn jeder Mensch dürfte diese dunkle andere Seite von sich selbst schon einmal gespürt haben. Man sollte nicht in das einfache Raster verfallen, daß jemand im letzten Leben Materialist gewesen sei, deswegen wieder sehr schnell zu einer neuen Inkarnation geschritten sei und den noch nicht aufgelösten Astralleib-Leichnam des letzten Lebens wieder mit in seine Wesensglieder integriert habe, welcher dann in irgendeiner Weise exorziert werden müsse. Solch ein Denken ist zu vorschnell, primitiv und moralisch abstempelnd. Aber es gibt Menschen, die diesen Begleiter sehr stark in und neben sich fühlen, sich von ihm gelähmt oder getrieben fühlen, wodurch ihre eigene Freiheit erheblich eingeschränkt wird.

Diesem unangenehmen Begleiter kann man einen anderen Begleiter gegenüberstellen, und zwar ganz einfach einen inkarnierten Menschen. Ich denke dabei an einen Menschen, der die entsprechenden Phänomene ohne Urteil anschaut und mit der betreffenden Person bespricht. So etwas kommt auch in der „Chinesischen Legende“ von Albrecht Haushofer vor. Sie handelt von einem Kaiser, der sich selbst nicht in der Hand hat, sich mächtig aufplustert und von Machtgelüsten und Begierden getrieben wird. Neben sich hat er einen Zensor, der immer mit seinem Leben einstehen muß für das, was er sagt. Dieser hält dem Kaiser mit Ernst, aber ohne Gewalt, den Spiegel vor. – Haushofer hat sich sehr mit dem Bösen, auch durch das Schicksal seines Vaters bedingt, auseinandersetzen müssen, und er hat mit dieser „Chinesischen Legende“ eine Parabel auf die Verhältnisse des Nationalsozialismus geschrieben. Aber bei einer guten Dichtung gibt es natürlich auch immer mehrere Ebenen.

Wenn ich merke, daß der andere mit mir spricht, muß ich ihm zuallererst einmal das gleiche Recht wie mir selbst einräumen. Wenn man in dieser Weise ehrlich mit sich umgeht, so ist das schon eine Art Opfervorgang. Denn normalerweise ist man so selbstverliebt und in Gedankengewohnheiten und Geschmacksurteilen befangen, daß man sie unbedacht für das Richtige hält. Normalerweise bekommt man nur schwer Abstand von sich. Wenn man aber einen anderen Menschen als Gegenüber hat, der einen begleitet und einem unbefangen zuhört und vielleicht auch bestätigen kann, was man ihm mitteilt, dann wird einem im Sinne eines scholastischen Disputs ein Spiegel vorgehalten, man hört sich selbst von außen und wird ein bißchen von sich befreit. Und diese Freiheit hilft, daß der gute bzw. echte Mensch in einem gestärkt wird und unbelastet sprechen kann. – So etwas hat seine Fortsetzung oder Steigerung in der Beichte, die zunächst nichts anderes ist, wenn sie in einer reinen Gesinnung ausgeübt wird und der Pfarrer nicht moralisiert. Der Pfarrer kann seinen Gegenüber unbefangen anhören, mit voller Teilnahme dabei sein, aber ohne seelisch in ihn hineinzuschlüpfen. Die Distanz des Priesters muß beibehalten werden, denn er ist bei der Beichte jemand, durch den die Wirkung des Christus vermittelt wird, die den guten Menschen in einem stärkt.

Ich habe es oft erlebt – ohne dabei die einzelnen Doppelgängererscheinungen konkret unterscheiden zu können –, daß es für die Menschen bei der Beichte ausreichte, wenn ich still zuhörend, aber innerlich beteiligt mit den betreffenden Menschen zusammensaß. Als wir uns dann während der Menschenweihehandlung vor dem Altar wiedersahen, wurde deutlich, daß die Menschen wieder in Balance kamen. Denn durch diesen Vorgang werden die Menschen für Christus offen und können Liebe zu Gott und der Welt entwickeln. Ihre dunklen Seiten werden dadurch verwandelt und für die Zukunft bereitet. – Sicherlich wird es auch andere Hilfsmöglichkeiten geben, aber diese habe ich halt erfahren.

W.W.: Meinen Sie, daß man die Schwächen und Begierden des inkorporierten Astralleib-Leichnams überwinden und läutern kann, z.B. durch Übungen, genauso wie man dies mit den Schwächen und Unvollkommenheiten des jetzigen Lebens kann?

F. Hörtreiter: Das denke ich auf jeden Fall. Es geht dabei immer um ein Auflösen oder Austrocknen der Schwächen und darum, daß man sich selbst nicht so sehr wichtig nimmt. Denn man kann auch seine eigene Dämonisierung ein wenig zu interessant finden. Und jede Christusbegegnung ist z.B. daran zu erkennen, daß man frei und unbeflissen einen Schritt ins Soziale tut. Insofern relativiert sich alles, was einen scheinbar zu sehr plagt.

W.W.: Kennen Sie Beispiele dieses Doppelgängers in der Literatur?

F. Hörtreiter: Ja, ich denke, daß er in „Die Elixiere des Teufels" von E.T.A. Hoffmann vorkommt. Etwas Ähnliches ist das Drama aus dem Jiddischen von An-Ski, „Der Dibbuk", in dem beschrieben wird, wie ein Verstorbener in die Braut hineinfährt, die einen anderen heiratet. Auch alle Doppelgängerbeschreibungen, die sehr in die Richtung des Gespenstischen gehen, könnte man in bezug auf Astralleib-Leichname befragen.

Ahrimanische und luziferische Doppelgängergestalten im Ätherleib

W.W.: Können Sie den ahrimanischen Doppelgänger, der Teile des Ätherleibes ausfüllt, kurz charakterisieren?

F. Hörtreiter: Dieser Doppelgänger ist der äußeren menschlichen Gestalt schon sehr viel ähnlicher als der Astralleib-Leichnam, so wie der Ätherleib des Menschen der physischen Gestalt auch ähnlicher ist als der Astralleib. Steiner beschreibt, daß Teile des Ätherleibes sich loslösen bzw. abspalten, und zwar solche, die nicht vom Menschen ausgefüllt werden. Da es Ätherleibteile sind, ist es nicht weit hergeholt anzunehmen, daß diese unausgefüllten Teile des Ätherleibes gewissen Charaktermerkmalen des Ätherleibes an sich entsprechen. Und was sitzt im Ätherleib? Die Gewohnheiten.

Das sind zum einen sicherlich die Süchte, vor allem aber die Gewohnheiten, die zu Vorlieben geworden sind. Das geht bis zu den Gewohnheiten, wie ich Fahrrad fahre und auf welche Weise ich gewisse praktische Verrichtungen vollführe, die ich zwingend absolvieren muß, obwohl ich es gar nicht will. Und wenn ich Handlungen verrichte, die zwingend oder automatisch sind, bei denen ich nicht mit meinem Bewußtsein dabei bin, wirken sie so auf Teile des Ätherleibes, daß diese nicht verlebendigt werden, also unausgefüllt bleiben.

Rudolf Steiner sagt jetzt, daß diese Bereiche des Ätherleibes von solchen Seelenregungen erfüllt werden, die nicht von mir seelisch durchlebt sind, also eher automatisch vollführt werden. Von derartigen, nicht mit dem Ichbewußtsein durchlebten Seelenregungen hat jeder Mensch eine ganze Fülle, durchaus auch edle. Nehmen wir einmal an, ich schreibe einen schönen Kondolenzbrief, und ich bin der Meinung, daß ich hinter jedem geschriebenen Wort stehe. In Wahrheit bin ich aber schon während des Schreibens in Gedanken bei meinem demnächst abfliegenden Flugzeug. Also bin ich bei diesem Vorgang nicht ganz dabei. Ähnlich ist es mit Hunderten von kleinen Höflichkeiten, die ich tagtäglich äußere, ohne die wir gar nicht auskommen, aber bei denen wir nicht wirklich innerlich dabei sind. Wir setzen also ständig Seelenregungen aus uns heraus, die nicht wirklich von uns erfüllt sind. Dazu gehört z.B. jedes mechanische Lächeln, jedes automatische Dankeschön, jeder unbedachte Gruß usw. Dieses unausgefüllte Seelenleben durchsetzt den Ätherleib und wird Beute Ahrimans.

„Ich war zwei Jahre in Paris ..."

W.W.: Die Art des Denkens – ob es innerlich belebt ist und sich auf Spirituelles bezieht oder ob es automatisch und tot ist und vordringlich

Gegenständliches gedacht wird –, hängt sicherlich auch damit zusammen, inwieweit Teile des Ätherleibes ausgefüllt sind oder nicht.

F. Hörtreiter: Selbstverständlich. Ein philosophischer Gedanke, der für die schriftliche Form ausreichend ist, kann von uns als Begriff ausgesprochen werden, aber wenn er nicht gleichzeitig voll durchlebt wird, hat er einen unlebendigen Charakter. So etwas kommt immer öfter in der Umgangssprache vor, indem z.B. Adverbien hinzugefügt werden, wie etwa „echt" oder „kraß", aber ohne daß diese Nuancen wirklich erlebt werden.

In den letzten 200 Jahren ist eine stark einseitige Denkweise in der Menschheit entstanden, die sich weitgehend aufs Materielle richtet und somit große Teile des Ätherleibes veröden läßt. Durch die Computer – die ich allerdings für eine sinnvolle Einrichtung halte – und die weltweite Datenvernetzung werden die Menschen heute immer mehr in ein weltumspannendes Spinnennetz hineingezogen, so daß sie sich mitunter sogar als Teile der Maschinen fühlen. Da hilft oft nur noch der Humor und die Komik, um einen solchen Menschen aus seiner Einseitigkeit zu befreien.

Es ist nicht zufällig, daß in Lustspielen immer wieder Menschen auftreten, die allein dadurch komisch wirken, daß sie in jeder Situation das gleiche tun, z.B. mit der gleichen Redewendung reagieren. Das erleben wir z.B. in Ferdinand Raimunds „Der Alpenkönig und der Menschenfeind", wo u.a. auch der Diener Habakuk auftritt, der in jeder Situation sagt: „Ich war zwei Jahre in Paris, aber so etwas ist mir noch nicht passiert ..." Er bekommt schließlich eine seelische Obstipation, weil er diesen Satz nicht mehr sagen darf, bis der Menschenfeind selbst, der als sein eigener Doppelgänger verfremdet ist, ihm lachend erlaubt, diesen Satz wieder einmal sagen zu dürfen. Und dann geht Habakuk lachend und jubilierend ab und schreit: „Ich war zwei Jahre in Paris ..." Das ist komisch, weil es die koboldartige, aber doch ahrimanische Seite in uns anspricht. Bernard Shaw hat sogar gemeint, daß es das Grundgesetz jeder Komödie sei, nur einen einzigen Charakter zu haben, während alle anderen Typen sind, die in jeder Situation dasselbe sagen. Das ist zwar eine etwas verengte Theorie, aber sie ist nicht falsch.

W.W.: Haben Sie noch weitere Beispiele in der Literatur für diesen Doppelgänger?

F. Hörtreiter: Es gibt ein Märchen von Hans Christian Andersen, das heißt „Der Schatten". Daraus hat Jewgenij Schwarz eine gleichnamige wunderbare, aber doch sehr schwarze Komödie gedichtet. Dort wird beschrieben, wie durch die alltäglichen Gewohnheiten der gute Mensch immer schwächer wird, während der andere nach und nach die Macht übernimmt. Weil diese Figur so menschennah ist, ist sie sicherlich ein Beispiel für diesen ätherischen Doppelgänger.

W.W.: Steiner beschreibt, daß man in gewissen Augenblicken diesen Doppelgänger schauen kann. Man komme nach Hause und sehe sich dort bereits am Schreibtisch sitzen. Dies geschehe besonders dann, wenn man gerade dabei sei, eine verwerfliche oder intrigante Tat auszuhecken. Warum kann man diesen Doppelgänger gerade dann am ehesten schauen, wenn man solche Gedanken hegt?

F. Hörtreiter: Wenn man es optimistisch anschaut, so ist es doch eigentlich ein sehr netter Zug der geistigen Welt, daß man gerade in einer solchen Lage eine Art Spiegel vorgesetzt bekommt. Das könnte man auch ein bißchen in Beziehung zum Daimonion des Sokrates setzen, der sich auch immer nur dann meldet, wenn Sokrates anhebt, etwas Falsches zu tun. Letztlich ist der ätherische Doppelgänger ein nach außen gestelltes böses Gewissen, das eigentlich noch nichts Böses ist, aber doch zeigt, daß es zu etwas Bösem werden kann.

Da sich dieser Doppelgänger gerade aus den schlechten und eingefahrenen Gewohnheiten speist, ist es eigentlich kein Wunder, daß er besonders dann in Erscheinung tritt, wenn diese besonders aktiviert werden. Das ist wie bei den Bordunsaiten eines Instruments, die, wenn der entsprechende Ton gegriffen, gestrichen oder gezupft wird, als leere Saiten mitklingen, weil sie so gestimmt sind. Ähnlich ist es mit den unterbewußten Doppelgängereigenschaften: Man ist auf gewisse schlechte Gewohnheiten oder Eigenschaften gestimmt, und wenn sie aktiviert werden, heben sie sich heraus und kommen verstärkt zur Erscheinung.

„Weib, ich hasse dich“

W.W.: Zu diesem ahrimanischen Doppelgänger gibt es auch eine luziferische Komponente, und zwar jene, die Steiner in seinen Mysteriendramen den „Geist der Jugend“ nennt. Alles Karma, das der Mensch mit sich herumträgt und noch nicht ausgeglichen hat, kann sich dem übersinnlich Schauenden als Gestalt zeigen, die Luzifer formt. Gibt es dafür irgendwelche Hinweise oder Erfahrungen im täglichen Leben?

F. Hörtreiter: Bei diesem Phänomen schwimme ich am meisten. Es fällt mir auch sehr schwer, es zu beschreiben. Allerdings kenne ich es aus der

Philosoph
Max Klinger (1910)

Literatur, z.B. in Stifters „Brigitta". In diesem Roman kommen ein junger Hallodri und eine junge Frau vor, die äußerlich nicht schön ist, aber um so arroganter fordert, daß man sie achte. Beide kommen mit diesem Schicksal nicht zurecht. Sie verlieben sich, bekommen auch ein Kind, aber er beginnt ein Liebesverhältnis zu einer anderen Frau. Seine Frau schickt ihn daraufhin mit sanfter Unerbittlichkeit fort. Stifter, der ein begnadeter Melancholiker und depressiver Mensch war, formuliert in der Urfassung an dieser Stelle: „... sprang er auf, blitzte sie mit durchbohrenden Blicken an, nahm sie bei der Hand und sagte mit gepreßter inniger Stimme: ‚Weib, ich hasse dich, ich hasse dich.'"

Beide müssen dann sehr einsame und schwierige Lebenswege beschreiten. Der mittlerweile herangewachsene Sohn wird eines Nachts von Wölfen umringt, und sein Vater kann ihn retten, so daß dadurch eine Art von Schicksalsausgleich erfolgt, und erst dann finden die beiden Eltern zusammen und schaffen es, beieinander zu bleiben. Die Frau kommt von ihrem Hochmut herunter und kann den Mann, der sie zugleich liebt und haßt, bei sich aufnehmen.

Ähnliche Vorgänge kenne ich aus Eheschicksalen, wo es, kaum daß beide Partner beieinander sind, funkt, knistert und kracht. Da brechen Seelenuntergründe hervor, die aus der Zeit des Zusammenlebens zweier Menschen nicht erklärbar sind, so daß man vermuten kann, daß dies altes Karma ist. Zwischen solchen Menschen tritt oftmals eine ungeheure Unreife auf, die man von beiden in ihren sonstigen Außenverhältnissen überhaupt nicht kennt.

Wenn man lange reglos sitzt und einen Menschen anschaut – vorausgesetzt, der Hintergrund ist dunkler als das Gesicht –, dann wird sein Gesicht dunkel bis schwarz, während die Umgebung leuchtender wird. Dieser allmähliche Prozeß ist das Phänomen des Nachbildes. Wenn man weiter auf das Gesicht starrt, bekommt man schließlich eine Art von Popanz. Das ist vielleicht ein äußerliches Bild dafür, wie man durch das einfache Anschauen eines anderen Menschen etwas von seinem Wesen verstellt. In dem Vortrag „Wie kann die seelische Not der Gegenwart überwunden werden" (GA 168/10.10.1916) spricht Steiner etwas Ähnliches aus: Leute, die sich mögen, beginnen nach einiger Zeit oft unermeßlich übereinander zu schimpfen, sie kritisieren sich gegenseitig und merken überhaupt nicht, daß die Ursache unausgelebte Konflikte aus einem früheren Leben sind. Denn durch die vielen Inkarnationen und Menschenbegegnungen tragen wir alle derartige unausgelebte Karmaanteile mit uns herum.

Heilsame Gesten der Zusammenarbeit

W.W.: Noch einmal zurück zu dem ätherischen Doppelgänger, dem Ahriman Gestalt gibt. Jeder Mensch hat diese unausgefüllten, nicht durchdrungenen Teile seines Ätherleibes in sich. Welche Übungen können Sie vorschlagen, um diese Teile wieder zu verlebendigen, so daß die Doppelgängergestalten verdrängt bzw. eingeschränkt werden?

F. Hörtreiter: Vielleicht ist es ein Steckenpferd von mir, aber auch hier glaube ich, daß man lernen müßte, noch viel mehr über sich zu lachen. Das ist vor allem dann angebracht, wenn man fühlt, daß sich eine Eigenschaft oder etwas in einem Verhältnis zu einem anderen Menschen verfestigt. Wenn dann selbstgerechte und vorschnelle Urteile oder unbedachte Äußerungen über einen anderen Menschen gedacht oder ausgesprochen werden, kann man mit etwas Humor eher bemerken, daß wieder etwas in mir fühlt, was nicht mit meinem höheren Ich identisch ist. Das kann man auch im alltäglichen Leben üben, wenn man z.B. ein schnippisches Wort zu einem Busfahrer sagt und bemerkt, daß man wieder einmal nicht ganz frei von seinen eingefahrenen Gewohnheiten gewesen ist.

Als leuchtendes Beispiel stehen mir da zwei Priesterkollegen vor dem Auge, die ein Projekt miteinander durchgeführt haben, obwohl sie eigentlich nicht miteinander können. Ich habe mir erlaubt, beide unabhängig voneinander über ihr Verhältnis zu befragen, und beide teilten mir mit, wie schwer sie es jeweils mit dem anderen haben. Zwischen ihnen gab es auch Beleidigungen, sogar geistiger Diebstahl kam vor, und das Verhältnis war dementsprechend. Trotzdem sagten sie sich, daß sie derselben Gemeinschaft angehören und es doch unwürdig sei, die Zusammenarbeit aufzukündigen. Besonders der, der beleidigt worden ist, hat keine kitschige Versöhnungsgeste inszeniert, sondern dafür gesorgt, daß er zusammen mit seinem Kollegen etwas Produktives in die Welt stellen konnte. Menschen, die es fertigbringen, mit Menschen, mit denen sie eigentlich schlecht können, zusammenzuarbeiten, stellen ein eminentes Gegengewicht gegen den ahrimanischen, aber vor allem auch gegen den luziferischen Doppelgänger in die Welt. Solche Taten sind sehr heilsame Gesten.

Ein ahrimanischer Doppelgänger als Lebensbegleiter

W.W.: Bitte beschreiben Sie das Doppelgängerwesen, das kurz vor der Geburt im Menschen Platz greift, speziell in bezug auf seine Intelligenz- und Willenskräfte.

F. Hörtreiter: Dieses Doppelgängerwesen hat einen anderen Charakter als die bisher besprochenen. Es ist von vornherein ein eigenständiges Wesen und schmarotzt nicht an unserer Seele. Es ist ein viel prinzipielleres und konstanteres Wesen, das über unseren eigenen Willen hinaus einen eisenharten, fast unmenschlichen Willen besitzt und das neben unserer bescheidenen, oft vielleicht inkonsequenten Intelligenz eine klare überragende Intelligenz hat und dem das Gemüt fehlt.

Wir können dafür ein Gespür bekommen, wenn wir uns als maschinenartig und kalt funktionierende Wesen erleben. Oft ist das die männliche Nuance. Das ist zum einen konstitutionsbedingt, zum anderen aber auch kulturell, weil vielen Männern im Beruf abverlangt wird, einfach nur zu funktionieren. Wenn auch eine Frau nur kalt und sachlich funktioniert, dann habe ich allerdings den Eindruck – vielleicht ist das nur mein chauvinistisches Empfinden –, daß hier ein Mensch noch mehr verfremdet wird, als es bei den meisten Männern schon der Fall ist.

Wir haben also ein Wesen in uns, das uns ununterbrochen begleitet und in unser Gedanken- und Willensleben hineinwirkt. Deswegen läßt es sich auch schwieriger beschreiben, weil es mit unserem eigenen Erleben und mit unseren eigenen Impulsen verschwimmt. Dieses ahrimanische Doppelgängerwesen ist viel grundsätzlicher mit dem Intelligenz- und Willensleben des Menschen verbunden, während die anderen bisher beschriebenen Doppelgänger individueller geprägt sind bzw. mehr mit den individuellen Schwachstellen des Menschen zusammenhängen. Er ist ein dauernder stummer Begleiter, der beständig unsere Sehweise verändert, aber so, daß wir nicht bemerken, daß wir überhaupt anders sehen. Wir rechnen das Wesen dieses Doppelgängers bzw. seine Äußerungen ganz einfach mit zu unserer Natur, ohne es zu bemerken.

W.W.: Gibt es irgendwelche Wahrnehmungen von dem Hineinschlüpfen dieses Doppelgängers kurz vor der Geburt, z.B. durch die Mutter?

F. Hörtreiter: Ich kenne Phänomene, die mich fragen lassen, ob sie mit diesem Doppelgängerwesen zusammenhängen. Genau weiß ich es aber nicht. Abgesehen von den normalen Stimmungsschwankungen bei schwangeren Frauen kann man beobachten, daß sich eine schwangere Frau über acht Monate hin immer in einer freien und fast goldigen Weise auf das Kind freut. Aber mit einem Mal, kurz vor der Geburt, verdüstert sich ihr Wesen. Etwas Ähnliches ist auch die Depression nach der Geburt. Und man kann feststellen, daß diese Depression mitunter auch schon kurz vor der Geburt beginnt.

Im Kokon der Verdrahtung

W.W.: Welche Impulse gehen von diesem Doppelgänger aus, und zwar in bezug auf den Menschen und auf die gesamte Erde?

F. Hörtreiter: „Ich soll funktionieren. Ich bin ein Macher." Wenn ein Lehrer oder ein Feldwebel in bezug auf die Schüler oder Soldaten sagt, er habe seine Truppe voll im Griff, dann kommt das kalt beherrschende Element des Doppelgängers zum Ausdruck. Solche Gedankenäußerungen können mit dem Willen gekoppelt werden, ohne daß das Herz spricht.

Man sollte davor aber nicht erschrecken, denn diese Tendenzen gehören zum menschlichen Leben, und wahrscheinlich kann man gar nicht ohne sie leben. Denn der Wille, eine Sache unbedingt schaffen zu wollen, hat auch seine positiven Seiten. Deshalb glaube ich auch nicht, daß dieser ahrimanische Doppelgänger zu beklagen ist. Wenn ich die Wahl hätte, ihn loswerden zu können, würde ich von dieser Wahlmöglichkeit keinen Gebrauch machen. Manche irdische Tüchtigkeit, die man vielleicht mit zusammengebissenen Zähnen leisten muß, ist für dieses Erdenleben einfach notwendig.

Lange bevor es die Elektrizität und die Dampfmaschine gab, wurde in Hannover von dem genialen Universalgelehrten Leibniz mitten im Flachland eine Fontäne konstruiert. Er erzeugte den Druck durch minimale Niveauunterschiede, um dann über Laufräder Wasser in die Höhe zu pumpen. Und dieses Wasser diente wiederum dazu, seinerseits andere Laufräder zu betreiben, so daß die Stärke des Wasserdrucks immer weiter erhöht wurde. So entstand aus einer langsamen Fließgeschwindigkeit in einem geometrisch barock durchgestalteten Garten diese besagte Fontäne. Ein belebtes fließendes Element wurde zu einer metallisch leuchtenden Stange umkonstruiert.

Das ist für mich ein Bild dafür, wie – fast noch in spielerischer Weise – damit begonnen wurde, die gesamte Natur nach und nach mit einem Lineal zu durchziehen. Fortgesetzt wurde das dann mit den Bahngleisen. – Man stelle sich nur den jungen Steiner vor, wie er sich in seiner ländlichen Abgeschiedenheit auf dem Gipfel der Moderne fühlte, weil durch seinen Geburtsort glänzende Bahngleise verliefen. – Auch diese beiden Parallelen gestalten die Natur in einer Weise, wie sie es niemals selbst vollbringt. Mit der Technik wird also eine Lebenswelt – wenn man es freundlich ausdrükken will – kristallisiert. Das ging dann weiter mit den Telegrafendrähten, elektrischen Kabeln usw. Steiner behauptet ja, daß diese erdumspannenden Drähte uns von der geistigen Welt abschnüren und daß bestimmte Gedanken, die z.B. in der Goethezeit noch sehr flexibel gedacht werden konnten, von uns heute nicht mehr originär erforscht bzw. gefunden werden könnten. Nachdenken können wir sie zwar immer noch, aber wir sind nicht mehr originell und geistig offen genug, weil sich die gesamte Welt in einem Kokon der Verdrahtung befindet. Selbst die Majestät des Sternenhimmels kann heute sehr trügen, wenn man dazwischen die künstlichen Himmelskörper wahrnimmt, die als flinke Planeten ihre eigenen Bahnen ziehen.

W.W.: Nun hat sich diese Tendenz seit Steiners Zeiten natürlich erheblich verstärkt und ausgeweitet. Wie sehen Sie in diesem Zusammenhang das Internet in seiner Auswirkung auf den Menschen?

F. Hörtreiter: Ich komme gerade von einer kleineren Jugendtagung mit dem Hauptthema „Begegnung". Eine Gruppe hatte sich das Thema „Begegnung im Internet" vorgenommen. Sie haben etwas fast Magisches vollbracht, nämlich ein Stück Landschaftskunst gestaltet. Sie haben ganz viele Stäbe im Kreis in die Erde gesteckt. Jeder Stab symbolisierte einen Menschen. Und so wie diese Menschen miteinander sprachen, haben sie Wollfäden zwischen den verschiedenen Stäben gespannt, so daß man sehen konnte, welches Muster die verschiedenen Gespräche ergaben. Dieses Gespinst von Wollfäden wurde zu einem freundlichen Bild dessen, was täglich im Internet vor sich geht.

Die Kontakte, die im Internet gepflegt werden, laufen allerdings meist ein bißchen unter dem normalen Menschenniveau ab, weil alles mechanisiert ist und weil man im Grunde seelisch nicht mehr alles mitvollziehen kann, was einem mitgeteilt wird. Man bildet sich ja auch ein, daß man dem anderen unkontrolliert sehr intim nahekommen kann. Aber diese Intimität ist doch eher eine Scheinwelt. Also durch das Internet verändert sich die gesamte Umwelt, aber ich habe deshalb trotzdem keinen Anlaß, darüber zu jammern.

Die Impulse des Doppelgängers werden zu den eigenen

W.W.: Kann man zwischen den Gedanken, Gefühlen und Handlungen der eigenen menschlichen Individualität und den Intelligenzkräften und Impulsen des Doppelgängers in einem unterscheiden?

F. Hörtreiter: Es ist die Frage, ob man das überhaupt mit einem ausschließenden Entweder-Oder entscheiden kann. Weil ich diesen Doppelgänger und seine Impulse ständig in mir habe, ist sein Wirken so sehr mit meinem Seelenleben verschmolzen, daß mal seine Intelligenz- und Willenskräfte, mal meine eigenen in meinem Blickfeld erscheinen. Beide Bereiche sind wie in einem Vexierbild enthalten, und ich kann sie sogar bei sensibler Beobachtung konturenscharf unterscheiden. Aber die Seelenimpulse des Menschen und die des Doppelgängers befinden sich in demselben Bild. Das braucht man auch nicht zu verteufeln, denn ich muß z.B. nicht spirituell denken, wenn ich den Vergaser meines Autos auseinandernehme, und welche Sorte Intelligenz mich den Fehler finden läßt, ist eigentlich nicht besonders wichtig. Zwar ist es eine Maschinenwelt, in der ich mich dann bewege, aber ich kann mir auch darüber klar werden, daß ich meine Gedankenkraft in jedem Augenblick auch auf etwas anderes lenken kann. Ich könnte z.B. meinen einsamen Nachbarn fragen, ob er mir beim Reparieren des Autos helfen kann. Und dann habe ich im selben Erlebnisfeld eine andere Dimension, durch die mir neue, weiterreichende Gedanken kommen, als wenn ich nur vor mich hinwerkele und darüber nachdenke, wie ich alles allein repariere. Bei der Unterscheidungsfähigkeit kann es also nicht um ein Entweder-Oder gehen, denn ich mache auch die Impulse des Doppelgängers zu meinen eigenen.

W.W.: Das ist im Grunde ja etwas völlig Menschenübliches. Wie viele Gedanken und Ideen sind wirklich von uns originär gedacht? Die meisten haben wir von anderen Menschen übernommen, z.B. auch von Steiner, und trotzdem empfinden wir die aufgenommenen Ideen und Gedanken als unsere eigenen. Ein ursprünglich von einem anderen Menschen gedachter Gedanke wird z.B. von uns durchdacht, als richtig empfunden, und nach drei Jahren erinnern wir uns bestimmt nicht mehr an den Schöpfer dieses Gedankens, sondern empfinden den Gedanken als unseren eigenen. Ähnlich stelle ich es mir auch in bezug auf die Gedanken dieses Doppelgängers vor.

F. Hörtreiter: Ganz genau. Wenn wir nur die Gedanken als eigene Gedanken erleben dürften, die wir in der Welt als erster gedacht haben, dann würde nicht viel übrigbleiben.

Wenn der Doppelgänger einen verläßt

W.W.: Gibt es Übungen, die einen in die Lage versetzen, diesen Doppelgänger zu schauen, oder gibt es Augenblicke, in denen man ihn besonders spürt?

F. Hörtreiter: Diesen Doppelgänger kann man manchmal bei Sterbenden wahrnehmen. Ich kannte z.B. eine Frau, die über 90 Jahre alt war. Sie war über 60 Jahre Kettenraucherin und gewöhnte sich an ihrem Lebensabend das Rauchen von einem Tag auf den anderen ab. Kurz darauf starb sie. Einer ihrer letzten Sätze, die sie kurz vor ihrem Tod mit ihrem trockenen Humor sagte, war: „Ich bin dumm." Und sie hatte wirklich das Empfinden, daß ihr etwas entglitten war. Man kennt von alten Leuten, die ins Altersheim wechseln, das Phänomen, daß sie die Einzelheiten der Räumlichkeiten nicht mehr seelisch durchdringen können und so zu der Annahme gelangen, man würde sie ständig bestehlen. Ähnlich kann man auch das Empfinden haben – kurz vor dem Tod, wenn der Doppelgänger herausschlüpft –, daß man seiner Intelligenz bestohlen wird.

Das Heraustreten des Doppelgängers kurz vor der Todesschwelle kann etwas Befreiendes und Friedvolles mit sich bringen, auf der anderen Seite kann es aber auch dazu führen, daß sich ganz schreckliche Abgründe im Seelenleben des Menschen auftun. So etwas beschreibt Wilhelm zur Linden in seiner Autobiographie „Blick durchs Prisma". Er schildert dort einen General, der kurz vor seinem Tod dermaßen unter sein menschliches Niveau sackte, daß sogar jemand seiner lieben Verwandten aussprach: „Wenn das Vieh doch verreckte!" Das ist die Schilderung eines sehr eindrucksvollen und ein bißchen gruseligen Vorgangs.

Aber es gibt eben auch den Zustand des friedlichen Abschieds vom Doppelgänger. Und ich habe es hin und wieder erlebt, daß die Menschen in den Tagen vor ihrem Tod etwas Leichtes – aber nicht Euphorisches –, fast humorvoll Entsagendes seelisch ausstrahlen. Oft bin ich auch von Dritten auf dieses Phänomen aufmerksam gemacht worden. Vor allem Krankenschwestern können so etwas manchmal wunderbar fein beobachten. An dem seelischen Gespür, daß solch ein Mensch leichter wird, entwickeln sie hin und wieder die Ahnung, daß der Mensch bald sterben wird. Und dann rufen sie einen Priester zur Letzten Ölung. Ich bin immer sehr froh, wenn durch solch ein Gespür der heilige Augenblick kurz vor dem Tod nicht verpaßt wird.

W.W.: In anthroposophischen Kreisen hört man immer wieder einmal, daß in bezug auf besonders schlechte Gedanken oder Taten eines Menschen gesagt wird: Das war sein Doppelgänger. Wie steht es mit der Verantwortung des Menschen und seinem Schuldigwerden? Kann man die Verantwortung und Schuld überhaupt auf den Doppelgänger abwälzen?

F. Hörtreiter: Die Schuld auf den Doppelgänger abzuwälzen, ist natürlich ein Unding. Das ist ungefähr so, als würde ich einen Bumerang werfen, der mich anschließend wieder trifft. Dieses Ignorieren der eigenen Schuld ist etwa genauso logisch, als würde ich sagen: Das war nicht ich, sondern ich. Dieses Schuldabwälzen ist eine Ausflucht, die nichts bringt.

Die Flucht vor Christus und dem Tod

W.W.: Warum können diese ahrimanischen Doppelgänger nicht den Tod des Menschen vertragen, so daß sie kurz vorher herausschlüpfen? Welche Wirkung haben Christus und das Mysterium von Golgatha auf die Doppelgängerwesen?

F. Hörtreiter: Daß sie den Tod nicht vertragen, hängt mit der Veränderung des Todes seit Christi Wirken auf Erden zusammen. Denn seitdem Christus mit seinen Auferstehungskräften den Tod überwunden hat, ist auch der individuelle Tod des Menschen ein anderer geworden. Steiner beschreibt den Todesaugenblick als den schönsten in der menschlichen Biographie. Den Anblick des Christus im Tod ertragen diese Doppelgänger nicht, und sie müssen vor seiner bezwingenden Selbstlosigkeit fliehen. Wahrscheinlich können sie auch nicht verstehen, wie Christus uns dumme Menschen überhaupt achten kann. Sie können seinen Blick nicht teilen. Andererseits erleben sie, daß sie vom Christus durchschaut werden. Und es gilt für die ahrimanischen Wesen allgemein, daß man ihre Wirkung paralysiert und auflöst, wenn man sie erkennt. Christus stellt diese ahrimanischen Doppelgängerwesen durch seine überragende Geistesgröße, aber nicht durch Gewalt, sondern durch Milde und Stille. Er ist wie jemand, der im tosendsten Lärm die größte Kraft ausstrahlt, weil er Ruhe bewahrt. Denn wer im Lärm schweigt, kann sich mitunter besser Gehör verschaffen als der, der weiter Radau macht.

Die ahrimanischen Wesen versuchen immer wieder, den Menschen in einer funktionierenden Diesseitigkeit zu verewigen, die spirituelle Inhalte und Individuelles nicht mehr zuläßt. Aber an dieser Stelle wird Ahriman immer wieder enttäuscht. Darüber kann man sich eigentlich nur wundern, daß er so einseitig denkt, obwohl er eigentlich so überragend intelligent ist. Er kann die Wirksamkeit des Christus weder verstehen noch ertragen. Michael Bauer hat dazu einmal gesagt, daß der Teufel zwar keinen Augenblick an der Existenz Gottes zweifle, aber dennoch nicht an ihn glaube. Diesen wirklichen Glauben, der aus der Mitte des Menschen entspringt, kann ein ahrimanisches Wesen nicht aufbringen, da es kein Gemüt hat.

Aus F.W. Murnaus Film „Nosferatu" (1922)

W.W.: Kennen Sie Beispiele für diesen Doppelgänger in der Literatur?

F. Hörtreiter: Es gibt eine kleine Stelle in der „Alkestiade" von Thornton Wilder. Apoll und der Tod stehen sich gegenüber, und der Tod schreit kreischend heraus, er wolle keine Veränderung. Aber Apoll entgegnet ihm, daß er jetzt etwas lernen werde. Wilder hat mit diesem Stück ein christliches Drama gedichtet, während das dem Thema entsprechende Drama von Euripides („Alkestis") geradezu zynisch ist, denn er spielt mit dem Götterglauben und läßt die irdische Treue vor die Hunde gehen. Bei Wilder geht das Schicksal über den Menschen hinaus, und es wird auch der Mensch weitergeführt, der es nach landläufiger Meinung eigentlich nicht verdient.

Dann kann man noch diejenigen Märchen nennen, in denen das nächste Neugeborene gefordert wird. Rumpelstilzchen wird interessanterweise gerade dann gebannt, wenn sein Name genannt wird. Daran erkennt man, daß es eine ahrimanische Komponente in sich birgt. Aber auch in anderen Märchen muß oft als Ausgleich für eine Hilfeleistung das erste hergegeben werden, das einem begegnet. Dies ist oft peinlicherweise nicht irgendein Haustier, sondern z.B. die eigene Tochter. Sie ist aber ein Bild für die eigene Seele, die hergegeben werden muß.

Titelbild zu Mary Shelleys „Frankenstein“ (Ausgabe 1831)

Natürlich findet man diesen ahrimanischen Doppelgänger auch in allen Gruselgeschichten, in denen er in einer physischen Gestalt auftritt. Bei Frankenstein ist z.B. der Traum Ahrimans verwirklicht, daß ein Leib ohne Seele maschinenartig funktioniert. Auch in der Rocky Horror Picture Show werden entsprechend christliche Bilder persifliert. Etwas variiert finden wir es auch bei Dracula: Dracula lebt in einem Leib, in dem kein Mensch mehr wohnt und ernährt sich durch das Blut anderer Menschen. Das Buch „Grenzgänger wie Hiob“ von Günther Lange enthält in der Geschichte „Annäherungen“ fast eine klassische Version dieses Doppelgängers. Es ist die Vision eines dem physischen Leib nahen Doppelgängers, der dem Menschen bei einem Todeserlebnis deutlich macht, was er alles noch nicht überwunden hat. Das ist aber keine triviale Gruselgeschichte.

Plakat zu Dan Curtis' Film „House of Dark Shadows" („Schloß der Vampire")

Im geliebten Menschen einen Totenschädel sehen

W.W.: Haben Sie eigene Erfahrungen mit diesem Doppelgänger?

F. Hörtreiter: Selbst nur sehr unbewußt. Aber von Dritten ist mir hin und wieder beschrieben worden, daß sie in einem geliebten Menschen, wenn sie ihm selbst nicht gerecht wurden, einen Totenschädel gesehen haben. Die Beschreibungen waren zum Teil sehr schrecklich, z.B. daß die Haut schrumpelig wurde, sich das gesamte Gesicht mumienartig verzog und die Augenhöhlen leer waren. Man sah also im anderen Menschen eine Vision, und die betreffenden Personen sagten in etwa aus: „Das war nicht die Fratze meines geliebten Menschen, sondern mein eigenes Versagen."

W.W.: Und das geschah während einer menschlichen Begegnung?

F. Hörtreiter: Ja. So etwas ist natürlich schwer erträglich, aber vielleicht auch ganz heilsam.

W.W.: Bei welchen Begebenheiten trat eine solche Vision auf?

F. Hörtreiter: In einer schwierigen oder fast unlösbaren Situation, z.B. bei Eheleuten, die seit Jahren nicht mehr miteinander reden konnten. Sie erschraken dann über dieses Erlebnis, und der eine Partner fragte sich, ob er dem anderen etwa den Tod wünsche.

Aus dem Sterblichen die Früchte für das Unsterbliche herausholen

W.W.: Steiner spricht darüber, daß dieser Doppelgänger der Urheber vieler Krankheiten sei. Wissen Sie etwas darüber?

F. Hörtreiter: So weit ich weiß, geht es dabei um die organischen Krankheiten. Letztlich hängt es mit dem sogenannten Sündenfall zusammen, durch den die Wesensglieder des Menschen verschoben wurden, so daß seitdem eine Disharmonie der verschiedenen Leiblichkeiten vorliegt. Und die Wesensglieder sind zutiefst mit der Materie verstrickt. Wenn dann zusätzlich noch dieser ahrimanische Doppelgänger als dauernder Gast bis in die Leiblichkeit hineinwirkt, dann kann ich mir schon vorstellen, daß dadurch verschiedene Krankheiten entstehen können. Vielleicht ist das so, als wenn ich an meinem Geigenbogen ein Gewicht hängen habe; dann kann ich noch so gut spielen, es werden immer Mißklänge dabei entstehen.

In diesem Zusammenhang möchte ich eine Stelle aus „Wie erlangt man Erkenntnisse der höheren Welten?" vorlesen. Steiner führt dort in dem Kapitel „Leben und Tod. Der große Hüter der Schwelle" über den Zusammenhang von Sterben und Leben in der Welt aus, daß aus den Resten einer absterbenden und erstarrenden Welt die Keime einer neuen Welt erblühen:

„Die absterbenden Teile der alten Welt haften noch den neuen Lebenskeimen an, die ja aus ihnen hervorgegangen sind. Den deutlichsten Ausdruck findet das eben im Menschen. Er trägt als seine Hülle an sich, was sich aus jener alten Welt erhalten hat; und innerhalb dieser Hülle bildet sich der Keim jenes Wesens aus, das zukünftig leben wird. Er ist so ein Doppelwesen, ein sterbliches und ein unsterbliches. Das Sterbliche ist in seinem End-, das Unsterbliche in seinem Anfangszustand. Aber erst *innerhalb* dieser Doppelwelt, die ihren Ausdruck in dem Sinnlich-Physischen findet, eignet er sich die Fähigkeiten dazu an, die Welt der Unsterblichkeit zuzuführen. Ja, seine Aufgabe ist, aus dem Sterblichen selbst die Früchte für das Unsterbliche herauszuholen. Blickt er also auf sein Wesen, wie er es selbst in der Vergangenheit aufgebaut hat, so muß er sich sagen: Ich habe in mir die Elemente einer absterbenden Welt. Sie arbeiten in mir, und nur allmählich kann ich ihre Macht durch die neuauflebenden unsterblichen brechen. So geht des Menschen Weg vom Tode zum Leben. Könnte er mit vollem Bewußtsein in der Sterbestunde zu sich sprechen, so müßte er sich sagen: ‚Das Sterbende war mein Lehrmeister. Daß ich sterbe, ist eine Wirkung der ganzen Vergangenheit, mit der ich verwoben bin. Aber das Feld des Sterblichen hat mir die Keime zum Unsterblichen gereift. Diese trage ich in eine andere Welt mit hinaus. Wenn es bloß auf das Vergangene ankäme, dann hätte ich überhaupt niemals geboren werden können. Das Leben des Vergangenen ist mit der Geburt abgeschlossen. Das Leben im Sinnlichen ist durch den neuen Lebenskeim dem allgemeinen Tode abgerungen. Die Zeit zwischen Geburt und Tod ist nur der Ausdruck dafür, wieviel das neue Leben der absterbenden Vergangenheit abringen konnte. Und die Krankheit ist nichts als die Fortwirkung der absterbenden Teile dieser Vergangenheit.‘“ (GA 10/Tb. 1975/S.147 f.)

Man könnte auch sagen: Der Tod ist der Sünde Sold. Allerdings darf man das nicht moralisierend auffassen, sondern lediglich als eine Tatsachenbeschreibung. Die Krankheit ist der Vorblick auf den Tod, und gerade deshalb ist sie nicht schlimm, denn wir erleben schließlich im Tod den größten Augenblick unseres Lebens. Und die organischen Krankheiten sorgen letztendlich auch dafür, daß wir dem Tod entgegengehen können und nicht zum verewigten Zombie werden. Insofern ist der Tod auch eine

Befreiung. Die Angst vor dem Tod ist bei den meisten Menschen ohnehin nicht die Angst vor dem Sterben, sondern die Angst, kein sinnvolles Leben geführt zu haben. Und so hat jede Krankheit ihren Sinn, und auch wenn sie uns und unsere Mitmenschen während des Lebens belastet, wird sie vom Standpunkt der Ewigkeit ganz anders angeschaut.

W.W.: Laut Steiner veranlaßten irische Mönche und die katholische Kirche im frühen Mittelalter, daß das Wissen um den Doppelgänger – erforscht z.B. durch Reisen der Skandinavier nach Amerika, wo sie die geographischen Verhältnisse und die Wirkungen des Doppelgängers auf die Krankheiten studierten – in Europa in Vergessenheit geriet, damit die egoistischen Kräfte des Menschen nicht verstärkt und das Christentum in voller Gültigkeit ausgebildet werden konnten. Gibt es hierfür irgendwelche Belege?

F. Hörtreiter: Daß die Wikinger zwischen dem 9. und 12. Jahrhundert in Amerika waren, ist mittlerweile Forschungsstand der Geschichte. An den Großen Seen gibt es z.B. Runensteine, die dort schon vor Kolumbus standen. Das ist die belegbare Seite, aber damit endet es auch schon. Ich kann mir zwar vorstellen, daß es so war, wie Rudolf Steiner es beschrieben hat, aber es reicht nicht, so etwas ausschließlich durch Berufung auf Steiner weiterzugeben, ohne es irgendwie für sich zu verlebendigen. Andererseits kann man natürlich sagen, daß die Kirche des Mittelalters überhaupt kein Interesse daran hatte, den Menschen zu einem selbständigen geistigen Forschen anzuregen, sondern sie wollte, daß er in die gesellschaftliche Ordnung, die als Abbild der himmlischen Ordnung angesehen wurde, eingefügt wurde. Der Mensch sollte sich nicht individualisieren, sondern sich als Glied eines Ganzen fühlen. Insofern ist die Stelle von Steiner plausibel.

Der kleine Hüter der Schwelle als Doppelgänger

W.W.: Unabhängig von allen bisher genannten Doppelgängerwesenheiten, die im Menschen Platz greifen können, lebt im Menschen ein Drache, ein Herd des Bösen, speziell durch die Unvollkommenheit des Astralleibes. Können Sie den Unterschied zwischen der niederen Drachennatur des Menschen und den bisher genannten Doppelgängern skizzieren?

F. Hörtreiter: Die niedere Drachennatur des Menschen ist konstitutiv und immerdar, was auf die Doppelgängerwesen – mit Ausnahme des leibgebundenen ahrimanischen Doppelgängers – nicht zutrifft.

Vielleicht sollte ich hier einmal einfügen, daß ich selbst über all diese Dinge nur sprechen kann, weil sie mir aus der Beschäftigung mit der Anthroposophie heraus einleuchten, sonst klingt alles zu hochstaplerisch.

Rudolf Steiner beschreibt die niedere Wesenheit des Menschen nicht nur als Drachen und Herd des Bösen, sondern auch als Herd der Zerstörung. Diese Zerstörung hat auch etwas an sich, das freigibt. Die Zerstörungs- und Drachenkräfte in uns mögen uns auf den ersten Blick beunruhigen, aber sie sind nötig, denn durch sie erlangen wir letztendlich auch Freiheit. – Steiner vergleicht den Wahrnehmungs- und Erkenntnisvorgang des Menschen seit dem Sündenfall mit dem Licht, das durch einen Spiegel reflektiert wird. Wir können nicht ohne zusätzliche seelisch-geistige Übungen hinter die Grenze der Sinneswelt und der menschlichen Organisation schauen. Der Blick in unser Inneres, in den Herd des Bösen, bleibt uns verschlossen. Steiner beschreibt den Leib des Menschen zugleich als Spiegelungsapparat, an dem uns unsere Gedanken bewußt werden. Mit dem Spiegelungsvorgang der Erkenntnis ist auch jeder Ernährungsvorgang verwandt. Ich baue mich dadurch auf, daß ich in mir die Nahrung zerstöre, und im Abwehren dieser Materie bilde ich in mir neue Substanz aus.

Das Böse in uns ist aber nur deswegen böse, weil es ein geistiges Element ist, das sich an einem falschen Ort befindet, eigentlich ist es sogar ein an einen falschen Ort versetztes Gutes. Wenn wir schon auf Erden die – wie Rudolf Frieling (dritter Erzoberlenker der Christengemeinschaft) es einmal genannt hat – „kosmische Frechheit" in Anspruch nehmen, eine eigenständige Individualität zu sein, kommen wir ohne das Böse überhaupt nicht aus. Denn das Böse versetzt uns in eine Art Freiheitszustand gegenüber der göttlich-geistigen Welt. Ohne das Böse wäre es so, als würden meine Kinder ununterbrochen das tun, was ich will. Dann wären sie vielleicht lieb und brav, aber würden nie sie selbst werden.

W.W.: Von diesem Herd des Bösen und der Zerstörung in sich weiß der Mensch gewöhnlich nichts. Normalerweise bleibt diese Glut im Inneren des Menschen versiegelt, aber immer wieder steigt bei manchen Menschen eruptiv etwas aus diesen Tiefen hervor und äußert sich z.B. in Greueltaten wie derzeit im Kosovo. Was würde geschehen, wenn ein Mensch das ganze Ausmaß seines eigenen Drachen mit einem Mal imaginativ schauen würde?

F. Hörtreiter: Einer der für mich heldenhaftesten Menschen war der etwas spießige, stark verfettete Adalbert Stifter. Er wurde von Depressionen nur so gejagt. Mit tugendhaften Moralvorstellungen und mit Wohlleben im Genuß hat er versucht, sich bis in seine Leiblichkeit gegen diese Depressionen zu panzern. Ich liebe ihn und seine Biographie sehr und halte ihn wirklich für einen Helden. Es ist schon komisch, wenn dieser Naturfreund bestimmte Spaziergänge in der Natur verordnet bekommt, er sie aber mit Schrittzähler in der Wohnung absolviert. Er war nach heutigen Vorstellungen ziemlich neurotisch.

Stifter hat von der tigerartigen Anlage im Menschen gesprochen, die in jedem schlummere. Auch in seinen frühesten Kindheitserinnerungen, die von einer unglaublichen Wachheit sind, spricht er schon davon, daß das Entsetzliche, Zugrunderichtende ihn anfiel, wenn er mit Menschen zusammen war. Daß man darüber in Depressionen verfallen kann, dürfte verständlich sein. – Wenn wir Einsicht in unser Wesen erhalten, erschrekken wir so über die Entblößung unseres eigenen Innern, daß wir das Bewußtsein verlieren. Normalerweise beschreiten wir mit einer instinktiven Lebenskunst solche Wege, daß wir gar nicht zum Schauen unserer niederen Wesenheit kommen, es sei denn, wir haben uns innerlich so gestärkt, daß wir diesen Drachen in uns mit persönlicher Lebenskraft und Liebe begleiten können.

Ich muß da an einen der Geisteswissenschaft gänzlich unverdächtigen Menschen denken. Balzac hat einmal gesagt: „Nur ein Weiser oder ein Trampel schaut einer Frau bei der Toilette zu." Das ist auch ein Bild dafür, wie gewisse Dinge die Grenzen der Scham verletzen, es sei denn, man ist diesem Wesen in Liebe so zugewandt, daß diese Grenze mit einer Liebesgeste überwunden werden kann. Ähnlich ist es auch bei der Pflege eines schwerkranken Menschen. Auch hier kann ich Schwellen der Scham durch meine Liebefähigkeit überwinden. – Zusammenfassend kann man sagen, daß der Zerstörungsherd in mir so gruselig ist, daß ich ihn unvorbereitet nicht ertragen kann.

W.W.: Angenommen, jemand geht den okkulten Schulungsweg. Seine Seelenglieder – Denken, Fühlen und Wollen – beginnen auseinanderzudriften, und irgendwann hat er die Schau seiner niederen Wesenheit im Spiegel des Hüters der Schwelle. Dieser kleine Hüter der Schwelle ist insofern auch ein Doppelgänger des Menschen. Wieso schaut man sich im Spiegel des Hüters selbst, obwohl man doch einem souveränen Erzengelwesen gegenübersteht?

F. Hörtreiter: Dazu möchte ich einmal weit ins Alte Testament zurückgehen. Dort gibt es die Begegnung Abrahams mit den drei Männern im Hain Mamre (1. Mose 18). In den jüdischen Sagen heißt es eindeutig, daß diese drei Männer Michael, Gabriel und Raphael seien. Dort wird auch beschrieben, welche Farben die drei Erzengel haben: Michael ist weiß, Raphael ist grün und Gabriel rot. Wenn man jetzt den Text im Alten Testament liest, bemerkt man, daß bestimmt ein Dutzend Mal abwechselnd der Herr – also Jahve – oder die drei Männer sprechen. Mal redet Abraham sie im Plural an, mal den Herrn im Singular. Abraham schaut den Herrn und die drei Männer wie ineinanderfließend.

Unsere Fühl- und Denkgewohnheit, daß sich ein Wesen zur gleichen Zeit nur an einem Ort befinden kann, trifft für die geistige Welt nicht zu. Ich kann aus mir Seelenteile heraussetzen, die, sobald ich sie seelisch wahrnehme, ihr Eigenleben bekommen und die ich als Eigenwesen wahrnehme, obwohl sie nur ein Teil von mir sind. So etwas wird aufgrund der Konstitution des Menschen in Zukunft immer öfter geschehen, weil sich das Seelengliedergefüge zunehmend lockern wird.

Darüber hinaus kann in so einem Seelenteil von mir noch ein anderes Wesen Platz greifen, und da stocken natürlich die ans Äußere angelehnten Vorstellungen. Denn mit ausschließlich an das Gegenständlich-Räumliche gebundenen Vorstellungen müßte man annehmen, daß z.B. Michael, der in einem Seelenteil von mir, der mir als Doppelgänger erscheint, Platz greift, kleiner sein müßte als dieser Seelenteil bzw. kleiner als meine eigene Seele. Aber das ist natürlich Unsinn. Das biblische Beispiel aus dem Hain Mamre lehrt gerade das Gegenteil, nämlich daß das Größere durch das Kleinere hindurchleuchtet.

Die Schau meines niederen Selbst am kleinen Hüter der Schwelle kommt ohnehin nur dann zustande, wenn ich den Weg der okkulten Schulung beschreite. Dann beginnen alle meine niederen Seelen- und Triebbereiche, Gestalt anzunehmen und mir in einer Schau gegenüberzutreten, z.B. im Bild eines drachenhaften Doppelgängers. Jeder kennt den leichten Schrekken, den man vielleicht bei seinem Spiegelbild bekommt bzw. dann, wenn man zum ersten Mal seine Stimme vom Tonband hört. Um wieviel stärker muß es sein, wenn man seine Charaktereigenschaften, vor allem aber die seelischen Niederungen, die man bisher nicht so differenziert wahrgenommen hat, nun in einer übersinnlichen Gestalt erblickt. Entweder zucke ich dann zurück und werde lediglich wieder ein Bewohner der irdischen Welt; dann geschieht mir nichts Schlimmes. Allerhöchstens bin ich moralisch etwas geschwächt, weil ich mir Vorsätze gemacht habe, die ich nun nicht eingehalten habe. Die zweite Möglichkeit ist aber die, daß ich mich durch Mut, Durchhaltekraft, Selbstlosigkeit und Wahrheitskraft so gestärkt habe, daß ich den Schmerz der Selbstlosigkeit ertrage und den Anblick des Doppelgängers bzw. sein Spiegelbild im Hüter der Schwelle aushalte. Dann habe ich wenigstens anfänglich die Kraft, die eigene Drachennatur wahrzunehmen.

W.W.: Jede Nacht hat man eine unbewußte Begegnung mit dem Hüter. Gibt es dafür irgendwelche Wahrnehmungen in Träumen und vielleicht sogar während des Wachbewußtseins?

F. Hörtreiter: Aus der Traumssphäre kenne ich keine Wahrnehmungen, obwohl ich mir gut vorstellen kann, daß es dort welche gibt. Aber es gibt ja die weithin geläufige Bemerkung, daß man etwas mit in den Schlaf nehmen möchte oder daß jemand Fragen mit in den Schlaf nimmt. Es kann sein, daß man dann eine Antwort am nächsten Morgen erhält, die aus der Begegnung mit dem Hüter stammt. Natürlich können solche Antworten auch durch die Begegnung mit dem Schutzengel oder mit Verstorbenen kommen, was aber kein Widerspruch ist. Deswegen ist es gut, von diesen Zusammenhängen zu wissen, denn man macht sich in der geistigen Welt erlebnisfähiger, wenn man sich vorher über das geistige Umfeld kundig gemacht hat.

Dazu möchte ich noch kurz etwas aus einem Steiner-Vortrag vorlesen, und zwar aus dem Vortrag, in dem die Einschaltung enthalten ist, mit denen er die zukünftigen Pfarrer der Christengemeinschaft aus der Reserve locken wollte. Das ist ein Text, den ich den Helfern in den Ferienlagern der Christengemeinschaft empfehle, den Jugendlichen vorzulesen, wenn sie sich genieren, ein Gebet zu sprechen. Steiner spricht darüber, daß man jede Nacht mit seinem Schutzengel, seinem Genius, zusammentrifft:

> „Ich schlafe ein. Bis zum Aufwachen wird meine Seele in der geistigen Welt sein. Da wird sie der führenden Wesensmacht meines Erdenlebens begegnen, die in der geistigen Welt vorhanden ist, die mein Haupt umschwebt, da wird sie dem Genius begegnen. Und wenn ich aufwachen werde, werde ich die Begegnung mit dem Genius gehabt haben. Die Flügel meines Genius werden herangeschlagen haben an meine Seele." (GA 175/1982/20.02.1917/S.68)

Durch solche nächtlichen Begegnungen erhält man natürlich keine orakelhaften Anweisungen, sondern eher moralische Impulse. Das hängt damit zusammen, daß der Genius sehr eng mit meinem höheren Selbst verbunden ist, obwohl er nicht damit identisch ist. Mein höheres Selbst ist natürlich nicht aus meinen Schwächen gewoben, aber der Vorgang der

Wahrheitserkenntnis gehört zum Wesen dazu, und dieser Vorgang hängt mit meinem höheren Selbst zusammen.

Die Hüterbegegnung erfolgt allmählich

W.W.: Die meisten Schilderungen Steiners über die Begegnung mit dem kleinen Hüter der Schwelle und die damit verbundene Schau der niederen Drachenwesenheit erwecken den Eindruck, als würde man sich nach längerer Vorbereitung mit einem Mal in einem großen übersinnlichen Bild schauen. In den Bänden „Aus den Inhalten der esoterischen Stunden" (GA 266/2 und GA 266/3) beschreibt Steiner nun, wie dieser Doppelgänger auf dem okkulten Schulungsweg langsam in die Wahrnehmung tritt. Man empfindet allmählich diesen Doppelgänger neben sich; er denkt, fühlt und spricht gleichzeitig mit einem, und man empfindet ihn als eine Belästigung, die man nie wieder los wird. Je stärker er in Erscheinung tritt, desto besser ist es um die Fortschritte auf dem Schulungsweg bestellt. Gibt es eine plötzliche Begegnung mit dem Hüter überhaupt, oder ist das Heraustreten des Doppelgängers immer nur ein allmählicher Prozeß?

F. Hörtreiter: Ich kenne nur Beispiele, wo dies stufenweise geschieht. Das scheint mir auch das einzig Natürliche zu sein. Die anderen Schilderungen Rudolf Steiners über den Hüter scheinen mir sehr an die Mysterienwege der Antike angelehnt zu sein. Wenn das Hütererlebnis mit einem Male auftauchen würde und es nur bei diesem einen Male bliebe, dann möchte ich denjenigen sehen – auch unter den entwickelten Anthroposophen –, der frohen Mutes behaupten könnte: Es ist erreicht. Deswegen kann das Hütererlebnis nur stufenweise sein. Erkenntnisse reifen ohnehin allmählich heran, und wenn es um solche geht, die mein Leben umstellen, ist dies allemal der Fall. Erlebnisse, die von Belang sind, dringen nur allmählich in mich ein. Es macht auch wenig Sinn, daß man bei dem Hütererlebnis alles von seiner niederen Wesenheit auf einmal schaut.

W.W.: Gibt es Beispiele für den kleinen Hüter in der Literatur?

F. Hörtreiter: Zum einen den Roman „Zanoni" von Bulwer Lytton, den Sie auch in Ihrem Beitrag in „Hüter der Schwelle" (FLENSBURGER HEFTE 45, S.116 f.) erwähnen. (Siehe dazu auch den Beitrag von Arfst Wagner in diesem Band.) Dann erinnere ich an das bekannte Goethe-Erlebnis, wobei ich es in der Schwebe lassen möchte, ob es sich dabei um den kleinen oder den großen Hüter der Schwelle handelt. Goethe verläßt Friederike in

Sesenheim und begegnet dem grauen Reiter. Im Rückblick sagte er über diese Begebenheit: „Hier wurde ich zum ersten Mal schuldig." Der Reiter, der ihm entgegenkommt, ist ihm zwar unbekannt, aber er bemerkt alle Einzelheiten dieses Reiters und fühlt sich von ihm eigenartig getröstet. Viele Jahre später reitet er den gleichen Weg, erinnert sich plötzlich wieder an dieses Erlebnis und bemerkt, daß er jetzt genau dieselbe Kleidung trägt, wie sie der graue Reiter getragen hatte. – Ambivalent zwischen persönlichem Schrecken und heilsamer Berührung ist die Begegnung mit dem Hüter in den Gedichten von Heinrich Heine, „Der Doppelgänger", und C.F. Meyer, „Begegnung", geschildert.

W.W.: Wie steht es mit Kafkas Erzählung „Vor dem Gesetz"?

F. Hörtreiter: Selbstverständlich, das ist auf jeden Fall ein Hütererlebnis. Der Fragende erlebt am Ende seines Lebens, daß die Tür, durch die er Einlaß erbeten hatte, nur für ihn allein bestimmt war, sie aber nun geschlossen wird. Bei Kafka geht die Gestalt des Hüters sogar bis in das Bild hinein. Hier bemerkt man, daß die Schwäche des Menschen im Vordergrund steht. Hätte der Einlaß-Suchende die Ichkraft aufgebracht zu sehen, daß dies seine eigene Tür ist, durch die er durchgehen muß, hätte er sich selbst überwunden.

W.W.: Gibt es nur einen Erzengel als kleinen Hüter der Schwelle, in dem sich alle Menschen schauen, oder sind dies mehrere?

Heinrich Heine: Der Doppelgänger

Still ist die Nacht, es ruhen die Gassen,
In diesem Hause wohnte mein Schatz;
Sie hat schon längst die Stadt verlassen,
Doch steht noch das Haus auf demselben Platz.

Da steht auch ein Mensch und starrt in die Höhe,
Und ringt die Hände vor Schmerzensgewalt;
Mir graust es, wenn ich sein Antlitz sehe –
Der Mond zeigt mir meine eigne Gestalt.

Du Doppelgänger, du bleicher Geselle!
Was äffst du nach mein Liebesleid,
Das mich gequält auf dieser Stelle
So manche Nacht, in alter Zeit?

F. Hörtreiter: Dazu müßte man wieder den Hain Mamre aufsuchen. Auf jeden Fall hat jeder Mensch eine aus seinen eigenen Schwächen gewobene Hütergestalt. Soweit das aber eine selbstlose Dimension bekommt, hat das zumindest in der christusnahen Michaelgestalt seinen Platz. Michael kann man nicht zerteilen, er kann aber vielen nahe sein.

W.W.: Sind Sie davon überzeugt, daß Michael mit dem kleinen Hüter der Schwelle identisch ist?

F. Hörtreiter: Nein. Michael wirkt aber durch den Hüter hindurch.

Der große Hüter der Schwelle

W.W.: Wer ist der große Hüter der Schwelle?

F. Hörtreiter: In der „Geheimwissenschaft im Umriß" (GA 13) wird der große Hüter auch als Doppelgänger bezeichnet und beschrieben, daß er sich in der übersinnlichen Wahrnehmung letztendlich in den Christus verwandelt. Wenn der Mensch die Begegnung mit dem kleinen Hüter der Schwelle bestanden hat, kann er weiterschreiten, und dann tritt ihm eine Gestalt entgegen, die – so wird es in „Wie erlangt man Erkenntnisse der höheren Welten?" beschrieben – in einer Art Monolog zu der Menschenseele spricht. Es wird ihr gesagt, daß sie genügend Kräfte gesammelt hat, um in der geistigen Welt bestehen zu können, um nicht von den Erfahrungen zermalmt zu werden oder einzuschlafen, und daß sie weiteren Zielen entgegengehen kann. Es entsteht dann ein Bild, das sehr erstaunt, und wenn man nicht wüßte, wie es endet, müßte man denken, daß es sich hier um eine Beschreibung Luzifers handelt. Es wird geradezu hymnisch beschrieben, wie schön dieses Wesen des großen Hüters ist. Später verwandelt sich aber dieses Bild der schönen Gestalt in den Christus.

In dieser Christusbegegnung erleben wir ein Wesen, das uns vollständig bejaht und das umfassenden Einblick in unser Schicksal hat. Michael, der verwandt ist mit dem kleinen Hüter der Schwelle, bereitet Christus den Weg. Das zeigt sich auch bis in die Worte der Menschenweihehandlung hinein. Nach dem Drachenhaften in der Begegnung mit dem kleinen Hüter der Schwelle beginnt nun die Erfahrung der Liebe in der Begegnung mit dem großen Hüter der Schwelle, und der Mensch macht die Erfahrung, daß sein Schicksal von Christus geordnet ist. Sicherlich ist das eine der wichtigsten Christuserfahrungen, die ein Mensch überhaupt erleben kann. Aber es ist nicht die einzige Christuserfahrung, denn wir müssen nicht alle so heroisch sein, den okkulten Schulungsweg zu beschreiten. Es ist ohnehin ein Irrtum mancher Anthroposophen, nur sie würden den Weg zu Christus gehen, die anderen Menschen aber nicht. Es gibt auch andere Wege zu Christus.

Bei der Begegnung mit dem großen Hüter der Schwelle gibt es noch ein Element, das ganz dem Luziferischen widerspricht. Es erfolgt nämlich für den Menschen der Impuls, stark in das Soziale hineinzuwirken. Das ist Luzifer gründlich fremd.

Durch die persönliche Schuld hindurch zu Christus

W.W.: Die Schilderung des großen Hüters in „Wie erlangt man Erkenntnisse der höheren Welten?" ist anders als die in dem Vortragsband „Makrokosmos und Mikrokosmos" (GA 119; vgl. auch FLENSBURGER HEFTE 45, S.142 ff.). In letzterem hat der große Hüter der Schwelle Eigenschaften des kleinen. Können Sie das erklären?

F. Hörtreiter: Anfänglich. Christus, der sich dem Menschen nähert, hat immer auch die Wesenheit des Michael bei sich, zumindest seit der Zeitenwende. Und wenn ich mir Heimatrecht in der geistigen Welt erwerbe, geht dies nicht, ohne daß ich vorher Einblick in alle meine Schwächen bekomme. Ebenso muß ich meine Schwächen kennen, wenn ich wirklich sozial tätig sein will.

Dabei denke ich an die Begegnung des Christus mit der Samariterin am Brunnen (Joh. 4). Er kommt mit der Frau ins Gespräch und weist sie allmählich auf ihre Schwächen und das Chaos in ihrem Schicksal hin: „Fünf Männer hattest du, und der, den du jetzt hast, ist nicht dein Mann." (Joh. 4, 18) Diese Samariterin ist eine Geächtete, denn sonst würde sie nicht in der Mittagshitze Wasser aus dem Brunnen holen, und sie besitzt die Größe, den Christus nicht zu bitten, ihr in ihrem Chaos zu helfen, sondern an der Einsicht in ihr Schicksal nimmt sie wenigstens ahnungsweise wahr, welche Größe Christus besitzt und stellt ihm stellvertretende Fragen für die Menschheit. Damit hat sie eine Selbstlosigkeit errungen, durch die sie bei Christus Heimatrecht erwirbt.

Ihr Schicksal ist also der Weg zu Christus, aber sie bleibt nicht an ihrem Schicksal kleben. Sie hat die Kraft, Fragen zu stellen, die ganz von ihr abgelöst sind, die aber ohne ihre persönlichen Beschwernisse nicht in ihr aufgeglänzt wären. Seitdem Christus Herr des Schicksals geworden ist, werden die individuellen Begegnungen mit Christus gerade auch aus den Schwächen des Menschen heraus zunehmen. Und diese Einsicht in die eigenen Schwächen ist ja auch das Thema der Begegnung mit dem kleinen Hüter der Schwelle.

W.W.: Kennen Sie persönliche Erlebnisse von Menschen, die dem kleinen oder dem großen Hüter begegnet sind?

F. Hörtreiter: In dieser Form eigentlich nicht. Ich kann allerdings etwas aus meinem Leben berichten, was ein bißchen in diese Richtung geht. Schon in meiner Jugend habe ich mir einen Plan gemacht, auf welche Weise ich mein Leben verwirklichen möchte. Bereits mit 16 war mir klar, daß ich Pfarrer werden wollte. Im Laufe meines Lebens schien es, daß ich alles das, was ich wirklich gern tun wollte, nicht erreichen würde. Deswegen habe ich ab einem gewissen Moment bewußt darauf verzichtet. Je mehr ich aber auf verschiedene Dinge, die mir lieb waren, verzichtet habe, desto klarer kamen sie wieder von außen auf mich zu, so daß ich fast nichts zu entbehren brauche. Ich darf genau das tun, was ich ursprünglich gerne wollte. Allerdings geschieht dies in einer verwandelten Form. Alles kam von außen an mich heran und verwirklichte sich nur deshalb, weil vieles schiefging. Die Summe alles dessen, was in meinem Leben schiefgegangen ist, hat ein Leben hervorgerufen, über das ich sehr froh bin. Im guten Sinn spürt man hier eine Art Schicksalsbegleiter, auch wenn ich das nicht unbedingt mit dem kleinen und großen Hüter in Verbindung bringen möchte. Über so ein Schicksal sollte man auch nicht sagen, daß man es selbst konstruiert hat, sondern man bemerkt bei allen Schicksalsereignissen, daß man zwar stark daran beteiligt ist, daß man sie aber nicht bewußt gestaltet hat. Im wesentlichen ist es immer ein Empfangen.

W.W.: In den nächsten Jahrzehnten und Jahrhunderten wird sich das Wesensgliedergefüge des Menschen zunehmend ändern und lockern. Was müssen die Menschen tun, damit die Abgründe nicht noch mehr in den Menschen aufbrechen oder Epidemien des Schwachsinns über die Menschheit kommen? Ist dafür nicht ein zunehmendes Bewußtsein von den verschiedenen Doppelgängern und dem Hüter notwendig?

F. Hörtreiter: Sicher, aber ich denke, daß nicht nur die Anthroposophen für die Begegnung mit den Doppelgängern und dem Hüter gerüstet sind. Und auf jeden Fall sind wir alle nicht genügend gerüstet. – Bei den heutigen Jugendlichen nehme ich wahr, daß sie eine völlig andere Art der Sozialität entwickeln, die man sogar mit der sogenannten Spaß-Kultur in Verbindung bringen kann. Ich höre z.B. von Jugendlichen oft den Satz, nachdem sie bei irgendeiner Arbeit sehr geschuftet haben: „Das macht mir aber nur Spaß, wenn von dem Erträgnis meiner Arbeit auch jemand profitiert.“ Zum einen erlebt man also etwas Selbstbezogenes und Genußsüchtiges, zum anderen plagt man sich aber auch für jemand anderen ab.

Ich erlebe auch, daß die Menschen ein zunehmendes Interesse dafür entwickeln, sich mit der Biographie der Menschen umfassender zu beschäftigen. Es ist sicherlich kein Zufall, daß keine Buchreihe in den letzten Jahren einen solchen Boom erlebt hat, wie die der Biographien. Auch das starke Interesse für Biographiearbeit und Biographik im allgemeinen hängt damit zusammen. Alle Lebensberater – seien es Pfarrer, Biographiearbeiter oder Psychotherapeuten – haben genügend zu tun und werden der Anfragen kaum Herr. Auch die Nachfrage nach Konfliktberatung, Supervision und Mediation nimmt immer mehr zu. Darin liegt immer der Wunsch, etwas von einem anderen Gesichtspunkt als dem seines niederen Ich zu sehen.

Ich bin überzeugt, daß zumindest an diesem Punkt die Welt nicht nur schlechter wird, sondern es werden Fähigkeiten der Bewußtseinsseele, z.B. die der selbstlosen und objektiven Betrachtung eines Menschenschicksals, entwickelt. Der Anstoß zu einer solchen Betrachtung kommt sicherlich auch durch die vielen Entwürdigungen und Bestialitäten unseres Zeitenschicksals, wie wir es derzeit gerade im Kosovo erleben. Zwar werden durch die grausigen Verhältnisse der Menschen viele weitere Doppelgänger auftreten, z.B. dadurch, daß Seelenbereiche nicht durchdrungen werden. Es werden sich auch weiterhin schreckliche Abgründe in den Menschen und zwischen ihnen auftun, aber andererseits bin ich hoffnungsfroh gestimmt, daß durch das Interesse der Menschen aneinander und an den Zeitereignissen die Menschheit einen erheblichen Schritt weiter in eine positive Richtung geht.

Der Mensch und seine Doppelgänger

Wolfgang Weirauch

Der grüne Mann

Es gibt Abende, die eine besondere Ruhe ausströmen, an denen die Stille so dicht wird, daß man zu glauben geneigt ist, die Zeit würde anhalten. So war es auch an dem Frühlingsabend, den ich nie vergessen werde. Das Tauwetter hatte schon seit Tagen eingesetzt, der erste Frühlingssturm hatte sich gerade gelegt, und es war der erste schöne Frühlingstag des Jahres. Ich saß allein im Wohnzimmer eines befreundeten Ehepaares und las einen Roman, als es dunkel zu werden begann. Der Inhalt des Buches nahm mich so gefangen, daß ich meine Umwelt völlig vergaß und mich eine eigentümliche Stille umfing.

Plötzlich stockte mir der Atem, und das Buch fiel mir buchstäblich aus der Hand, denn ein schriller Schrei gellte durch die Wohnung und belegte auch den letzten Winkel mit einer furchterregenden Stimmung. Es blieb nicht bei dem einen Schrei, ein zweiter, ein dritter, ein vierter folgte ... ich habe sie nicht gezählt, alles ging so schnell. Jäh aus meinem inneren Frieden aufgeschreckt, stürzte ich ins Nachbarzimmer, wo die kleine Simone schlief. Als ich die Tür zu ihrem Zimmer aufriß, stand sie aufrecht im Bett, mit zerzausten Haaren, eng an die Wand gedrückt und kreischte mit angsterfüllter Stimme: „Geh weg, geh weg ..."

Im ersten Moment fühlte ich mich angesprochen, merkte aber schon bald, daß ich nicht gemeint war. Ich konnte Simone beruhigen, und als sie sich wieder hinlegte, murmelte sie noch: „Er soll endlich weggehen", ehe sie wieder in den Schlaf versank. Am nächsten Morgen vor der Schule – Simone ging damals in die dritte Klasse – sprach ich sie auf das nächtliche Erlebnis an, aber sie hatte alles vergessen. Wenn auch verhalten, so bemerkte ich aber doch an ihr eine leicht verschreckte Reaktion, so als ob sie genau wisse, wovon ich spreche.

Als ich nach Monaten wieder bei dieser Familie zu Gast war, erfuhr ich die ganze Wahrheit. Schon seit über einem Jahr wurde die kleine Simone nachts und manchmal auch am Tag von einem geistigen Wesen geplagt. Sie nannte dieses Wesen den „grünen Mann". Meist erschien er abends, bevor sie einschlief. Die Wand ihres Zimmers – so erzählte sie – beginnt dann zu leuchten, und in dem Muster der Tapete zeichnen sich die Umrisse einer häßlichen grünlichen Gestalt ab, die sich nach und nach aus der Wand löst und an das Fußende des Bettes tritt. Zuerst schaute das Männchen sie nur an, später begann es aber zu sprechen und forderte Simone auf, verschiedene Dinge zu tun, z.B. ihre Puppen in Reih und Glied auf die Bettkante zu setzen, bestimmte Gegenstände auf dem Schreibtisch genauestens zu ordnen und zu stapeln und ein Engelbild vor dem Schlafengehen abzuhängen und zu verstecken. Verbunden waren diese Forderungen teilweise mit Versprechungen, z.B. daß sie an bestimmten Schultagen eine gute Mathearbeit schreiben würde.

Diese gelegentlichen Besuche des grünen Mannes führten bei Simone zu starken Angstzuständen. Jeden Abend hatte sie Panik vor dem Einschlafen, sie schaute unters Bett und hinter den Vorhang, das Licht durfte nicht ausgeschaltet und die Tür ihres Zimmers nicht geschlossen werden. Hinzu kamen die verschiedenen Ticks und Zwangshandlungen, die sie über den Tag hin auf Befehl des grünen Mannes ausführte und die sie in vorauseilendem Gehorsam auch gehörig übertrieb.

Eines Nachts aber war der Spuk vorbei. Wieder wachte Simone auf, aber dieses Mal sah sie in der offenen Tür ein strahlend helles Licht, und in diesem Licht leuchtete eine Engelgestalt, die in ihrer Rechten ein feuriges Schwert hielt. Nach diesem Erlebnis ist der grüne Mann nicht mehr erschienen.

Das Frettchen

Er hatte etwas von einem Frettchen: eine dünne, lang aufgeschossene Gestalt mit leicht gebeugter, schlaffer Haltung; dazu ein dünnes, spitz zulaufendes Gesicht, das ihm diesen Nagetiercharakter verlieh. Seine Augen blickten flink hinter runden Brillengläsern hervor, und seine Nase schien ständig etwas zu wittern, während seine Mundpartie meist zu einem leicht verächtlichen Zug verzogen war.

Es ist sehr lange her, daß ich ihm zum ersten Mal begegnete. Er hockte auf einem Geländer vor einer Szenekneipe in der Fußgängerzone und beobachtete die Passanten – so auch mich: „Eh, Alter, wer bist du denn?" warf er mir gelangweilt entgegen, als ich an ihm vorbeiging. Warum er mich ansprach, weiß ich bis heute nicht. Etwas verdutzt rutschte mir der nicht sonderlich intelligente Satz „Ich bin ich" heraus.

Eigentlich erwartete ich eine ähnlich nichtssagende Reaktion von ihm und wollte auch schon weitergehen, aber es kam ganz anders. Er nickte vielsagend mit dem Kopf, so wie jemand, der aufgrund eines reichlichen Erfahrungshintergrundes mehr weiß als die anderen, und entgegnete leicht versonnen mit herabgedämpfter Stimme und ohne mir in die Augen zu schauen: „Sei froh, daß du wenigstens noch du selbst bist."

Leicht irritiert fragte ich zurück: „Wer sollte ich denn sonst sein?"

„Na, der andere, dein Doppelgänger."

Dieses Thema elektrisierte mich ziemlich, und ich setzte mich neben ihn auf das Geländer, während er mir bereitwillig seine Geschichte erzählte.

„Es ist jetzt das dritte Mal, daß ich mir selbst begegnet bin. Das erste Mal hatte ich Drogen genommen, und zwar Stechapfel. Es war spätabends im November, und dicke Nebelschwaden durchzogen die Straßen. Ich wollte einen Bekannten besuchen und schlich allein eine Straße hinab. Mein Mund war völlig ausgetrocknet, und mir war, als würde ich bei jedem Schritt einknicken, so fertig war ich. Etwas vor mir leuchtete eine Straßenlaterne durch den Nebel. Als ich allmählich näher kam, bemerkte ich eine Gestalt, die am Laternenpfahl lehnte. Obwohl ich zuerst nur etwas Dunkles wahrnahm, ging etwas extrem Unheimliches von ihr aus, und schlagartig war mir klar, daß sie nur auf mich wartete. Spontan wollte ich umdrehen, aber ich konnte nicht, denn die Gestalt zog mich wie magisch an."

„Und wer wartete dort auf dich?" fragte ich neugierig.

„Das war der volle Hammer! Als ich näher kam, sah ich mich selbst an der Laterne lehnen."

„Also eine Halluzination?"

„Damals dachte ich das auch. Zwar sah die Gestalt genauso aus wie ich, war auch ähnlich gekleidet, obwohl alles etwas verschwommen war, aber als ich sie berühren wollte, verschwamm sie im Nebel. Es war zwar nicht die einzige Halluzination an diesem Abend, aber die Begegnung mit dieser Gestalt war etwas ganz Besonderes und viel realer, und mir wurde so flau in der Magengegend, daß ich mich völlig ausgelaugt an den Laternenpfahl lehnen mußte.

Nach einigen Wochen – ich hatte dieses Erlebnis längst abgehakt – wurde ich abrupt wieder damit konfrontiert. Damals wohnte ich mit meiner Freundin zusammen, hatte aber schon eine Zeitlang eine neue, was ich ihr aber bisher verschwiegen hatte. Eines Nachts, ich kam gerade von der Neuen, schloß ich meine Wohnungstür auf und ging ins Schlafzimmer, wo meine Freundin bereits im Bett lag. Ich schaltete das Licht an und sah eine zweite Person neben ihr angezogen auf der Bettdecke liegen. Sie kehrte ihr den Rücken zu.

Fast blieb mir das Herz stehen, allerdings weniger, weil jemand auf dem Bett lag, sondern vielmehr, weil ich sofort bemerkte, daß ich es selbst war, der dort lag. Die Gestalt – die ich war – bewegte sich nicht. Ich erinnere mich aber noch genau an das Gesicht: Die Augen waren offen, schauten allerdings seitwärts an mir vorbei, und der Mund war zu einem höhnischen Grinsen verzogen. Schlagartig wurde mir klar, daß die Gestalt im Bett genau über mich Bescheid wußte und sich auch, ohne mich anzuschauen, an meinem Erschrecken ergötzte. – Alles dauerte höchstens zwei, drei Sekunden, dann rannte ich aus dem Zimmer."

„Und hast du die Gestalt wiedergesehen?"

„An diesem Abend nicht, aber später."

Und er schilderte mir, wie er irgendwen übers Ohr hauen wollte; ich erinnere mich nicht mehr an die Einzelheiten.

„Um meinen Plan nochmals zu überdenken, ging ich spazieren und kam in der Dämmerung auch über den Friedhof. Völlig in Gedanken versunken, ganz mit mir und meinem Coup beschäftigt, ging ich die schmalen Wege zwischen den Gräbern und den alten Bäumen entlang. Und so bemerkte ich überhaupt nicht, daß ich gerade in einen Weg eingebogen war, der an einem großen Grab endete. Erst als ich unmittelbar davor stand, schaute ich hoch und prallte entsetzt zurück. Denn auf dem Grabstein sah ich mich selbst sitzen, aber mein Gesicht glich einem Totenschädel, und mein Körper war in weiße Tücher gehüllt. Ich glaube, daß ich laut geschrien habe; auf jeden Fall rannte ich panikartig davon."

„Und wieso warst du es, der da saß? Wie ein Totenschädel sieht dein Gesicht eigentlich noch nicht aus!"

„Ich kann es nicht beschreiben, aber es war eine absolute innere Gewißheit, daß ich es war, der mich von dem Grabstein herab anstarrte."

Leider habe ich das Frettchen, wie ich ihn früher immer nannte, schon lange aus den Augen verloren. Ich weiß auch nicht, ob er jemals wieder derartige Begegnungen hatte.

Der Blick in das eigene Antlitz

Die voranstehenden Schilderungen eröffnen einen Blick in Welten, die den meisten Menschen noch verborgen sind. Zwar handelt es sich um persönlich gefärbte Einzelwahrnehmungen, aber sie lassen erahnen, daß im Unterbewußtsein des Menschen mehr vor sich geht, als man für gewöhnlich meint.

Aus der Literatur, aus Sagen und Märchen kennen wir das Phänomen des Doppelgängers. Entweder sind es Wesen, die uns begegnen oder begleiten, oder es sind drachenhafte Ungeheuer, in denen wir uns selbst wie in einem Spiegel erkennen. Manchmal erscheinen sie auch als Lebensbegleiter, die unsere dunkle Seite verkörpern. Irgendwie hängen alle diese Wesen mit unserem Menschsein zusammen, sie gehören zwar zu uns, aber sind doch eigene Wesen, sie quälen und erschrecken uns, aber sie üben auch eine heilsame Wirkung auf unser Leben aus.

An diese Phänomene knüpfen sich Fragen: Hat der Mensch nun einen Doppelgänger oder gar mehrere? Und wenn er verschiedene hat: Äußern sie sich in gleicher Weise, oder lassen sich differenzierte Äußerungen wahrnehmen? Sind die Doppelgänger Teile unserer unterbewußten Seelenschichten, also Bereiche von uns selbst, oder sind es darüber hinaus eigenständige Wesen, die zeitweise in uns hineinschlüpfen oder die gar beständig in uns wohnen? Wenn etwas aus der Doppelgängerschicht impulsiert wird und über unsere Seele durch eine Tat in die Welt tritt, können wir als Menschen dann dafür zur Verantwortung gezogen werden, oder ist es möglich, die Schuld auf einen Doppelgänger abzuwälzen?

Wenn man sich ein wenig mit dem Gesamtwerk Rudolf Steiners beschäftigt, stößt man auf ganz konkrete Hinweise auf die Existenz eines Doppelgängers. Vergleicht man seine Schilderungen miteinander, so differenziert sich das Doppelgängerbild, und man fragt sich, ob er wirklich immer über denselben Doppelgänger spricht oder – etwas überspitzt formuliert – ob er sich überhaupt jemals über dasselbe Wesen äußert. Denn die Schilderungen des Doppelgängers in bestimmt 30 Schriften und Vortragsbänden weichen oftmals so voneinander ab, daß es sich um viele verschiedene Wesen handeln muß.

Ich habe etwa zwölf verschiedene Doppelgänger im Gesamtwerk Steiners ausgemacht, von denen ich die sieben bzw. acht wichtigsten hier behandeln möchte. Bevor man zu einer Beurteilung des Verhältnisses von Mensch und Doppelgänger kommt, sollte man erst einmal die unterschiedlichen Charaktermerkmale der einzelnen Doppelgängerwesenheiten auf sich wirken lassen. Es handelt sich dabei um solche Wesen, die ständige Begleiter eines Menschen sind, und weiterhin um solche, die nur Begleiter einiger Menschen sind. Wir lernen Wesen kennen, die unaufgefordert kommen und gehen, und solche, die nur in Erscheinung treten, wenn wir uns um sie bemühen. Einige Doppelgänger treten nur auf, wenn wir ihnen dafür den Boden bereiten. Wir blicken dabei in das Antlitz schrecklicher, genauso aber auch guter Wesen. Letztlich aber blicken wir in das Antlitz von uns selbst.

Welterkenntnis ist Selbsterkenntnis

Bei jeder Beschäftigung mit dem Doppelgängerphänomen müssen wir uns klar sein, daß es dabei nicht um spannende Unterhaltung oder gar Schauergeschichten geht, sondern um Selbsterkenntnis. Und wenn wir etwas von uns selbst erkennen wollen – ein Charaktermerkmal ergründen, tiefere Seelenschichten beleuchten, einen geheimnisvollen Schicksalszusammenhang erhellen möchten –, erreichen wir das nicht durch selbstbezogenes Nachdenken, Grübeln oder In-sich-hinein-Brüten, sondern indem wir den Blick von uns selbst abwenden und losgelöst von der eigenen Befangenheit in die Welt schauen. Man kann dies beispielhaft durch eine Pflanzenbetrachtung üben, und schon wird man merken, daß verschiedene Pflanzen uns mehr über uns selbst oder andere Menschen verraten, als wir bisher gedacht haben.

Beispielhaft habe ich das in meinem Roman „Im Spiegel der Finsternis" in einem Dialog zu schildern versucht. Der Junge Samuel ist auf dem Weg, die eigenen Abgründe und den in jedem Menschen schlummernden Drachen durch eigene Erfahrungen Stück für Stück kennenzulernen. Zu Beginn seines Weges spricht er mit einem erfahrenen Mann – dem Meister – über den Zusammenhang von Welt- und Selbsterkenntnis:

> „Er führte Samuel zu der betreffenden Pflanze und forderte ihn auf, sie genau zu beschreiben.
>
> ‚Das ist ein ...'
>
> Aber Samuel wurde jäh unterbrochen. ‚Halt! Du sollst nicht ihren bloßen Namen nennen, sondern sie beschreiben.'
>
> Samuel wunderte sich ein wenig und starrte abwechselnd auf die Pflanze und den Meister, ehe es ihm zögernd von den Lippen kam. ‚Na ja, sie ist grün.'
>
> ‚Ist das alles, was du siehst?'
>
> ‚Nein.'
>
> ‚Dann beschreibe, was du siehst.'
>
> ‚Ich sehe flache grüne Blätter, jeweils am oberen Ende des Blattes

wächst ein neues heraus. An manchen Stellen scheint es abgefallen zu sein, dort ist dann eine braune Stelle.‘

‚Ja, gar nicht schlecht‘, ermunterte ihn der Meister. ‚Und kannst du diese braune Stelle noch etwas beschreiben?‘

‚Es sieht aus, als wäre sie verholzt.‘

‚Erinnert dich das an etwas?‘

‚Fast ist es wie eine Wunde, die verschorft ist.‘

‚Sehr gut‘, lobte ihn der Meister. ‚Wie fühlen sich die Blätter an?‘

Vorsichtig näherte Samuel sich der Pflanze und befühlte ein Blatt zwischen zwei Fingern: ‚Es ist sehr fest, aber biegsam, fast lederartig.‘

‚Genau, diese Pflanze schützt sich durch die feste Haut ihrer Blätter und bewahrt dadurch ihren Lebenssaft in sich. Wodurch schützt die Pflanze sich noch?‘

‚Die Blätter haben Stacheln, lange Stacheln, die aus kleinen Punkten an jedem Blatt hervorwachsen, besonders an ihren schmalen Rändern.‘

‚So ist es. Was fällt dir an den Blättern sonst noch auf? Schau sie dir alle zusammen an. Wie wachsen sie?‘

‚Es sieht wie ein wirres Durcheinander aus. Allerdings ...‘ Er zögerte einen Moment und fuhr dann fort: ‚Wenn auf der rechten Seite eines Blattes ein neues herauswächst, so wächst von diesem wiederum meistens links eines heraus. Dadurch wächst der Kaktus nach oben und nicht wieder zur Erde zurück.‘

‚Ausgezeichnet‘, lobte der Meister. ‚Du siehst also, daß in diesem stacheligen Wirrwarr doch eine Ordnung ist. – Und nun schau hierher. Heute nacht ist etwas mit der Pflanze geschehen. Was siehst du?‘

Samuel beugte sich ein wenig vor. ‚Eine Blüte!‘ rief er überrascht.

‚Ja, es ist die erste in diesem Jahr. Bald kommen mehr. Beschreibe sie.‘

‚Sie ist gelb, leuchtend gelb. Innen, in der Mitte, ist sie rot, das über ein Orangerot langsam in das Gelb der Blüte ausläuft. Sie hat viele Blütenblätter, die dicht aneinandergeschmiegt liegen. In der Mitte sehe ich auch kleine weiße Dinger und einen grünen Stengel, der daraus hervorkommt.‘

‚Das sind die Staubgefäße und der Griffel mit der Narbe‘, erklärte der Meister. ‚Das hast du sehr gut gemacht. Nur eines fehlt noch, was wir jetzt nicht sehen. Aber da du diesen Kaktus genau kennst, wirst du es wissen.‘

‚Die Frucht. Ich habe sie schon oft gegessen. Sie ist zwar sehr hart, und man kann auch nicht alles von ihr essen, aber ihr Saft ist köstlich erfrischend, besonders an heißen Tagen.‘

‚Und konntest du sie einfach so abpflücken?‘

Samuel überlegte kurz: ‚Nein, nur sehr vorsichtig, denn auch auf der Frucht sind kleine Stacheln.‘

‚Siehst du, was ist das bloß für eine Pflanze, die sich überall mit Stacheln wehren muß und die auf einfachem Sandboden oder zwischen Steinen hervorwächst?‘

‚Sie verteidigt das Schöne, das sie hat, gegen eine rauhe Umwelt.‘

‚Ja. Ich wiederhole noch einmal kurz, was wir alles zusammengetragen haben: Auf dem ärmsten Boden wächst die Pflanze, auf den ersten Blick in einem wirren Durcheinander, aber doch beständig bestrebt, nach oben dem Licht entgegenzuwachsen. Ihren Lebenssaft verbirgt sie hinter einer lederartigen Haut, in jedem Blatt schließt sie sich gegen die Umwelt ab und verteidigt sich sogar noch mit langen Stacheln. Eigentlich ist die Pflanze häßlich und unscheinbar, ja sogar ärgerlich und feindlich für andere Lebewesen, trotzdem entfaltet sie aus dieser unscheinbaren, nach außen sich wehrenden Hülle eine wunderschöne Blüte, die sich der Sonne öffnet. Und sie bildet sogar eine Frucht, die andere Wesen am Leben erhalten kann, wenn man richtig mit ihr umgeht.‘

Samuel war stumm geworden.

‚Weißt du, wen ich da eben beschrieben habe?‘

‚Nein‘, antwortete er leise, aber eine Ahnung stieg in ihm auf.

‚Dich selbst, Samuel. Auch du wächst in ärmlichen Verhältnissen auf. Auf den ersten Blick sieht man nur deine rauhe Schale, du stichst und verprügelst andere Menschen und verhältst dich oft so, als seien alle deine Feinde.‘

‚Aber ...‘, Samuel wollte ihm etwas entgegnen, doch der Meister schnitt ihm das Wort ab: ‚Schweig jetzt. Du bist wie dieser Kaktus voller Stacheln gegen deine Mitmenschen. Jeder Stich mit Worten verletzt einen Menschen, und manchmal stichst du sogar ohne Grund, zum Beispiel als du mich angelogen hast. Auf den ersten Blick bist du genauso wirr wie dieser Kaktus: Scheinbar weißt du nicht, was du willst, aber trotzdem strebst du einem Ziel zu, wie dieser Kaktus dem Licht. In dir verborgen liegen Fähigkeiten, die du entfalten mußt, damit du eines Tages auch so eine schöne Blüte entwickeln kannst, so daß später aus ihr eine Frucht reifen wird, mit der du anderen Menschen etwas schenken kannst.‘“ (Weirauch, S.81 ff.)

Dieses Gespräch ist ein Beispiel, wie man durch selbstlose Betrachtung der Natur etwas über die Seele des Menschen erfahren kann. Daß man selbst zur Welt werden muß, wenn man sich selbst erkennen will, wird noch wesentlich konkreter, wenn man durch Steigerung der Denkfähigkeit übersinnliche Schauungen bekommt, und wird gänzlich zur Lebensgrundlage, wenn man nach dem Tod das sogenannte Kamaloka durchlebt.

Steiner schildert anhand seiner Mysteriendramen-Gestalt Johannes Thomasius, wie dieser in seinen Meditationserlebnissen einen Perspektivwechsel durchlebt: Er schaut nicht wie im gewöhnlichen Alltagsleben von sich als Mittelpunkt nach außen in die Welt, sondern er beginnt, in die Peripherie, in die Bereiche seiner Umgebung hinüberzufließen und von dort sich selbst als Mittelpunkt zu betrachten:

> „Es ist eine tiefe Wahrheit, daß der, der eine Entwickelung durchmacht, Selbsterkenntnis nicht durch Hineinbrüten in sich selbst erlangt, sondern durch Untertauchen in einzelne Wesenheiten. Wir müssen durch Selbsterkenntnis erfahren, daß wir aus dem Kosmos herkommen. Nur dann können wir untertauchen, wenn wir uns in ein anderes Selbst verwandeln. Wir werden zuerst in das verwandelt, was uns im Leben einmal nahe war.
>
> Es ist ein Exempel des Erlebens des eigenen Selbstes im anderen, wenn Johannes zuerst, da er tiefer in sein Selbst gekommen ist, mit diesem in Selbsterkenntnis untertaucht in ein anderes Wesen, in das Wesen, dem er bitteren Schmerz gebracht hat. So sehen wir, wie in dieser Selbsterkenntnis Thomasius untertaucht. Theoretisch sagt man: Willst du die Blüte erkennen, so mußt du hinuntertauchen in die Blüte. – Aber am besten ist die Selbsterkenntnis zu erlangen, wenn wir in die Begebenheiten untertauchen, in denen wir auf andere Weise selber darin gestanden haben. [...] Johannes geht als Sich-selbst-Erkennender in allen äußeren Wesen unter. Er lebt in Luft und Wasser, in Felsen und Quellen, aber nicht in sich selber.“ (GA 125/1973/17.09.1910/ S.104 ff.)

Man erlebt in seinen übersinnlichen Schauungen natürlich nicht nur, daß man in die Welt hinüberfließt, sondern erkennt nach und nach den geheimnisvollen Zusammenhang zwischen einem selbst und allen Menschen, mit denen man verbunden ist. Man schwingt in die Seele des anderen hinüber und durchlebt in ihr – mit Blick auf die eigene Wesenheit –, was diese im Zusammenhang mit einem selbst in der Vergangenheit durchlitten, was sie erfreut und seelisch motiviert hat. Nach dem Tod, während der Kamaloka-Zeit in der Astralwelt, wird jeder Mensch auf diese Weise seelisch umgekrempelt und durchlebt als Teil der anderen Seele, also als Teil der Welt, was diese andere Seele im Zusammenhang mit einem selbst erlebt hat:

> „Wenn wir alles zusammennehmen, finden wir, daß der gewöhnliche, normale Mensch ein ähnliches nur erlebt in dem Zustand, den wir Kamaloka nennen. Der Einzuweihende muß das, was der normale Mensch in der geistigen Welt erlebt, schon in dieser Welt erleben. Er muß das, was Kamaloka-Erlebnisse sind, was sonst außerhalb des physischen Leibes erlebt wird, innerhalb des physischen Leibes erleben. Daher sind alle Eigenschaften, die man als Kamaloka-Eigenschaften aufnehmen kann, als Erlebnisse der Initiation da. So wie Johannes untertaucht in die Seele, der er Leid gebracht hat, so muß der normale Mensch im Kamaloka in die Seelen untertauchen, denen er Schmerz gebracht hat. Wie wenn ihm eine Ohrfeige zurückgegeben wird, so muß er Schmerz empfinden. Diese Dinge sind nur mit dem Unterschied behaftet, daß der Initiierte sie im physischen Leib erlebt, der andere nach dem Tode." (ebd./S.108 f.)

Das ist u.a. damit gemeint, wenn es bei Steiner immer wieder heißt, daß man sich selbst letztlich nur durch Welterkenntnis erfahren kann. Die Pflanzenbetrachtung ist eine Übung für die Erhellung des Zusammenhangs zwischen Mensch und Welt, meditativ errungene übersinnliche Erlebnisse veranschaulichen diesen Zusammenhang, und die nachtodliche Kamaloka-Zeit verwandelt ihn in reale Verhältnisse. – Und so ist bereits jedes Durchdenken eines übersinnlichen Forschungsergebnisses eine Beschäftigung mit der Welt, letztlich also – bei richtiger Handhabung – ein Beginn der Selbsterkenntnis.

Jede Forschung, vor allem auch jede geisteswissenschaftliche Forschung, offenbart den Zusammenhang zwischen Mensch und Welt. Der anthroposophische Schulungsweg ist ein Weg, der einen durch selbstlose Aktivierung und Steigerung des Denkens zu übersinnlichen Erkenntnissen führt, die umfassendere Auskünfte über den Menschen geben, als es mit rein auf das Sinnliche bezogenem Erforschen möglich ist. Diesen Erkenntnisweg ist Rudolf Steiner gegangen, und alle seine Mitteilungen sind Erträgnisse seiner geistesforscherischen Arbeit. Ein Teil dieser Forschungsergebnisse sind die Schilderungen der verschiedenen Doppelgängerwesenheiten.

Der Doppelgänger als Astralleib-Leichnam

Der erste Doppelgänger, den ich hier darstelle, ist einer, der nur bestimmten Menschen innewohnt. Ob man ihm notgedrungen Gastrecht bieten muß, hängt mit der Art zusammen, wie man während der letzten Erdenverkörperung gelebt hat.

Wenn ein Mensch stirbt, legt er nicht nur seinen physischen Leib ab, sondern danach auch seine übersinnlichen Wesensglieder, den Ätherleib und den Astralleib. Der Ätherleib verändert unmittelbar nach dem Tod seine Form; er weitet sich aus und vermittelt dem Menschen in dem dreitägigen Lebensrückblick alle in ihm gespeicherten Eindrücke des gerade vergangenen Erdenlebens.

Normalerweise löst sich der Ätherleib nach wenigen Tagen auf, d.h. er verschmilzt in seinem Element, mit dem Weltenäther. Es kann aber auch ein Rest des menschlichen Ätherleibes übrigbleiben, der als ätherische Gestalt in Erdennähe herumspukt oder sich in spiritistischen Sitzungen wie ein Mensch äußert. In der Anthroposophie nennt man diese von der verstorbenen Individualität gelösten herumvagabundierenden Gestalten Ätherleib-Leichname.

Der Astralleib bleibt dem Verstorbenen nachtodlich länger erhalten, denn in ihm sind wie in einer seelischen Verkörperung alle Leidenschaften, Neigungen, Gewohnheiten usw. enthalten. Stellen Sie sich vor, Sie müßten sich alles abgewöhnen, was Sie irgendwie an das Irdische bindet: keineswegs nur Alkohol, Sex und Zigaretten, sondern auch den täglichen Blick in Zeitungen und Fernsehen, den regelmäßigen Spaziergang, das gemütliche Ausruhen im Federbett, den Genuß beim Musikhören usw. Es bräuchte schon einige Zeit und eine gehörige Portion Willensanstrengung, alles bewußt zu unterlassen, was die Seele an den irdischen Stoff bindet.

So etwa muß man sich die nachtodliche Phase vorstellen, in der man sich langsam seines Astralleibes entkleidet. Begleitet ist diese Zeit obendrein noch mit einem rückwärtigen Durchschreiten des eigenen Lebens, aber aus der Sichtweise und Empfindungsperspektive derjenigen Menschen, mit denen man verkehrt hat.

Nach dieser Phase – die in etwa einem Drittel der Lebenszeit entspricht und Kamaloka genannt wird – legt man auch seinen Astralleib ab, der sich normalerweise auflöst. Normalerweise! Ist man aber während der letzten Erdenverkörperung ein Mensch mit starken auf das Sinnliche bezogenen Leidenschaften und Süchten gewesen, oder hat man sich vordringlich mit auf das Sinnliche bezogenen Gedankeninhalten beschäftigt, ohne ein Äquivalent religiöser oder geistiger Inhalte, dann ist es nach Steiner möglich, daß der Astralleib des Verstorbenen eine so starke Affinität zum Irdischen hat, daß er sich nicht auflöst, auch wenn sich die Individualität nach einem Drittel der Zeit, die das vergangene Leben gedauert hat, von ihm trennt.

Diese astralischen Überbleibsel nennt man Astralleib-Leichname. Sie umhuschen die Menschen auf der Erde, üben schlechten Einfluß auf sie aus, können als menschenähnliche Spukerscheinungen auftreten und sich genau wie die Ätherleib-Leichname in spiritistischen Sitzungen, z.B. beim Glasrücken oder automatischen Schreiben, ähnlich wie ein Mensch über die Medien äußern.

> „Das ist auch ein Zweites, was in spiritistischen Sitzungen erscheinen kann. Dieser Astralleichnam bleibt nämlich oft lange Zeit erhalten und kann sich mittels eines Mediums kundgeben, und oft glauben die Leute dann, es sei der Verstorbene selbst; es ist aber nur sein Astralleichnam. Wie in einer Hülse enthält er dessen niedere Triebe und Gewohnheiten; er kann auf Befragen auch Antwort geben, er kann Auskunft erteilen und kann ebenso vernünftig reden und sein, wie der niedere Mensch vernünftig war. Viele Verwechslungen kommen dadurch vor.“ (GA 95/1978/24.08.1906/S.34 f.)

Die Doppelgänger werden sie in den Wahnsinn hetzen

Für gewöhnlich inkarniert sich ein Mensch etwa alle 1.000 Jahre abwechselnd als Mann und Frau. Es gibt aber Ausnahmen, z.B. wenn man als Kind stirbt, einen gewaltsamen Tod erleidet oder ein krasser Materialist war, der seine Seele nicht mit geistigen Inhalten erfüllt hat. In solchen Fällen kann die Zeit zwischen Tod und neuer Geburt erheblich verkürzt sein. Der sich schon bald wieder inkarnierende Mensch trifft dann seinen alten noch nicht aufgelösten Astralleib-Leichnam und inkorporiert ihn zusätzlich zu seinem neuen Astralleib in sein Wesensgliedergefüge:

> „Für den Seher ist es außerordentlich interessant, die astralische Welt zu durchforschen. Er kann zum Beispiel fliegende, in Auflösung begriffene Astralleichname beobachten. Der Astralleichnam eines hochentwickelten Menschen, der an seinen niederen Trieben gearbeitet hat, löst sich rasch auf; aber langsam geht die Auflösung vor sich bei niedrigstehenden Menschen, die ihren Neigungen und Leidenschaften freien Lauf

gelassen haben. Da kann es sogar vorkommen, daß der alte zurückgelassene Astralleichnam sich noch nicht aufgelöst hat, wenn der ursprüngliche Träger zu einer neuen Geburt schreitet. Und das ist dann ein schweres Schicksal. Es kann auch sein, daß ein Mensch durch besondere Umstände bald wiederkehrt und seinen alten Astralleichnam noch vorfindet; dieser hat dann eine starke Anziehung zu ihm und schlüpft mit hinein in den neuen Astralleib. Der Mensch bildet sich also wohl einen neuen Astralleib, aber sein alter verbindet sich damit, beide schleppt er dann mit sich durchs Leben. Der alte Astralleib tritt dann in bösen Träumen oder Visionen vor ihn als sein zweites Ich und umgaukelt, quält und peinigt ihn. Das ist der unberechtigte, falsche ‚Hüter der Schwelle'. Dieser alte Astralleichnam tritt leicht aus dem Menschen heraus, weil er nicht fest mit den anderen Wesensgliedern verbunden ist, und erscheint dann als ein Doppelgänger." (ebd./26.08.1906/S.47 f.)

In einer anderen Textstelle zum gleichen Thema nennt Steiner sogar konkrete Menschen, die einen derartigen Astralleib-Leichnam als Doppelgänger während des Lebens gehabt haben:

„Es kann vorkommen, daß der Hüter der Schwelle auf abnorme Weise auftritt. Das geschieht, wenn der Mensch eine so starke Anziehung hat zu dem einen Leben zwischen Geburt und Tod, daß er wegen des geringen Maßes an innerer Tätigkeit nicht lange genug im Devachan bleiben kann. Wenn der Mensch sich zu sehr gewöhnt hat, nach außen zu schauen, hat er im Inneren nichts zu sehen. Er kommt dann bald ins physische Leben zurück. Seine Begierden bleiben dann vorhanden, das kurze Devachan ist bald vorüber; und wenn er zurückkehrt, ist das Gebilde seiner früheren Begierden noch im Kamaloka vorhanden; er trifft es dann noch an. Er verkörpert sich. Da mischt sich zu seinem neuen Astralkörper der alte hinzu; das ist das vorhergehende Karma, der Hüter der Schwelle. Er hat dann sein früheres Karma fortwährend vor sich, dies wird eine eigentümliche Art von Doppelgänger.

Viele von den Päpsten der berüchtigten Päpstezeit, wie zum Beispiel Alexander VI., haben solche Doppelgänger in der nächsten Inkarnation gehabt. Es gibt Menschen, und zwar jetzt gar nicht selten, die ihre frühere niedere Natur fortwährend neben sich haben. Das ist eine spezifische Art von Wahnsinn. Das wird immer stärker und heftiger werden, weil das Leben im Materiellen sich immer mehr ausbreitet. Viele Menschen, die jetzt ganz im materiellen Leben aufgehen, werden in der nächsten Inkarnation die abnorme Form des Hüters der Schwelle neben sich haben. Würde nicht der spirituelle Einfluß jetzt sehr stark ausgeübt, so würde eine Art epidemischen Sehens des Hüters der Schwelle eintreten als Folge der materialistischen Kultur. Ein Vorbote ist die Nervosität unseres Jahrhunderts. Sie ist eine Art Aufgehen in der Peripherie. Alle Nervösen von heute werden gehetzt sein durch den Hüter der Schwelle in der nächsten Inkarnation. Sie werden gehetzt werden in eine zu frühe Inkarnation, eine Art kosmischer Frühgeburt." (GA 93a/ 1976/27.09.1905/S.28 f.)

Der Begriff „Hüter der Schwelle" darf hier nicht irritieren, es kommt dabei wesentlich auf das Adjektiv „abnorm" an. Der wirkliche Hüter ist noch etwas ganz anderes (siehe den entsprechenden Abschnitt in diesem Aufsatz).

Dieser astrale Doppelgänger ist ein Wesensbereich, den heute etliche Menschen haben, und wegen der starken materialistischen Tendenz unserer Zeit wird sich dieses Doppelgängerphänomen sicherlich schon bald noch vehement verstärken. Es ist wichtig, um dieses Phänomen zu wissen, andererseits muß man vorsichtig sein und nicht bei jeder seelischen Erkrankung das Etikett Astralleib-Leichnam als inkorporierter Doppelgänger draufkleben.

Der Astralleib-Leichnam ist ein Wesensrest, der von starken Süchten, Leidenschaften, Rachegefühlen und sonstigen auf das Irdische bezogenen Gelüsten geprägt ist und der auch die Fähigkeit hat, sich – bei entsprechendem Medium – wie ein Mensch zu äußern. Ich kann mir deshalb vorstellen, daß verschiedene Ticks oder Zwangshandlungen von so einem Astralleib-Leichnam ausgehen, vielleicht sogar Stimmen, die zum Menschen sprechen und ihn durch das Leben hetzen.

Wie wilde Tiere drangen sie in sie ein

Sehr anschaulich beschreibt George Ritchie in der Schilderung seiner Nah-Todeserfahrung, „Rückkehr von morgen", diese Astralleib-Leichname, die wie schattenhafte menschliche Hüllen in einer Kneipe herumlungern und immer wieder – wenn auch ohne Erfolg – ihrer Alkoholsucht nachzugehen versuchen:

„An dieser Stelle führte mich das Licht in das Innere einer schmierigen Bar in der Nähe von einem, so wie es aussah, großen Marinestützpunkt. Eine Menge Leute, viele von ihnen Matrosen, standen zu dritt an der Bar, während sich andere in die mit Holz getäfelten Sitzgruppen an der Wand zwängten. Obwohl einige Bier tranken, schienen die meisten von ihnen so viel Whisky hinunterzukippen, wie zwei schwitzende Barkeeper nur eingießen konnten.

Danach beobachtete ich etwas Sonderbares. Eine Anzahl der Männer, die an der Bar standen, schienen unfähig zu sein, die Gläser an ihre Lippen zu setzen. Immer wieder beobachtete ich es, wie sie nach ihren Gläsern griffen, wie sie mit ihren Händen durch massive Becher hindurchgriffen, hindurch durch die schwere hölzerne Theke, hindurch durch die Arme und Körper der Trinker um sie herum.

Und diese Männer, so war es bei jedem zu beobachten, hatten nicht die Lichthülle, mit der die anderen umgeben waren.

Demnach mußte der Lichtkokon nur zu den lebenden Körpern gehören. Die Toten, wir, die wir unsere feste Materie verloren hatten, hatten damit diese ‚zweite Haut' ebenfalls verloren. Und es war offensichtlich, daß nur diese lebenden Menschen, die von einem Licht umgeben waren, in Wirklichkeit tranken, redeten, durstig miteinander anstießen.

Sie sahen weder die verzweifelt durstigen körperlosen Wesen um sie herum, noch fühlten sie ihr wahnsinniges Stoßen, um an eines jener Gläser heranzukommen. Trotzdem war mir beim Beobachten klar, daß die körperlosen Wesen sich sehen und gleichzeitig hören konnten. Immer wieder entstanden wütende Streitereien wegen der Gläser, die niemand von ihnen tatsächlich an die Lippen brachte.

Ich meinte, ich hätte schon schwere Trinkgelage bei den Partys der Verbindungen von Studenten in Richmond erlebt, aber was ich hier von Zivilisten und Angehörigen der Armee an der Bar erlebte, stellte alles Bisherige in den Schatten. Ich sah, wie ein junger Matrose schwankend vom Barhocker aufstand, zwei oder drei Schritte ging und dann schwer zu Boden stürzte. Zwei von seinen Kumpeln griffen ihn und zogen ihn von der Stelle weg.

Aber das war es nicht, was ich mir ansah. Ich starrte mit Verwunderung auf den hellen Kokon um den bewußtlosen Matrosen, der sich einfach öffnete. Er teilte sich über seinem Kopf und fing an, sich vom Kopf und seinen Schultern abzuschälen. Gleichzeitig, schneller, als ich jemals jemanden in Bewegung sah, war eines der körperlosen Wesen über ihm, das in seiner Nähe an der Bar gestanden hatte. Wie ein durstiger Schatten hatte es an der Seite des Matrosen gelungert und gierig jeden Schluck verfolgt, den der junge Mann nahm. Jetzt schien es auf ihn zu springen wie ein wildes Tier auf die Beute.

Im nächsten Augenblick war zu meiner großen Verwunderung die springende Figur verschwunden. Das alles passierte noch, bevor die zwei Männer ihre bewußtlose Ladung unter den Füßen derer wegzogen, die an der Bar saßen. Ich hatte ganz bestimmt eine kurze Zeit zwei Einzelpersonen gesehen; als sie den Matrosen an die Wand lehnten, war es nur noch eine.

Noch zweimal, während ich verblüfft hinstarrte, wiederholte sich dieselbe Szene. Ein Mann wurde bewußtlos, blitzschnell riß die Hülle um ihn herum, eines der körperlosen Wesen verschwand, indem es sich in die Öffnung stürzte, so, als wäre es in das andere Wesen hineingekrochen.

War denn die Lichthülle so etwas wie ein Schild? War sie Schutz gegen ... gegen körperlose Wesen wie mich? Es war anzunehmen, daß diese unwirklichen Kreaturen einst feste Körper hatten, wie ich selbst einen gehabt hatte. Angenommen, daß zu der Zeit, als sie noch in ihrem Körper waren, sich eine Abhängigkeit vom Alkohol entwickelt hatte, die über das Physische hinausging bis zum Psychischen, ja sogar Geistigen. Als sie dann ihren Körper verloren, waren sie für alle Ewigkeit von dem abgeschnitten, nach dem sie sich ständig gesehnt hatten, es sei denn, sie wären noch kurze Zeit in einem anderen Leib gewesen." (Ritchie, S.46 f.)

Der ahrimanische Doppelgänger als Teil des Ätherleibes

Die Schwierigkeit, die einzelnen Doppelgänger zu unterscheiden, die im Wesensgliedergefüge des Menschen wirken, wird vor allem bei den ätherischen Doppelgängergestalten deutlich. Erschwert wird diese Unterscheidungsfähigkeit noch durch den engen Zusammenhang zwischen Ätherleib und Astralleib. Eine aufglimmende einmalige Empfindung lebt beispielsweise im Astralleib, lebt man eine Seeleneigenschaft aber permanent aus, gräbt sie sich als Gewohnheit in den Ätherleib ein.

Es braucht nicht betont zu werden, daß der Mensch in seinem Unterbewußtsein – also allen ätherischen und astralen Schichten – weite Landschaften hat, die er nicht mit seinem Ich beherrschen kann. Greifen wir nur einmal die Gedächtnisschwäche heraus: Was hat ein Mensch während seines Lebens alles erlebt! Unzählige Begebenheiten, Minute für Minute. Und an wieviel kann man sich noch erinnern? Selbst mit dem besten Gedächtnis nur an einen Bruchteil. Den Teil des im Ätherleib liegenden Gedächtnisses, den man noch in die Erinnerung rufen kann, beherrscht man mit seinem Ich, der Rest ist ein nicht-icherfüllter Teil des Ätherleibes.

Noch krasser ist es mit bestimmten Gewohnheiten: ständig dieselbe Redewendung wählen, sich immer auf denselben Stuhl setzen, denselben Weg zur Arbeit gehen, auf bestimmte Begebenheiten immer auf die gleiche Weise reagieren, sich in Kleinigkeiten des Alltags nicht verändern können usw. Alles sind automatische Handlungen, die nicht ichgesteuert sind.

Im seelischen Bereich ist es genauso: Man reagiert z.B. übertrieben, gereizt oder mürrisch auf einen Mitmenschen, obwohl man es nicht will, ein unschönes Erlebnis reißt einen seelisch herunter, so daß der ganze Tag vermiest ist, oder man zerfließt in übersteigerte Sympathie für einen Menschen oder eine Sache und wird dabei blind für die Objektivitäten. Das sind seelische Äußerungen und Eigenarten, die nicht von dem Ich durchdrungen, also nicht ichgeführt sind.

Könnte man sich übersinnlich schauen, so würde man nicht *eine* Gestalt sehen wie in der sinnlichen Welt im physischen Leib, sondern unzählige Gestalten. Teile des Astralleibes und des Ätherleibes, alle seelischen Äußerungen, selbst die einzelnen Gedanken können als konkrete Gestalten vor dem übersinnlichen Bewußtsein erscheinen. Und so weist Steiner darauf hin, daß die unausgefüllten nicht-ichdurchdrungenen Teile des Ätherleibes und Astralleibes einem übersinnlich Schauenden als Doppelgänger gegenübertreten können, als Gestalten, denen wir Hülle und Substanz bieten, die aber seelisch durch Ahriman ausgefüllt werden:

> „Wenn man in die elementarische Welt eintritt, ist es so, daß sich das Erlebnis vergleichen läßt mit dem grotesken Bild des Hineinsteckens des Kopfes in einen Ameisenhaufen; das heißt, man steckt das Bewußtsein so in die elementarische Welt hinein, daß die einzelnen Gedanken besondere Gedankenlebewesen sind, daß das anfängt, ein selbständiges Leben zu haben und man das Bewußtsein hineintaucht in dieses Leben. Nun, für die hellsichtige Seele stellt sich das Folgende heraus. Der Mensch hat immer in seiner Seele einiges, was er sozusagen nicht voll beherrscht, wofür er besondere Affekte hat. Solchen Dingen gegenüber, was so geartet ist, daß der Mensch mit seinem Inneren in ganz eigenar-

tiger Weise zusammenhängt, entfaltet Ahriman eine besondere Tätigkeit. Es gibt in der Menschenseele solche Teile, die man gewissermaßen loslösen kann von dem Ganzen dieser Menschenseele. Weil der Mensch nicht eine vollständige Herrschaft ausübt über solche Einschlüsse, macht sich Ahriman darüber her. Und da macht sich durch Ahrimans Tätigkeit, die unberechtigt ist, die dadurch entsteht, daß Ahriman seine Grenze überschreitet, dann die Tendenz geltend, daß solche Teile der menschlichen ätherischen Wesenheit und auch der menschlichen astralischen Wesenheit, welche die Neigung haben, sich von dem übrigen Seelenleben loszutrennen und selbständig zu werden, von Ahriman sich formen lassen, so daß er ihnen die menschliche Gestalt gibt. Im Grunde genommen steht es mit allen möglichen Gedanken, die in uns selber sitzen, so, daß sie die menschliche Gestalt annehmen können. Wenn der Mensch diesen Gedanken als Gedankenlebewesen gegenübertritt, wenn dann Ahriman die Gelegenheit hat, einen solchen Teil der menschlichen Seele zu verselbständigen, ihm die menschliche Form zu geben, und man lebt sich in die elementarische Welt hinein, dann steht man diesem verselbständigten Teil seiner Wesenheit als seinem Doppelgänger gegenüber. Es ist immer ein Teil der menschlichen Seele, dem Ahriman die Form der menschlichen Gestalt gibt. Man muß sich nur klarmachen, daß, wenn man die elementarische Welt betritt, wenn man außerhalb seines physischen Leibes ist, sich in den ganzen Verhältnissen so manches ändert. Wenn man in seinem physischen Leibe drinnensteckt, so kann man sich nicht gegenübertreten; wenn man aber in seinem ätherischen Leibe die elementarische Welt betritt, so kann man in ihm stecken und ihn dennoch von außen sehen, wie man den Doppelgänger sieht. Dies ist mit dem Doppelgänger gemeint. Er ist im Grunde genommen, wenn man substantiell spricht, ein großer Teil des ätherischen Leibes selber. Während man einen Teil desselben zurückbehält, sondert sich ein Teil ab, wird objektiv. Man schaut ihn an, es ist ein Teil der eigenen Wesenheit, dem Ahriman die Gestalt gegeben hat, die man selber hat."
(GA 147/1969/30.08.1913/S.118 f.)

Wenn man sich am Schreibtisch sitzen sieht

Diese Doppelgängererscheinung kann aber auch während des alltäglichen Lebens auftreten, und zwar besonders dann, wenn man unterbewußt in sich intrigante oder lügnerische Impulse schlummern hat:

„Es kann das Folgende vorkommen: Irgendein Mensch kann ein Intrigant sein, kann mancherlei Menschen durch seine Intrigen Böses zugefügt haben. Er kann wieder einmal ausgegangen sein und irgendeine Intrige eingefädelt haben. Er kommt zurück in seine Wohnung, tritt vielleicht in sein Schreibzimmer ein, auf seinem Schreibtisch liegen vielleicht Papiere, auf denen Dinge stehen, mit denen er die Intrigen eingefädelt hat, und es kann ihm passieren, trotzdem er in seinem Oberbewußtsein zynisch geartet sein kann, daß doch sein Unterbewußtsein erfaßt wird von jenen Impulsen des Intrigierens. Er tritt ein in sein Schreibzimmer, schaut zu seinem Schreibtisch hin und siehe da: er sitzt da selber. Das ist eine unangenehme Begegnung, wenn man durch seine eigene Türe ins Zimmer tritt und sich selbst am Schreibtisch sitzen sieht. Aber solche Dinge gehören in den Bereich dessen, was sehr oft passiert und was dann gerade leicht passieren kann, wenn solches Intrigieren stattfindet. Dasjenige, dem man da begegnet, ist durchaus der Doppelgänger." (ebd./S.119 f.)

Schattenwesen aus den eigenen Versäumnissen

Nicht nur in bezug auf sein Verhalten, also in bezug auf die kurzfristig aufkommenden Emotionen und die grundlegenden Gewohnheiten, hat der Mensch große Teile in sich, die er nicht beherrscht, sondern auch in bezug auf sein Schicksal. Jeder Mensch kommt mit einem weitgefächerten Kaleidoskop von karmischen Beziehungen zur Welt, die er in irgendeiner Weise ausleben, wieder gutmachen, zu Ende führen, erneuern oder erdulden kann bzw. muß. Vieles wird scheinbar wie von selbst geschehen, anderes liegt in der Gestaltungskraft der jeweiligen Individualität. Mit anderen Worten: Jeder Mensch steht in vielen menschlichen Schicksalsbeziehungen, aber auch in Schicksalssituationen, für die er sich vorgeburtlich zu handeln vorgenommen hat. In diesem großen Teppich der Verknüpfungen versäumt jeder Mensch etwas von dem, was er sich vorgenommen oder was er auszugleichen hat.

Zu allen karmischen Versäumnissen hat Luzifer Zugang. Er kann das unausgetragene Karma des Menschen geistig-substantiell ergreifen, aus einem Teil des Ätherleibes des Menschen eine Art Hüllengestalt formen und sie mit einer künstlichen Seele – gebildet aus dem unausgetragenen Karma des Menschen – behauchen, so daß daraus ein Schattenwesen wird. Diese ursächlich durch die Versäumnisse der Menschen geschaffenen Schattenwesen huschen durch die Welt und wirken als vielseitige Störenfriede. Wer sie übersinnlich schaut, blickt dabei auf eine Gestalt seiner eigenen Jugend, aber wie auf eine fremde Wesenheit. Steiner nennt diese Geistgestalt, die auch in seinen Mysteriendramen Johannes Thomasius erscheint, den Geist der Jugend. Über die hellsichtige Schau dieser eigenen doppelgängerähnlichen Wesensteile trägt er vor:

> „Solches unausgetragenes Karma, solches Erlebnis wie das, wenn man auf seine Jugend sieht wie auf eine andere Wesenheit, ist etwas, was man im Inneren erlebt. Zu solchem Erleben hat Luzifer Zugang; das kann Luzifer heraussondern; er kann sich einen substantiellen Teil des Ätherleibes nehmen und ihn gleichsam beseelen mit dem unausgetragenen Karma. Dann wird ein Schattenwesen daraus unter dem Einfluß des Luzifer, ein solches Schattenwesen, wie es in dem Geist des jungen Johannes Thomasius dargestellt ist. Ein solches Schattenwesen ist ein wirkliches Wesen; es ist da, abgesondert von Johannes Thomasius, nur daß es grausige Verrichtungen hat aus dem Grunde, weil es eigentlich der allgemeinen Weltenordnung widerspricht. Was als Schattenwesen draußen ist, sollte in dem Johannes darinnen sein. Dadurch wird das hervorgerufen, was man als ein tragisches Geschick dieses Schattenwesens empfindet, das als ein Teil des Ätherleibes in der elementarischen und geistigen Welt draußen lebt. Das ist also durch Luzifer zum Schattenwesen verselbständigtes unausgetragenes Karma des Johannes Thomasius. Derjenige, der so etwas erlebt – und das ist ein wichtiges, ein bedeutungsvolles Erlebnis –, erlebt es so, daß er weiß, weil er Karma unausgetragen hat, hat er eine Art kosmischer Schuld auf sich geladen, hat er ein Wesen geschaffen, das eigentlich nicht draußen sein sollte, sondern in einem selber. [...]
>
> Das ist etwas, was zu den oft erschütterndsten Erlebnissen des hellseherischen Bewußtseins gehört, daß man Teile des Karma, die unausgeglichen sind, durch Luzifer verselbständigt in Schattenwesen, in der geistigen Welt findet. Man kann viele solche Schattenwesen finden, die man durch sein unausgetragenes Karma selber, durch Luzifer veranlaßt, in die geistige Welt versetzt hat." (ebd./S.124 ff.)

Die Sphinx

In der vierten nachatlantischen Kulturperiode – also von der Zeit der alten Griechen bis etwa zum Beginn der Neuzeit – war der ätherische

Körper des Menschen noch nicht so fest mit dem physischen Leib verbunden, wie es heute der Fall ist. Er ragte weit über diesen hinaus. Wenn der Ätherleib über den physischen Leib hinauslappt, also nur locker mit ihm verbunden ist, kann Luzifer den ätherischen Bereich beeinflussen. Körperlich drückt sich dies in einer gestörten Atmung aus, die sich zu Alpträumen, Alpdrücken, Angst-, Furcht- und Würgeerlebnissen steigern kann.

Eine verfeinerte Form dieses Luftabschnürens liegt jedem Zweifel und der Fragehaltung eines Menschen zugrunde, und ein solcher Zustand war nach Steiners Aussagen allgemeines Grundgefühl der Menschen der vierten nachatlantischen Kulturperiode. Auch jede Form der Unzufriedenheit geht in die Richtung des seelisch verfeinerten Alpdrückens:

> „Ich weise damit auf eine Erscheinung hin, welche jeder kennt als Traumerlebnis. Dieses Traumerlebnis kann sich in beliebiger Weise steigern. Der Alptraum, wo also der Mensch durch das gestörte Atmen zum Traumbewußtsein kommt, so daß sich Erlebnisse der geistigen Welt hineinmischen können, und auch alle Angst- und Furchterlebnisse, die mit Alpträumen verbunden sind, haben in dem luziferischen Element der Welt ihren Ursprung. Alles, was vom gewöhnlichen Atmungsprozeß übergeht zum Würgen, zu dem Gefühl des Gewürgtwerdens, das hängt zusammen mit dieser Möglichkeit, daß Luzifer sich einmischt in den Atmungsprozeß. Das ist der grobe Prozeß, wodurch eine Herabminderung des Bewußtseins Luzifer sich in das Atemerlebnis hineinmischt, gestaltenhaft in das Traumbewußtsein tritt und da zum Würger wird. Das ist das grobe Erlebnis.
>
> Es gibt aber auch ein feineres Erlebnis, das uns dieses Würgeerlebnis gleichsam verfeinert, nicht so grob wie ein physisches Würgen darstellt. Man achtet gewöhnlich nicht darauf, daß eine solche Verfeinerung des Würgens zu den menschlichen Erlebnissen gehört. Aber jedesmal, wenn an die menschliche Seele dasjenige herantritt, was zu einer Frage wird oder zu einem Zweifel an diesem oder jenem in der Welt, dann ist in verfeinerter Weise ein Würgeerlebnis da. Man kann schon sagen: Wenn wir eine Frage aufstellen müssen, wenn ein kleines oder großes Weltenrätsel sich uns aufdrängt, dann werden wir gewürgt, aber so, daß wir es nicht merken. – Jeder Zweifel, jede Frage ist ein verfeinertes Alpdrücken oder ein verfeinerter Alptraum.“ (GA 158/1980/20.11.1914/S.100)

Könnte man hellseherisch sehr weit in die Vergangenheit der Menschheitsentwicklung zurückschauen, würde man den Menschen – bevor ihm

Die Sphinx
Odilon Redon (1889, Nr.5 aus „Die Versuchung des heiligen Antonius“, 2. Serie)

ein mineralischer Leib gebildet wurde – als ätherische Schemengestalt wahrnehmen, die unter der Einwirkung kosmischer Tiergruppenseelenkräfte stand, und zwar von Stier-, Löwen- und Vogelkräften. Im Laufe der menschlichen Entwicklung wurden diese drei Kräfte harmonisiert. Der unfertige Mensch, der die drei Tiergruppenseelenkräfte noch nicht zu einer harmonischen menschlichen Gestalt ausgeformt hat, hat die Gestalt der Sphinx:

„Aber wie aus dem Unsichtbaren heraus hätte sich bilden müssen ein Kompositum, zusammengefügt aus Stier- und Löwengestalt und mit

Flügeln, wie sie der Adler hat, wie sie überhaupt der Vogel hat. Wenn Sie sich an die Sphinx-Gestalt in ihrem umfassendsten Sinn erinnern, die uns darstellen soll das große Rätsel vom Menschwerden, dann haben Sie tatsächlich das, was eine hellseherische Kultur, die im Innern wußte, wie es um die Menschheit steht, vor diese Menschheit hingestellt hat. Was in der Sphinx gesondert auftritt, ist innig verwoben in der menschlichen Natur. Und man kann sagen, daß für den hellseherischen Blick sich die Menschengestalt auf eine ganz sonderbare Weise ergibt. Wenn man nämlich eine solche Sphinx, die tatsächlich zusammengesetzt ist aus einer Löwengestalt und einer Stiergestalt mit Vogelflügeln, auf den hellseherischen Sinn wirken läßt und sie durch das ergänzt, was als menschliche Schemen- oder Schattengestalt dahintersteht, und das innig miteinander verwebt, dann entsteht die menschliche Gestalt vor uns, dann wird das, was wir heute als Mensch vor uns haben. Daher kann das hellseherische Bewußtsein eine Sphinx, die zunächst gar nicht menschenähnlich ist, nicht ansehen, ohne daß es sich sagt: Du bist ich selber.“ (GA 129/1977/26.08.1911/S.189 f.)

Die Sphinx ist in dem Sinne zwar kein Doppelgänger des heutigen Menschen, aber doch eine Vorstufe seiner selbst in der Vergangenheit. Ihr gegenüberzustehen, ihr Antworten auf Fragen geben zu müssen, ist im Grunde – in das Bild eines Mythos gekleidet – der reale Vorgang eines mehr oder weniger verfeinerten Alpdrückens, der in den vergangenen Jahrtausenden menschenkundlich vorlag:

„Man kann also sagen: Das Luziferische kann sich in die menschliche Natur hineinschleichen, wenn der Ätherleib geweitet ist. – Man kann auch sagen: Das Luziferische hat die Tendenz, in einem der menschlichen Form gegenüber geweiteten Ätherleibe sich auszudrücken, also in einem Ätherleibe, der mehr Raum braucht, als in der menschlichen Haut eingeschlossen ist, der die Form üppiger gibt. – Man kann sich nun denken, daß man künstlerisch diese Frage beantworten will, und da kann man sagen: So wie der menschliche Ätherleib normal ist, ist er der Bildner der menschlichen Gestalt, die physisch vor uns steht. Aber sobald er sich weitet, sobald er sich einen größeren Raum, weitere Grenzen verschaffen will, als in der menschlichen Haut darinnen sind, will er auch andere Formen geben. Es kann da nicht die menschliche Form bleiben. Er will überall über die menschliche Form hinaus. – Dieses Problem hat man in alter Zeit schon gelöst. Was für eine Form kommt da heraus, wenn der geweitete Ätherleib, der nicht für das menschliche Wesen, sondern für das luziferische Wesen paßt, sich Geltung verschafft und formhaft vor die menschliche Seele tritt? Was kommt da heraus? Die Sphinx!

Hier haben wir eine besondere Art, uns in die Sphinx hinein zu vertiefen. Die Sphinx ist es, was eigentlich an einem würgt. Wenn der Ätherleib des Menschen durch die Energie des Atmens sich ausweitet, taucht ein luziferisches Wesen in der Seele auf. Es lebt in diesem Ätherleibe nicht die menschliche Gestalt, sondern die luziferische Gestalt, die Sphinxgestalt. Die Sphinx taucht auf als die Zweifelaufwerferin, als die Fragepeinigerin. Diese Sphinx hat also eine besondere Beziehung zum Atmungsprozeß. Wiederum wissen wir aber, daß der Atmungsprozeß eine besondere Beziehung zur Blutbildung hat. Daher lebt das Luziferische auch im Blute, durchwogt und durchwallt das Blut. Überall kann auf dem Umwege durch die Atmung das Luziferische in das Blut des Menschen hinein, und wenn zuviel Energie in das Blut hineinkommt, dann ist das Luziferische, die Sphinx, besonders stark." (GA 158/1980/20.11.1914/S.101 f.)

Das Rätsel der Sphinx

Am bekanntesten sind die Sphinx in Gizeh sowie die in die griechische Mythologie aufgenommene Sphinx, die in der Ödipus-Sage auftaucht. Ödipus, über dem das Orakel schwebt, seinen Vater Laios, den König von Theben, zu töten und seine Mutter Iokaste zu heiraten, ist ein für die damalige Zeit moderner Mensch. Kurz bevor er nach Theben kommt und in Unkenntnis der Zusammenhänge seine Mutter heiratet, erschlägt er aus Notwehr seinen Vater, ohne zu wissen, mit wem er es zu tun hat:

„Bald nach dieser Tat war vor den Toren der Stadt Theben in Böotien die Sphinx erschienen, ein geflügeltes Ungeheuer, vorn wie eine Jungfrau, hinten wie ein Löwe gestaltet. [...] Dieses Ungeheuer hatte sich auf einen Felsen gelagert und legte dort den Bewohnern von Theben allerlei Rätsel vor, die sie von den Musen erlernt hatte. Fanden sie die Auflösung nicht, so ergriff sie jeden, der das Rätsel lösen wollte, zerriß ihn und fraß ihn auf. Dieser Jammer kam über die Stadt, als sie eben um ihren König trauerte, der – niemand wußte, von wem – auf einer Reise erschlagen worden war und an dessen Stelle Kreon, der Bruder der Königin Iokaste, die Zügel der Herrschaft ergriffen hatte. Es kam zu-

Sphinx von Giseh (4. Dynastie, um 2600 v.Chr.)

letzt so weit, daß Kreons eigener Sohn, dem die Sphinx auch ein Rätsel aufgegeben und der es nicht gelöst hatte, ergriffen und verschlungen wurde. Diese Not bewog den Fürsten Kreon, öffentlich bekanntzumachen, daß er demjenigen, der die Stadt von der Würgerin befreien würde, das Reich und seine Schwester Iokaste zur Gemahlin geben wollte.

Eben als dies öffentlich verkündet wurde, betrat Ödipus mit seinem Wanderstab die Stadt Theben. Die Gefahr und ihr Preis reizten ihn, zumal da er sein Leben wegen der drohenden Weissagungen, die über ihm schwebten, nicht hoch genug anschlug. Er begab sich daher nach dem Felsen, auf dem die Sphinx ihren Sitz genommen hatte, und ließ sich von ihr ein Rätsel vorlegen. Das Ungeheuer wollte dem kühnen Fremdling ein völlig unauflösliches Rätsel aufgeben, und ihr Spruch lautete: ‚Es ist am Morgen vierfüßig, am Mittag zweifüßig, am Abend dreifüßig. Unter allen Geschöpfen wechselt es allein die Zahl seiner Füße; aber eben wenn es die meisten Füße bewegt, sind Kraft und Schnelligkeit seiner Glieder am geringsten.‘ Ödipus lächelte, als er das Rätsel vernahm, das ihm selbst gar nicht so schwierig erschien. ‚Deines Rätsels Lösung ist der Mensch‘, sagte er, ‚der am Morgen seines Lebens ein schwaches und kraftloses Kind, auf seinen zwei Füßen und seinen zwei Händen geht; ist er stark geworden, so geht er am Mittag seines Lebens nur auf den zwei Füßen; ist er endlich als Greis am Abend seines

Ödipus und die Sphinx
Gustave Moreau (1864)

Lebens angekommen und der Stütze bedürftig, so nimmt er den Stab als dritten Fuß zu Hilfe.‘ Das Rätsel war glücklich gelöst, und aus Scham und Verzweiflung stürzte sich die Sphinx selbst vom Felsen in den Tod.“ (Schwab, S.181 f.)

Interessant ist, daß die Sphinx – als Repräsentantin des noch unvollkommenen und luziferisch tingierten Menschen – den Menschen in seiner Biographie als Rätsel aufgibt. Ödipus kann es lösen, da er als moderner

Mensch seine intellektuellen Kräfte schon stärker ausgebildet hat als seine übrigen Zeitgenossen. Anthroposophisch gesprochen: Sein Ätherleib ist enger in den physischen Leib eingezogen, Luzifer hat keine Macht über ihn, er wird nicht von Zweifeln und Fragen gepeinigt und geht die Probleme des irdischen Alltags konkret an. Ödipus besiegt Luzifer bzw. die Sphinx durch einen innerlichen Prozeß, ohne dem anderen Pol – dem ahrimanisch-mephistophelischen – zu verfallen:

„Ödipus sollte der Mächtigste dieser Sphinxbesieger sein. Jeder Grieche, der sein Menschentum ernst nahm, war im Grunde genommen im kleinen mehr oder weniger ein Sphinxbesieger. Ödipus sollte nur das, was jeder Grieche erleben mußte, in besonders typischer Gestalt darstellen. Was geschieht also? Ödipus sollte dasjenige, was im Atmungs- und Blutprozesse lebt, besiegen. Dem Menschen, der in diesem lebt, soll er gegenüberstellen den gleichsam mit verarmten Ätherkräften lebenden Nervenmenschen. Wodurch kommt er dazu? Dadurch, daß er in seine eigene Natur die Kräfte, die mit dem Nervenprozeß verwandt sind, also die mephistophelischen Kräfte, aufnimmt, aber in gesunder Weise aufnimmt, so daß sie nicht nebenhergehen und ihm zum Begleiter werden, sondern daß sie in ihm sind, und er durch diese Kräfte der Sphinxnatur gegenübertreten kann.

Da sehen wir, wie im Grunde genommen Luzifer und Ahriman an ihrem richtigen Orte segensreich wirken, an dem Orte, wohin sie gleichsam erst versetzt sind, und daß sie, wo sie nicht stehen sollen, nachteilig wirken. Für den Griechen war die Sphinxnatur etwas, womit er fertig werden sollte, was er aus sich heraussetzen sollte. Wenn er sie in den Abgrund stürzen, also den erweiterten Ätherleib in den physischen Leib hineinbringen konnte, dann hatte er die Sphinx überwunden. Der Abgrund ist nicht da draußen, der Abgrund ist der eigene physische Leib, in den in gesunder Weise die Sphinx untergetaucht werden muß. Aber da muß der andere Pol, der Nervenpol, der entgegengesetzte Prozeß vom Ich ausgehend, stärker werden, nicht das, was draußen ist, sondern das, was drinnen sein muß. Das Ahrimanische wird im Menschen aufgenommen und dadurch an den richtigen Ort gestellt.

Ödipus ist der Sohn des Laios. Diesem war vorausgesagt worden, daß, wenn er ein Kind haben würde, dieses Unglück bringen würde für sein ganzes Geschlecht. Daher setzte er das Knäblein, das ihm geboren wurde, aus. Er durchstach ihm die Füße, und daher bekam es den

Namen Ödipus, das heißt Klumpfuß. Da haben wir die mephistophelischen Kräfte in dem Ödipus-Drama.

Ich habe gesagt, wenn durch diese Kräfte die Ätherkraft verarmt, können sich die Füße nicht mehr entwickeln, sie müssen verkümmern, verdorren. Bei Ödipus wurde das künstlich bewirkt. Er wurde bekanntlich an einem Baum aufgehängt von dem Hirten gefunden, der ihn aufzieht, während er hätte zugrunde gehen sollen. Er trägt nun die Klumpfüße durch die Welt. Er ist gewissermaßen der ins Heilige übersetzte Mephistopheles. Da ist er an der richtigen Stelle, da kann er das Ich kräftig durchpulsen, wo es gilt, die Aufgabe des vierten nachatlantischen Zeitraumes zu lösen. Alles dasjenige, wodurch der Grieche groß geworden ist, wodurch er so recht zum Griechen geworden ist, der harmonische Einklang zwischen dem Ätherleibe und dem physischen Leibe, den wir noch so lebendig an den griechischen Gestalten in ihrer Wohlgestalt bewundern, alles das geht dem Ödipus ab, damit er ‚Persönlichkeit' werden kann, damit er gerade der Repräsentant wird des Menschen, in dem das Ich stark wird. Das zum Kopfe heraufwandernde Ich wird stark, indem die Füße verkümmern." (GA 158/1980/20.11.1914/S.109 f.)

Der ahrimanische Doppelgänger als hornfüßige Bocksgestalt

Heute haben wir das andere Extrem. Ein Mensch wie Ödipus wäre der Normalfall, und die Sphinx würde von den meisten Menschen kalt lächelnd besiegt werden, gleich welche Rätsel sie aufgäbe. Die Tendenz des Gegenwartsmenschen ist nicht der ausgedehnte, von Luzifer durchsetzte Ätherleib, sondern ein zusammengezogener verkleinerter, eher verkümmerter Ätherleib, in den Ahriman Einzug hält:

„Je weiter der Mensch kommen wird in der materialistischen Verachtung des Spirituellen, desto mehr wird sich dieser Ätherleib zusammenziehen und austrocknen. Da aber die Durchorganisierung des physischen Leibes davon abhängt, daß der Ätherleib ihn ganz richtig durchdringt, so wird für den physischen Leib immer eine Tendenz auftreten, wenn der Ätherleib zu sehr zusammengedrängt ist, daß der physische Leib auch auszutrocknen beginnt. Und wenn er ganz besonders stark austrocknen würde, so würde er statt der natürlichen Menschenfüße hornartige Füße bekommen. Der Mensch wird sie ja nicht bekommen, aber die Tendenz dazu liegt in ihm, und sie ist begründet in dieser

Tendenz des Ätherleibes, auszutrocknen, zu wenig Ätherkraft zu entwickeln. In diesen vertrockneten Ätherleib kann sich nun besonders Ahriman hineinleben, wie Luzifer in den erweiterten Ätherleib. Ahriman wird die Gestalt annehmen, die auf eine Ärmlichkeit des Ätherleibes hinweist. Er wird zu wenig Ätherkraft entwickeln, um richtig organisierte Füße zu haben, und die erwähnten hornartigen Füße – Bocksfüße – ausbilden.

Mephistopheles ist ja Ahriman; er hat die Bocksfüße nicht umsonst, er hat die Bocksfüße aus diesem Grunde, den ich angedeutet habe. Die Mythen und Sagen sind eben sehr bedeutungsvoll; deshalb erscheint Mephistopheles sehr oft mit Pferdefüßen, wo also die Füße zu Hufen vertrocknet sind. Wenn Goethe das Problem des Mephisto schon vollständig durchdrungen hätte, so hätte er nicht seinen Mephisto wie einen modernen Kavalier auftreten lassen, denn es gehört schon einmal zum Wesen des Ahriman-Mephisto, nicht so viel Ätherkraft zu haben, daß er die menschliche physische Gestalt vollständig durchorganisieren kann." (ebd./S.103 f.)

Ahriman ist ein Wesen mit starkem Willen und brillanter Intellektualität; Gemüt und die Wärme des Blutes fehlen ihm. Darum lechzt er – wie bei Faust – auch nach einem Tropfen Menschenblut.

„Er kommt immer wieder"

Es ist nicht einerlei, womit sich der Mensch verbindet, ob er einen geistig gehaltvollen philosophischen Text liest und durchdenkt oder jeglichen geistigen Gehalt aus seinen Gedanken ausklammert, denn man wird zukünftig immer mehr zu dem werden, mit dem man sich inhaltlich beschäftigt und verbindet:

„Die Sinneserscheinungen offenbaren sich dem ‚Ich' von der einen, der *Geist* von der andern Seite. Leib und Seele geben sich dem ‚Ich' hin, um ihm zu dienen; das ‚Ich' aber gibt sich dem Geiste hin, daß er es erfülle. Das ‚Ich' lebt in Leib und Seele; der Geist aber lebt im ‚Ich'. Und was vom Geiste im Ich ist, das ist ewig. Denn das Ich erhält Wesen und Bedeutung von dem, womit es verbunden ist." (GA 9/Tb. 1974/S.40)

Insofern führt die gedankliche Beschäftigung, die sich inhaltlich nur auf den irdisch-stofflichen Bereich bezieht, zu einer Verkümmerung des Ätherleibes. Er wird kleiner, unlebendiger und nicht mehr von den Ichkräften des Menschen durchdrungen und beherrscht. Dadurch können – wie oben beschrieben – ahrimanische Wesen mehr und mehr Einzug in den Ätherleib halten.

Diese ahrimanisch durchdrungenen Teile des Ätherleibes hat jeder Mensch mehr oder weniger. Da wir uns – bedingt durch unsere Zeit, den Beruf, die Medien, den Verkehr usw. – fast ausschließlich nur noch mit irdischen Gegebenheiten beschäftigen, werden sich die ahrimanischen Einflüsse im Ätherleib zunehmend verstärken und uns als Doppelgänger begleiten. Merkwürdigerweise werden gerade Kinder diese Erscheinung wahrnehmen, woran man erkennen kann, daß die verkümmerten Ätherleiber fast naturgegeben zu einer Zeiterscheinung der fünften nachatlantischen Kulturperiode geworden sind bzw. bald werden:

> „Es wird eine Zeit kommen, wo an viele, viele Menschen immer mehr die Empfindung herantreten wird: Ja, was ist denn das, ich fühle

Selbstbildnis vor Landschaft
Richard Oelze (um 1947/48)

mich so, wie wenn ich mich gespalten hätte, wie wenn da noch ein Zweiter neben mir wäre. – Und diese Empfindung, dieses Gefühl, das als etwas Natürliches auftreten wird, geradeso wie Hunger oder Durst oder andere Erlebnisse, darf nicht unverstanden bleiben bei den Menschen der Gegenwart und Zukunft. Verständlich wird es sein, wenn die Menschen sich bequemen werden, durch die Geisteswissenschaft die eigentliche Bedeutung dieses Gespaltenseins zu verstehen. Insbesondere wird auch die Pädagogik, die Erziehung, je mehr wir diesen Dingen entgegengehen, darauf Rücksicht nehmen müssen. Man wird lernen müssen, auf gewisse Erlebnisse der Kinder sorgfältiger zu achten, als man das bisher getan hat, wo diese Erlebnisse auch nicht in demselben Maße da waren.

Gewiß, in dem späteren, robusteren Leben, unter dem Eindrucke der physischen Welt werden diese Gefühle und Empfindungen, die ich charakterisiert habe, nicht so besonders stark sein in der allernächsten Zukunft, aber in einer ferneren Zukunft werden sie immer stärker und stärker werden. Zunächst werden sie beim heranwachsenden Kinde auftreten, und die Erwachsenen werden von den Kindern gar mancherlei hören, was sie werden verstehen müssen, mancherlei, über das man hinweggehen kann wie über ein Nichts, über das man aber nicht hinweggehen sollte, weil es mit den tiefsten Evolutionsgeheimnissen der Welt zusammenhängt.

Kinder werden andeuten: Da oder dort habe ich ein Wesen gesehen, das hat zu mir dies oder jenes gesagt, was ich tun soll. – Der materialistisch gesinnte Mensch wird sagen: Du bist ein dummer Bub oder ein dummes Mädchen, das gibt es ja gar nicht. – Wer aber Geisteswissenschaft verstehen will, muß wissen lernen, daß es sich da um eine bedeutsame Erscheinung handelt. Wenn ein Kind sagt: Da habe ich jemanden gesehen, der ist wieder verschwunden, aber er kommt immer wieder und wieder; er sagt zu mir immer das und jenes, und ich kann nicht aufkommen gegen ihn –, so wird der, welcher die Geisteswissenschaft versteht, erkennen, daß sich da etwas in dem Kinde ankündigt, was immer deutlicher in der Menschheitsevolution hervortreten wird." (GA 158/1980/20.11.1914/S.98 f.)

Dieses Doppelgängerwesen, was an die Menschen herantreten wird, ist ein ahrimanisches, und weil die Menschen immer mehr das Fragen verlernen – z.B. nach dem Sinn des Lebens, nach der inneren Struktur lebendiger Begriffe oder nach geistigen Wesen und ihrem Wirken –, werden diese ahrimanischen Doppelgänger in Zukunft sogar mit dem Menschen geboren:

„Betrachten Sie einmal ganz unbefangen die Evolution. Wieviel hat im Verlaufe des fünften nachatlantischen Kulturzeitalters aufgehört, in warmer unmittelbarer Weise an den Menschen heranzutreten. Nehmen Sie die unzähligen Fragen, die wirklich an uns herantreten, wenn wir uns in die Geisteswissenschaft vertiefen. Sie sind alle für den modernen materialistisch gesinnten Menschen nicht da. Das Rätsel der Sphinx empfindet er nicht; das hat der Grieche noch in lebendiger Weise empfunden. Der moderne Mensch wird aber ein anderes empfinden müssen. Er weiß eigentlich alles so gut nach seiner Meinung, beobachtet die Sinneswelt, kombiniert sie mit seinem Verstande, und dann lösen sich ihm alle Rätsel. Er ahnt nicht, wie sehr er in der äußeren Phantasmagorie herumtappt. Das aber verdichtet immer mehr seinen Ätherleib, trocknet immer mehr seinen Ätherleib aus und führt endlich dazu, daß das mephistophelische Element wie eine zweite Natur sich heften wird an das Wesen des Menschen der Gegenwart und in die Zukunft hinein. Alles das, was an materialistischen Vorurteilen, an materialistischer Beschränktheit sich entwickelt, wird die mephistophelische Natur verstärken, und wir können jetzt schon sagen: Wir sehen in eine Zukunft hinein, wo jeder geboren wird mit einem zweiten Menschen, welcher sagen wird, die da von der geistigen Welt reden, sind Narren. Ich weiß alles, ich verlasse mich auf meine Sinne. – Gewiß, der Mensch wird abweisen, so wie das Sphinx-Rätsel, auch das Mephistopheles-Rätsel, aber er wird heften an seine Fersen ein zweites Wesen. Das wird ihn so begleiten, daß er den Zwang empfinden wird, materialistisch zu denken, nicht durch sich, sondern durch ein zweites Wesen, das sein Begleiter ist." (ebd./S.106)

Deshalb tut jeder Mensch gut daran, seinen Ätherleib durch Übungen lebendig zu halten. Das können pädagogische, religiöse oder künstlerische Betätigungen sein, konkrete Übungen wie Gedächtnis-, Willens- oder Schreibübungen oder Naturbetrachtungen wie z.B. die schon beschriebene Pflanzenbetrachtung. Die innere Aktivität, die den Gewohnheitsmenschen überwindet und den Ätherleib durch eine geeignete Übung aus der Verkümmerung herausreißt und verlebendigt, ist ein Heilmittel gegen diese Art ahrimanischer Doppelgänger. (Eine ausführliche Auseinandersetzung diverser dafür geeigneter Übungen finden Sie in FLENSBURGER HEFTE 47, „Übungen zur Selbsterziehung".)

DER AHRIMANISCHE DOPPELGÄNGER ALS LEBENSBEGLEITER

Der Einfluß Ahrimans auf den Ätherleib – wie in den letzten Kapiteln beschrieben – ist nicht bei jedem Menschen gleich und auch nicht über das ganze Leben konstant. Er hängt davon ab, womit man sich beschäftigt. Allerdings wird wahrscheinlich niemand ganz von ahrimanisch durchsetzten Bereichen des Ätherleibes frei sein.

Von diesen ahrimanisch durchsetzten Bereichen des Ätherleibes, die als Doppelgänger erscheinen können, ist derjenige ahrimanische Doppelgänger zu unterscheiden, der jeden Menschen fast das ganze Leben begleitet. Dabei handelt es sich um ein konkretes Wesen aus den ahrimanischen Scharen, die in großer Zahl darauf warten, etwas zu ergattern, was sie sich selbst nicht schaffen können: einen belebten physischen Menschenleib. Sie haben geographische Vorlieben, und die einen suchen sich einen asiatischen, andere einen europäischen, wieder andere einen amerikanischen Leib aus. Kurz vor der Geburt schlüpfen sie in das Menschenwesen und ziehen wenige Tage vor dem Tod wieder aus dem sterbenden Menschen aus:

> „Wir Menschen gliedern uns nach Leib, Seele und Geist, aber damit ist unsere Wesenheit lange nicht erschöpft. Unser Leib, unsere Seele, unser Geist sind gewissermaßen dasjenige, das uns zunächst als unser Bewußtsein angeht; aber es ist nicht alles dasjenige, was mit unserem Dasein in Beziehung steht. Keineswegs! Das, was ich jetzt sage, hängt mit gewissen Geheimnissen des Menschwerdens, der Menschennatur zusammen, die auch heute bekannt und immer bekannter werden müssen.
>
> Wenn der Mensch durch die Geburt ins irdische Dasein hereintritt, dann hat er, indem er seinen physischen Leib hat, nicht nur die Möglichkeit, seiner eigenen Seele ihr Dasein zu geben – ich bitte Sie, das wohl zu berücksichtigen –, sondern dieser physische Leib, ihn kennt ja der Mensch durchaus nicht ganz, was gehen da alles für Dinge vor im physischen Leib, von denen der Mensch nichts weiß! Er lernt ja allmählich erst kennen, und zwar noch dazu auf eine recht unzukömmliche Weise, durch Anatomie, Physiologie das, was in diesem Leib vorgeht. Wenn man warten müßte mit der Ernährung, bis man den Ernährungs-

The Two Sisters
Giorgio de Chirico (1915)

vorgang begriffen hätte, man könnte nicht einmal sagen, die Menschen müßten verhungern; denn das ist gar nicht denkbar, daß man etwas weiß von dem, was die Organe zu tun haben, um die Nahrung zuzubereiten für den Organismus. Also der Mensch kommt recht sehr mit seinem Organismus, mit dem er sich bekleidet, in diese Welt herein, ohne daß er mit seiner Seele hinunterlangt in diesen Organismus. Dafür ist aber auch Gelegenheit vorhanden, daß kurze Zeit bevor wir geboren werden – nicht sehr lange bevor wir geboren werden –, außer unserer Seele noch ein anderes geistiges Wesen Besitz ergreift von unserem Leib, von dem unterbewußten Teil unseres Leibes. Das ist schon mal so: kurze Zeit bevor wir geboren werden, durchsetzt uns ein anderes, wir würden nach unserer Terminologie heute sagen, ein ahrimanisches Geisteswesen. Das ist ebenso in uns wie unsere eigene Seele. Diese Wesenheiten, welche ihr Leben gerade dadurch zubringen, daß sie die Menschen selber dazu benützen, um da sein zu können in der Sphäre, in der sie da sein wollen, diese Wesenheiten haben eine außerordentlich hohe Intelligenz und einen ganz bedeutsam entwickelten Willen, aber kein Gemüt, nicht das, was man menschliches Gemüt nennt. – Und wir schreiten schon so durch unser Leben, daß wir unsere Seele haben und einen solchen Doppelgänger, der viel gescheiter ist, sehr viel gescheiter ist als wir, sehr intelligent ist, aber eine mephistophelische Intelligenz hat, eine ahrimanische Intelligenz hat, und dazu einen ahrimanischen Willen, einen sehr starken Willen, einen Willen, der den Naturkräften viel näher steht als unser menschlicher Wille, der durch das Gemüt reguliert wird." (GA 178/1980/16.11.1917/S.57 f.)

Diese Wesen können den menschlichen Leib benutzen, weil der Mensch mit seinen Ichkräften noch nicht in der Lage ist, sein gesamtes Wesensgliedergefüge – am allerwenigsten den physischen Leib – bewußtseinsmäßig zu durchdringen:

„Diese Wesenheiten von hoher Intelligenz, aber rein mephistophelischer Intelligenz, und von einem der Natur mehr verwandten Willen, als es für den menschlichen Willen gesagt werden kann, die haben einmal aus ihrem eigenen Willen heraus beschlossen, nicht in jener Welt leben zu wollen, in der sie durch die weisheitsvollen Götter der oberen Hierarchie zu leben bestimmt waren. Sie wollten die Erde erobern, sie brauchen Leiber; eigene Leiber haben sie nicht: sie benützen so viel von den menschlichen Leibern, als sie benützen können, weil die menschliche Seele eben nicht ganz den menschlichen Leib ausfüllen kann." (ebd./S.59)

Da Christus während des Mysteriums von Golgatha als erstes in einem physischen Leib lebendes Wesen den Tod besiegt hat – also nach seinem physischen Tod den Kräftezusammenhang des physischen Leibes als Kraftgestalt bei sich behalten hat –, fliehen die ahrimanischen Doppelgänger wenige Tage vor dem Tod aus dem sterbenden Menschen:

> „Diese Wesenheiten also können, so wie sich der menschliche Leib entwickelt, zu einer bestimmten Zeit bevor der Mensch geboren wird, gewissermaßen in diesen menschlichen Leib hinein, und unter der Schwelle unseres Bewußtseins begleiten sie uns. Sie können nur eines im menschlichen Leben absolut nicht vertragen: sie können nämlich den Tod nicht vertragen. Daher müssen sie diesen menschlichen Leib, in dem sie sich festsetzen, immer auch, bevor er vom Tode befallen wird, verlassen. Das ist eine sehr herbe Enttäuschung immer wiederum, denn sie wollen gerade das sich erobern: in den menschlichen Leibern zu bleiben über den Tod hinaus. Das wäre eine hohe Errungenschaft im Reiche dieser Wesenheiten; das haben sie zunächst nicht erreicht.
>
> Wäre das Mysterium von Golgatha nicht geschehen, wäre der Christus nicht durch das Mysterium von Golgatha gegangen, so wäre es längst so auf der Erde, daß diese Wesenheiten sich die Möglichkeit erobert hätten, im Menschen auch drinnen zu bleiben, wenn dem Menschen der Tod karmisch vorbestimmt ist. Dann hätten sie überhaupt über die menschliche Entwickelung auf der Erde den Sieg davongetragen, und sie wären Herren der menschlichen Entwickelung auf der Erde geworden.
>
> Das ist etwas von einer ungeheuer tiefgehenden Bedeutung: einzusehen diese Zusammenhänge zwischen dem Durchgehen des Christus durch das Mysterium von Golgatha und diesen Wesenheiten, die den Tod in der Menschennatur erobern wollen, aber ihn heute noch nicht vertragen können; die sich immer hüten müssen, im Menschenleibe zu erleben die Stunde, wo der Mensch vorbestimmt hat zu sterben, hüten müssen, seinen Leib über diese Todesstunde hinaus zu erhalten, das Leben seines Leibes über diese Todesstunde hinaus zu verlängern." (ebd./S.59 f.)

Damit hängt die Wesensveränderung der Sterbenden zusammen, die man oft kurz vor ihrem Tod erlebt. Das kann einerseits eine Erleichterung sein, endlich von diesem Doppelgänger befreit zu sein, andererseits kann es

Selbstporträt
Francis Bacon (1969)

Bildnis Ambroise Vollard
Pablo Picasso (1910)

auch dazu führen, daß der Schlamm der Seele nun ungehindert hervortritt und der Sterbende z.B. unflätig zu schimpfen beginnt. Das aber bedeutet, daß der ahrimanische Doppelgänger während des ganzen Lebens Teil des Menschen war, ihn gestützt und unterstützt hat, und daß dieses Korsett jetzt fortfällt.

Teamwork mit dem Doppelgänger

Wie auch in dem Interview mit Frank Hörtreiter in diesem Buch ausgesagt, sollte man den ahrimanischen Doppelgänger keineswegs verdammen oder als Abgesandten Satans betrachten, den man tunlichst vertreiben müsse, denn er hat einen größeren Teil an uns und unseren Leistungen, als wir uns wahrscheinlich vorstellen. Und das ist keinesfalls durchweg negativ zu beurteilen. Er besitzt Willens- und Intelligenzkräfte, die wir nicht haben. Also ist es anzunehmen, daß wir bei allen großen Willensanstrengungen – besonders wenn sie mechanisch, taktmäßig sind und das Durchhaltevermögen beanspruchen – und bei intellektuellen Leistungen, die dazu dienen, irdische Zusammenhänge zu erkennen und auf das Irdische bezogene Intelligenzleistungen zu verstehen und zu kombinieren, die Fähigkeiten dieses ahrimanischen Doppelgängers beanspruchen, obwohl wir wahrscheinlich glauben, daß wir selbst der Erzeuger aller unserer Taten und geistigen Leistungen sind. Andererseits darf man das auch nicht zu einseitig sehen, also z.B. in dem Sinne, daß in uns ein Wesen sitzt, das für uns will und denkt. In Wirklichkeit ist es ein Gemisch, eine Symbiose bzw. Teamwork zwischen uns und unserem Doppelgänger.

Alles, was mit dem Gemüt zusammenhängt, ist originäre Fähigkeit des Menschen. Genauso verhält es sich mit der Willensanstrengung, die man z.B. beim Meditieren braucht, mit allen Taten aus Freiheit und allen Glaubens- und Denkkräften, die man auf das Übersinnliche bezieht.

Auch wenn es vielleicht unheimlich klingen mag, daß man so ein Wesen in sich hat, sollte man keine Angst vor ihm haben. Man muß von ihm wissen – das verleiht den notwendigen Schutz und die entsprechende Distanz –, und ansonsten sollte man diesen Doppelgänger in seinen Grenzen auch beanspruchen, ja sogar von ihm lernen, was man als Mensch noch nicht vermag.

Das Wissen vom Doppelgänger ist nicht nur für das Leben auf der Erde wichtig, sondern auch für das Nachtodliche. Da man nach dem Tod nicht eine plötzliche bewußtseinsmäßige Erhellung erlangt, sondern nur soviel Erkenntnislicht besitzt, wie man auf Erden Weisheit gesammelt und Begriffe durchdacht hat, braucht man ganz besonders das Wissen über ein Wesen, mit dem man enger und länger als mit einem Ehepartner zusammengelebt hat:

„Denn alles das, was der Mensch hier erlebt, auch was er unter der Schwelle des Bewußtseins erlebt, das braucht er nach dem Tod, weil er zurückblicken muß auf dieses Leben und ihm dieses Leben ganz verständlich sein muß im Rückblicke, und weil es das Schlimmste ist, wenn er dieses nicht kann. Man hat aber keinen genügenden Begriff, um im Rückblicke dieses Leben zu verstehen, wenn man ein Wesen nicht beleuchten kann, das solchen Anteil nimmt an unserem Leben wie dieses ahrimanische Wesen, das vor unserer Geburt Besitz von uns ergreift und immer da ist, immer im Unterbewußten vor uns herumfiguriert, wenn man nicht immer wiederum Licht darauf hinwerfen kann. Denn Weisheit wird Licht nach dem Tode.“ (ebd./S.60)

Der Doppelgänger in Amerika

In dem hier schon zitierten Vortrag vom 16.11.1917 und in einem weiteren vom 18.11.1917 (auch in GA 178) spricht Steiner noch über verschiedene Merkmale dieses ahrimanischen Doppelgängers: über seine Beziehung zur Entstehung verschiedener Krankheiten, über einen luziferischen Bruder dieses Doppelgängers, über die besondere Wirksamkeit des ahrimanischen Doppelgängers in Amerika und darüber, wie die Entdekkung Amerikas damit zusammenhängt. Er sagt sogar, daß man in irischen Mönchskreisen und im Vatikan von der Existenz Amerikas gewußt hätte, bevor es durch Kolumbus wiederentdeckt wurde, und daß man bewußt den Mantel des Schweigens darüber gebreitet hätte. Europa sollte vor den in Amerika stärker als sonstwo auf der Erde wirkenden Kräften der ahrimanischen Doppelgänger geschützt werden, damit die Menschen in Mitteleuropa das Christentum in ihren Glaubens- und Gemütskräften entwickeln konnten:

„So allmählich, seit dem 9., 10. Jahrhunderte, richtete man in Europa die Verhältnisse so ein, daß die europäischen Menschen einen gewissen Zusammenhang verloren, den sie früher gehabt haben, einen Zusammenhang, der für die früheren, noch für die Menschen des 7., 6. nachchristlichen Jahrhunderts wichtig war. Es wurde nämlich – vom 9. Jahrhundert angefangen, vom 12. Jahrhundert ab dann besonders aus-

Das Glas-Haus
René Magritte (1939)

Umgebener
Richard Oelze (1967)

gesprochen – eingestellt der gesamte Schiffahrtsverkehr nach Amerika hinüber, wie er eben dazumal war, mit der Art von Schiffen, die man hatte. Das mag Ihnen sonderbar klingen! Sie werden sagen: Wir haben ja in der Geschichte so etwas nie gehört. – Ja, die Geschichte ist eben in vieler Beziehung wirklich eine Fable convenue, eine Legende; denn in den älteren Jahrhunderten der europäischen Entwickelung fuhren die Schiffe von Norwegen aus, vom damaligen Norwegen aus immer nach Amerika hinüber. Man hat es natürlich nicht Amerika genannt, es hatte dazumal andere Namen. In Amerika wußte man dasjenige Gebiet, wo insbesondere jene magnetischen Kräfte aufsteigen, welche die Menschen in Beziehung bringen zu diesem Doppelgänger. Denn die deutlichsten Beziehungen zum Doppelgänger gehen aus von demjenigen Gebiete der Erde, das vom amerikanischen Kontinente bedeckt ist; und in den älteren Jahrhunderten fuhr man mit norwegischen Schiffen hinüber nach Amerika und studierte da drüben Krankheiten. Von Europa aus wurden in Amerika gewissermaßen die unter dem Einflusse des Erdenmagnetismus bewirkten Krankheiten studiert. Und der geheimnisvolle Ursprung der älteren europäischen Medizin, der ist da zu suchen. Da konnte man den Verlauf beobachten, den man nicht hätte beobachten können in Europa, wo die Menschen empfindlicher waren gegen die Einflüsse des Doppelgängers. Man mußte nämlich – und das Wesentliche tat dazu die römisch-katholische Kirche durch ihre Edikte –, man mußte allmählich über den Zusammenhang mit Amerika Vergessenheit bringen. Und erst nachdem der fünfte nachatlantische Zeitraum eingetreten war, wurde Amerika auf physisch-sinnliche Weise wieder entdeckt. Das ist aber nur eine Wiederentdeckung, die allerdings so bedeutsam aus dem Grunde ist, weil die Mächte, die am Werke waren, es tatsächlich erreicht haben, daß in den Urkunden nirgends sehr viel gemeldet wird von den alten Beziehungen Europas zu Amerika. Und da wo es gemeldet wird, da erkennt man es nicht, da weiß man nicht, daß sich die Dinge auf den Zusammenhang von Europa und Amerika in alten Zeiten beziehen." (ebd./S.65 f.)

Eine Welt aus lauter Maschinen

Auch wenn dieser jedem Menschen innewohnende ahrimanische Doppelgänger von der ahrimanischen Tingierung bzw. Besetzung des Ätherleibes zu unterscheiden ist, zieht Ahriman selbstverständlich mit allen seinen

Scharen in dieselbe Richtung. Es geht dabei darum, Christus und den Tod des Menschen auszuklammern, physische Leiber zu ergattern, die unsterblich werden, verstorbene Seelen auch nach dem Tod in einer Art ahrimanischer Unsterblichkeit an die Erde zu binden sowie die Erde und die Menschen von der Vergangenheit und den Schöpfergeistern der Elohim loszureißen und die Erde zu einer neuen Schöpfung, zu einer großen Maschine zu gestalten:

> „Sie möchten eigentlich in der Erde eine ganz neue Schöpfung beginnen, sie möchten den Erdenmenschen so recht konservieren. Wie er im Mineralreich durch die Elohim verkörpert ist, so möchten sie ihn als einen Anfang nehmen, und von diesem Anfang an möchten sie weiterführen die Entwickelung. Sie möchten alle Vergangenheit auslöschen: Ach was, Vergangenheit – sagen sie –, das kümmert uns nicht weiter; der Mensch ist einmal ins Mineralreich heruntergekommen, nun – reißen wir ihn weg von den Elohim, die Elohim brauchen ihn ja nicht; reißen wir ihn weg von den Elohim und fangen wir eine neue Evolution an. Lassen wir ihn das Anfangsglied sein, damit er dann weiter und weiter lebt!
>
> Das sind die ahrimanischen Wesenheiten. Diese ahrimanischen Wesenheiten, die wollen alle Vergangenheit auslöschen und wollen dem Menschen nur das als ein Ergebnis lassen, was also unmittelbar er auf der Erde errungen hat. [...]
>
> Weg mit diesem ‚Ballon' des Kosmos, mit Saturn, Sonne und Mond[1], davon soll gar nichts für den Menschen eine Bedeutung haben. Mit der Erde soll eine neue Evolution beginnen, die soll ein neuer Saturn sein, dann die Sonne kommen und so weiter. Das ist das Ideal dieser anderen Wesenheiten. Sie stürmen ins Unbewußte des Menschen herein, in das Willensleben, das Stoffwechsel-Gliedmaßenleben, da stürmen sie herein. Sie sind dasjenige Geschlecht unter den geistigen Wesenheiten, die dem Menschen beibringen wollen ein besonderes Interesse für alles Mineralisch-Materielle, die dem Menschen beibringen wollen ein Interesse für alles dasjenige, was zum Beispiel Äußerlich-Maschinelles ist, Mechanisches ist. Sie möchten am liebsten alles dasjenige, was die Erde sich vom alten Monde her mitgebracht hat, zerstören, möchten, daß die

1. Mit Saturn, Sonne und Mond sind die vergangenen planetarischen Entwicklungsstufen der Erde gemeint. Auf der Stufe, die mit Saturn bezeichnet wird, nahm die Entwicklung ihren Anfang, die zur heutigen Erde und Menschheit geführt hat.

Der Nachtmahr
Heinrich Füßli (1781)

Nacht in St. Cloud
Edvard Munch (1890)

Tierwelt verschwinde, daß die physische Menschenwelt verschwinde, die Pflanzenwelt verschwinde, daß vom Mineralreich nur die physischen Gesetze bleiben, aber namentlich, daß die Menschen von der Erde weggenommen würden; und einen neuen Saturn aus Maschinen möchten sie bilden, eine neue Welt aus lauter Maschinen. So soll die Welt dann weitergehen. Das ist eigentlich ihr Ideal. Auf äußerem wissenschaftlichen Gebiet haben sie das Ideal, alles zur Materie zu machen, zu mechanisieren." (GA 203/1978/11.03.1921/S.259 f.)

In dieser Stadt scheint keine Sonne mehr

Das konsequenteste ahrimanische Denken, von dem ich je gehört habe, ist das der Europäischen Arbeiter Partei (EAP), die sich seit langem Patrioten für Deutschland nennt und politisch kaum noch auftritt. Einer ihrer inhaltlich programmatischen Grundsätze – die nicht nach außen vertreten werden – lautet in etwa: Das einzige unveränderliche Prinzip des Universums ist seine Entwicklung zu immer höherer Ordnung. Die Fortentwicklung des Universums kennt keine Grenzen. Wir sind sein Angelpunkt. Wir vollziehen sein Gesetz. Wir kennen keine Grenzen. Wir werden alles umformen. Nichts ist uns heilig. Auch der Mensch ist uns nicht heilig. Wird er kreativer dadurch, daß elektronische Schaltkreise Teile seines Gehirns ersetzen, so werden wir das tun.

Mit derselben Zielstrebigkeit und Konsequenz denken sie Probleme zu Ende, deren Lösungen die kühnste Phantasie übertreffen. Von der Bewässerung der Sahara kommt man ohne Zögern zu einer perfekt durchgestalteten Maschinenwelt. Das geht folgendermaßen: Im nördlichen Afrika herrscht Hunger. Um den Hunger zu lindern, benötigt man zusätzliche landwirtschaftliche Anbauflächen, also bewässert man die Sahara. Die Wassermassen werden durch ein riesiges Leitungswerk aus dem Meer gepumpt. Die gewaltige Energie für die Pumpstationen kann nur von Atomkraftwerken geliefert werden.

Gleichzeitig wird die Landwirtschaft der gesamten Dritten Welt komplett modernisiert; die Technik dazu liefern die hochtechnisierten Länder. Um das finanzieren zu können, werden der Dritten Welt alle Schulden erlassen, weiterhin werden ihr Milliarden-Kredite gewährt, damit man dort entsprechend kräftig investieren kann.

Auch alle Städte sind Keimzellen umfassendster Investitionen und Umgestaltungen. Die Großstädte der Dritten Welt werden so gebaut, daß ein Nuplex entsteht: Alle Wohnblöcke werden durch Schwebebahnen miteinander verbunden, die von einem Zentralcomputer gesteuert werden. Jeder Individualverkehr ist ineffizient und chaotisch. Kabinentaxis auf Schwebebahnen flitzen durch den Nuplex, der immer mehr in die Höhe, Breite und Tiefe gebaut wird. Wohnungs- und Industrieanlagen werden durch ein effektives Verkehrssystem verbunden, und niemand hat mehr stundenlange Anfahrtszeiten zur Arbeit. Jeder tippt in seinen Computerterminal ein, wann und wohin er seine Wohnung verlassen will, so daß er sofort mit der nächsten Schnellkabine mitgenommen werden kann. So entsteht eine optimale Warte- und Fahrtzeit im Interesse des Gesamts. Die Summe aller Wartezeiten ist minimal. Es geht immer um das gesamtgesellschaftliche Interesse, nicht um das Individuum.

Sieht man in dieser Stadt noch die Sonne? In einem Nuplex braucht man keine Sonne mehr, das Licht kann man künstlich sehr viel besser machen. Jeder Haushalt, jede Industrieanlage ist an einen Zentralverteiler angeschlossen. Wo kommt der immense Strombedarf her? Vom Herzen der Stadt, einem riesigen Atomkraftwerk. Daher auch der Name Nuplex = Nuklearkomplex. Das Gehirn der Stadt ist ein Zentralcomputer.

In der Vorstellung der EAP soll jede Großstadt zu einem derartigen Nuplex umgestaltet werden, in gleicher Weise auch Mond und Mars besiedelt werden. Und wenn die Verwirklichung solcher utopischen Ideen auf Realisierungsschwierigkeiten und auf Hindernisse stößt? Läßt man dann die Sache fallen? Niemals! Ein schwerwiegendes Problem ist Ansporn, dieses Problem zu meistern. Scheitert man an einem Problem, hat man nicht konsequent genug gedacht, und das ist immer persönliche Schwäche. Kein Problem ist unlösbar! Es geht um die Erreichung eines Ziels. Vorwärts!

Die landwirtschaftlichen Flächen werden auf künstlich bewässerten, beheizten und besonnten Hochhausetagen übereinander gebaut. Gibt es in dieser Welt noch Tiere? So weit sie zur Ernährung dienen, ja; sonst nicht. Kühe z.B. werden ausschließlich als Fleischlieferanten angesehen. Aber wozu braucht die Kuh noch einen Kopf? Der wird ganz einfach weggezüchtet, genauso die Gliedmaßen, Knochen usw. Alles, was nicht nötig ist, wird wegmutiert und durch Computer überwachte elektrische Apparate ersetzt bzw. gesteuert. Was übrigbleibt, ist ein zuckender Fleischklumpen, von dem man die Steaks abschneiden kann.

Man könnte diese Gedankenwelt der EAP unentwegt weiterschildern. Ich wiederhole noch einmal: Politisch hat diese Partei überhaupt keine

Die Rauschtränke
Walter Schnackenberg (1949)

Bedeutung, aber sie ist ein Forum, in dem konsequent ahrimanisch gedacht wird. Wer sich für diese Welt interessiert, dem empfehle ich FLENSBURGER HEFTE Sonderheft Nr.2, „Das Geheimnis der EAP".

Der kleine Hüter der Schwelle

„Vor dem Gesetz steht ein Türhüter. Zu diesem Türhüter kommt ein Mann vom Lande und bittet um Eintritt in das Gesetz. Aber der Türhüter sagt, daß er ihm jetzt den Eintritt nicht gewähren könne. Der Mann überlegt und fragt dann, ob er also später werde eintreten dürfen. ‚Es ist möglich', sagt der Türhüter, ‚jetzt aber nicht.' Da das Tor zum Gesetz offensteht wie immer und der Türhüter beiseite tritt, bückt sich der Mann, um durch das Tor in das Innere zu sehen. Als der Türhüter das merkt, lacht er und sagt: ‚Wenn es dich so lockt, versuche es doch, trotz meines Verbotes hineinzugehen. Merke aber: Ich bin mächtig. Und ich bin nur der unterste Türhüter. Von Saal zu Saal stehn aber Türhüter, einer mächtiger als der andere. Schon den Anblick des dritten kann nicht einmal ich mehr ertragen.' Solche Schwierigkeiten hat der Mann vom Lande nicht erwartet; das Gesetz soll doch jedem und immer zugänglich sein, denkt er, aber als er jetzt den Türhüter in seinem Pelzmantel genauer ansieht, seine große Spitznase, den langen, dünnen, schwarzen tartarischen Bart, entschließt er sich, doch lieber zu warten, bis er die Erlaubnis zum Eintritt bekommt. Der Türhüter gibt ihm einen Schemel und läßt ihn seitwärts von der Tür sich niedersetzen. Dort sitzt er Tage und Jahre. Er macht viele Versuche, eingelassen zu werden, und ermüdet den Türhüter durch seine Bitten. Der Türhüter stellt öfters kleine Verhöre mit ihm an, fragt ihn über seine Heimat aus und nach vielem andern, es sind aber teilnahmslose Fragen, wie sie große Herren stellen, und zum Schlusse sagt er ihm immer wieder, daß er ihn noch nicht einlassen könne." (Kafka, S.81)

So beginnt Franz Kafka seine Erzählung „Vor dem Gesetz". Der Mann vom Lande versucht, den Türhüter auf jede mögliche Weise zu bestechen, um Einlaß zu erhalten, aber es hilft alles nichts. Er muß fast sein ganzes Leben warten. Und Kafka fährt fort:

„Schließlich wird sein Augenlicht schwach, und er weiß nicht, ob es um ihn wirklich dunkler wird oder ob ihn nur seine Augen täuschen. Wohl aber erkennt er jetzt im Dunkel einen Glanz, der unverlöschlich aus der Türe des Gesetzes bricht. Nun lebt er nicht mehr lange. Vor seinem Tode sammeln sich in seinem Kopfe alle Erfahrungen der ganzen Zeit zu einer Frage, die er bisher an den Türhüter noch nicht gestellt hat. Er winkt ihm zu, da er seinen erstarrenden Körper nicht mehr aufrichten kann. Der Türhüter muß sich tief zu ihm hinunterneigen, denn der Größenunterschied hat sich sehr zuungunsten des Mannes verändert. ‚Was willst du denn jetzt noch wissen?' fragt der Türhüter, ‚du bist unersättlich.' ‚Alle streben doch nach dem Gesetz', sagt der Mann, ‚wieso kommt es, daß in den vielen Jahren niemand außer mir Einlaß verlangt hat?' Der Türhüter erkennt, daß der Mann schon an seinem Ende ist, und, um sein vergehendes Gehör noch zu erreichen, brüllt er ihn an: ‚Hier konnte niemand sonst Einlaß erhalten, denn dieser Eingang war nur für dich bestimmt. Ich gehe jetzt und schließe ihn.'" (ebd., S.81 f.)

Kafka schildert mit dieser kurzen Erzählung im Grunde die Situation jedes Menschen, der unbewußt oder bewußt Einlaß in die geistige Welt erlangen möchte, dem aber der Blick in die geistige Welt, vor allem aber auf sich selbst, von einem Türhüter, dem kleinen Hüter der Schwelle, verwehrt wird. Denn ohne jede Vorbereitung würde man alles über sich wahrnehmen, was „gesetzmäßig" in einem niedergeschrieben worden ist.

Der Drache im Menschen

Der kleine Hüter der Schwelle ist im Grunde ein Wohltäter, denn würden wir unvorbereitet und mit einem Mal einen Blick über die Schwelle werfen und unsere seelische Wesenheit – besonders alle niederen Bereiche – als Imagination schauen können, würden wir im wahrsten Sinne des Wortes umgeworfen, also ohnmächtig werden.

Warum betäubt der Hüter nachts, wenn wir in die geistige Welt aufsteigen, unser Bewußtsein, so daß wir keinen Blick auf die Gestalt unseres niederen Menschen werfen können? Warum zieht er einen Schleier davor? Weil wir ein verzerrtes Bild unseres Selbst wahrnehmen würden, ein tierhaftes Wesen, das alle unsere Unterlassungssünden widerspiegeln würde, einen Drachen, einen Herd des Bösen, der uns verdeutlichte, daß wir keine so wunderbare Wesenheit sind, wie wir vielleicht vermeinen, sondern zu einem nicht unerheblichen Teil ein Ungeheuer, das zu jedem Verbrechen fähig ist.

Wem das überzogen erscheint, braucht sich nur ein wenig mit den von vielen Serben im Kosovo angerichteten Greueltaten zu beschäftigen, dann weiß man, wozu der Mensch fähig ist. Das Potential dazu hat jeder Mensch. Allerdings liegt es an ihm, ob er „die Sau rausläßt" oder sie mit seinen Ichkräften bezwingt, besser noch, ob er Wege beschreitet, die niederen Leidenschaften bzw. Drachenkräfte allmählich zu läutern.

Über den Hüter der Schwelle haben wir ein ganzes Buch herausgegeben (FLENSBURGER HEFTE 45, „Hüter der Schwelle – Der Mensch am Abgrund"), auch mein Jugendroman „Im Spiegel der Finsternis" handelt von der Begegnung mit dem Hüter. Wir bitten Sie, liebe Leserinnen und Leser, sich bei Interesse für dieses für jeden Menschen so wichtige Thema in diese Bücher einzulesen. Zur Unterscheidung des kleinen Hüters der Schwelle von den bisher erwähnten Doppelgängern sei hier aber noch folgendes ausgeführt:

Die Drachenwesenheit im Menschen hat ihren Ursprung in Luzifer, der die menschlichen Wesensglieder auf dem früheren Entwicklungsweg der Menschheit so verändert hat, daß der Mensch in die Materie gestoßen werden mußte. Im Astralleib sitzt der Herd des Bösen, und durch den Kontakt mit der Materie über alle folgenden Inkarnationen hinweg ist der Drache im Menschen ständig ernährt worden. Je nach Individualität verschieden wird dieser Drache allerdings von Erdenleben zu Erdenleben langsam verwandelt, und es ist Zukunftsaufgabe des Menschen, seinen eigenen Drachen, und damit sich selbst, in eine schöne Wesenheit zu verwandeln. Aber zwischen der Gegenwart und diesem Ziel klafft noch ein Canyon.

Beginnt man zu meditieren, lockert sich u.a. der Ätherleib, und die Seelenkräfte Denken, Fühlen und Wollen beginnen, aus der sie noch tragenden Harmonie auszubrechen und sich zu vereinzeln. Damit kann eine allmählich umfassendere Wahrnehmung seiner selbst einhergehen. Man spürt allmählich den gesamten Bereich seiner niederen Wesenheit wie einen Doppelgänger, und wenn man auf einer fortgeschritteneren Erkenntnisstufe diesen Doppelgänger wahrnimmt, also imaginativ schaut, tritt man dem kleinen Hüter der Schwelle entgegen, der einem einen Spiegel vorhält, in dem man sich selbst schaut.

Der Hüter der Schwelle ist eine eigenständige Wesenheit, ein Erzengel, aber er hat durch seine ausgeprägte Selbstlosigkeit die Fähigkeit, uns so zu erscheinen, daß er selbst ganz zurücktritt, uns dafür aber um so mehr uns selbst in allen unseren Niederungen spiegelt. Der Hüter kleidet sich sozusagen in unsere Schwächen. Wir werden zu ihm, er wird zu uns.

Dieser Doppelgänger von uns, den wir schauen können, beinhaltet auch alle Schwächen und Verfehlungen, die den anderen bisher beschriebenen Doppelgängern Veranlassung gegeben haben, in und um uns zu wirken und zu erscheinen. Und es ist die Aufgabe des Menschen, diesen Doppelgänger, der am Hüter sichtbar wird – also sich selbst in den eigenen Niederungen –, in eine leuchtend schöne Wesenheit zu verwandeln.

Die unbehagliche Nähe des Doppelgängers spüren

Man mag aufgrund verschiedener Äußerungen Steiners der Ansicht sein, daß man bei genügender Vorbereitung die Schau seiner selbst am Hüter als eine einmalige bzw. plötzliche hat. Gewöhnlich ist es aber so, daß der Doppelgänger von einem – vor allem, wenn man den okkulten Schulungsweg geht – allmählich in die Wahrnehmung tritt und als unangenehme, einen piesackende Wesenheit in den eigenen Gedanken, Gefühlen und Willensimpulsen erscheint:

> „Der Mensch wird allmählich empfinden so, als ob etwas neben ihm ginge, etwas, das mitdenkt, mithört, ja sogar, wenn der Mensch innerlich nicht sehr stark ist, mitspricht. Es ist ein zweites Ich, das hervortritt, ein Doppelgänger, den man aus sich herausgesetzt hat. Je ernsthafter einer den esoterischen Weg gegangen ist, um so mehr setzt er von seinem alten Menschen aus sich heraus, das heißt, er wirft wie die Schlange eine Haut nach der anderen ab. Diese Häute – vergleichsweise gesprochen – werden zu einem zweiten Leib, einem Doppelgänger, der einen im Leben nicht mehr verläßt. Der Mensch, der seinen Doppelgänger aus sich herausgesetzt hat, wurde in den alten ägyptischen Mysterien der ‚Kha-Mensch' genannt. Der Doppelgänger ist an den Kha-Menschen gekettet, um ihn fortwährend daran zu erinnern, wie sein früheres Leben war oder wie er noch ist. Das ist nicht immer eine angenehme Empfindung. Aber das Bewußtsein, diesen Doppelgänger immer mit sich zu führen, wird ihm seine Fehler ins Bewußtsein rufen, damit er sich bessern solle. Er soll fortwährend diese Anwesenheit empfinden, sonst würde es gefährlich werden und er über all seinen hohen Idealen und Absichten vergessen, was eigentlich sein Innenleben und was seine Fehler sind. Es würde unter gewissen Umständen sogar für

einen hohen Eingeweihten lebensgefährlich sein, trotz seines hohen Strebens, wenn er diesen Doppelgänger nur einen Augenblick vergessen würde. Er würde tatsächlich seinen physischen Leib durch den Tod verlieren können, ungefähr in der Weise wie jemand, der in ein erhabenes Problem vertieft, vergessen würde, auf seinen Körper zu achten, und infolge dieser Unaufmerksamkeit überfahren würde. Je stärker der Doppelgänger auftritt, desto besser ist es für unsere Entwicklung, denn sonst würden wir uns großen Illusionen über uns selbst hingeben." (GA 266/2/1996/31.12.1911/S.274 f.)

Oder in einer Parallelstelle heißt es:

„Wenn der Schüler wieder und wieder solchen Meditationsinhalt auf seine Seele wirken läßt, dann tritt ein das Ereignis, das wir anzusehen haben als den Anfang der eigentlichen esoterischen Schulung, als einen Anfang, der zugleich einen großen Fortschritt bedeutet. Das ist das Ereignis, daß wir plötzlich etwas wahrnehmen wie eine zweite Gestalt neben uns, daß wir wahrnehmen eine Art Doppelgänger neben uns, den wir gleichsam aus uns herausgesetzt haben. Aber das Vorhandensein dieses Doppelgängers ist uns zunächst peinigend, unbehaglich. Das ist das Eintreten der ‚Spaltung der Persönlichkeit' (siehe ‚Wie erlangt man Erkenntnisse der höheren Welten?'). Da trennt sich der höhere geistige Mensch von dem niederen. Und fortan ist dieser Doppelgänger stets um uns; stets fühlen wir seine Nähe. Ja, es kann sogar dazu kommen, daß wir ihn sprechen hören. Und wissen müssen wir: je unbehaglicher wir seine Nähe empfinden, desto schneller und gründlicher schreiten wir vorwärts. Daß er uns gründlich unbehaglich und fatal ist, muß so sein; denn er zeigt uns immer wieder alles dasjenige, was uns durch unser physisches Wesen verbindet mit der Welt der Illusion, aus deren Fesselung wir herausstreben. Durch diesen Doppelgänger lernen wir gründlich kennen alles dasjenige, was wir aus uns heraussetzen müssen. Er zeigt es uns immer wieder von neuem. Alles, was an Unaufrichtigkeit, Lieblosigkeit, Egoismus und anderen schlechten Eigenschaften in uns ist, das tritt uns durch das Erleben dieses Doppelgängers entgegen. Und daß wir diese Eigenschaften noch mit uns herumschleppen, sie noch nicht abschütteln können, das bewirkt das Gefühl des Unbehagens, das uns der Doppelgänger bereitet. Solange wir diese schlechten Eigenschaften noch in uns hatten, in unserem Unterbewußtsein, gleichsam in der Meerestiefe unserer Seele, kamen sie uns in ihrer ganzen Stärke noch nicht zum Bewußtsein. Wenn aber der geistige Mensch sich entwickelt und immer mehr wächst, wenn er mahnend hinschaut auf diese Eigenschaften unserer Seele, so wirken sie quälend durch ihr Vorhandensein, das dieser geistige Mensch nicht mehr dulden kann. Und deshalb ist es sehr gut, wenn das Gefühl des quälenden Unbehagens sehr stark auftritt, denn dadurch kommen wir am schnellsten von diesem Doppelgänger los." (ebd./S.279 f.)

Wenn der Engel sich durch ein Doppelgängererlebnis mitteilt

Dieser Doppelgänger – also die niedere Wesenheit des Menschen – denkt, fühlt und spricht nicht nur mit dem Menschen mit, sondern kann auch geschaut werden, wenn sich durch Übungen der Ätherleib langsam aus dem Gefängnis des physischen Leibes befreit:

„Nun wird man durch seine fortgesetzten Übungen vielleicht so weit gekommen sein, daß man dieses oder jenes übersinnliche Erlebnis hat, zum Beispiel Imaginationen schaut. Dann fragen die Anfänger immer wieder, ob das etwas Eingebildetes sei, was sie da geschaut haben, oder ob es eine Wirklichkeit auf geistigem Gebiet war. Diese Frage kann man dann stellen, wenn man urteilt nach der Art und Weise des physischen Planes – was ja im Anfang des esoterischen Weges auch kaum anders sein kann. Diese Frage hat nämlich nur einen Sinn auf dem physischen Plan; in der geistigen Welt ist das ganz und gar nicht dasselbe, worauf es ankommt.

Nehmen wir zum Beispiel an, jemand – es braucht gar nicht ein Meditant zu sein – habe seinen Doppelgänger gesehen. Es kann zum Beispiel so sein, daß er vorhatte, abends in eine Gesellschaft zu gehen, wo man beabsichtigte, ihn zu vergiften. Nun tritt er in ein halbabgedunkeltes Zimmer und sieht dort sich selbst. Unter dem Eindruck dieses Erlebnisses geht er nicht in die Gesellschaft, wird daher auch nicht vergiftet. Nun ist dabei die Gestalt, in die sich das Erlebnis kleidete, gar nicht dasjenige, worauf es ankommt. Das Bedeutsamste ist, daß das geistige Wesen, das den Menschen von Inkarnation zu Inkarnation begleitet, einen Eindruck auf ihn hat machen wollen. Es gibt ja ein solches Wesen, das zu der Hierarchie der Angeloi gehört und das in den Religionsbekenntnissen der Schutzengel des Menschen genannt wird. Dieses Wesen kann nicht, um den Menschen zu beeindrucken, seine

Gedanken so beeinflussen, daß der Mensch gedankenmäßig gewußt haben würde: du sollst heute abend nicht in jene Gesellschaft gehen. – Das kann deshalb nicht sein, weil unsere Gedanken, alle Gedanken außer denjenigen, die durch Geisteswissenschaft erzeugt werden, zum physischen Plan gehören und weil sie deshalb nicht vom Übersinnlichen aus beeinflußt werden können.

Nach dem Tode und schon während des Schlafes müssen wir unsere Gedanken ablegen. Mit Ausnahme der genannten gcisteswissenschaftlichen. Aber unsere Gefühle und Willensimpulse reichen schon aus sich heraus in das Übersinnliche hinein, und auf diese kann daher ein Eindruck gemacht werden. Das geschieht zum Beispiel in dem Sehen des Doppelgängers. Es kann aber auch sein, daß jemand seinen Doppelgänger sieht, nicht weil das Engelwesen ihn ihm zeigt, sondern weil, sei es auch nur für Augenblicke, sein Ätherleib frei geworden ist und er nun deshalb seinen physischen Leib vor sich sieht. Und auch das ist möglich, daß man seinen Doppelgänger sieht, einfach weil man sich den Magen verdorben hat und dadurch der Ätherleib – vielleicht nur in jenen Partien, die den Magen versorgen – für einen Augenblick frei geworden ist. Das muß also alles sorgfältig voneinander unterschieden werden.

Und es kann auch so sein, daß dieselbe Impression, die gemacht werden muß – wie im Vergiftungsfalle –, in verschiedener Weise gemacht wird. Der eine kann seinen Doppelgänger sehen, der andere kann in ein Zimmer treten, während in demselben Augenblick mit großem und physisch unerklärlichem Geräusch ein Gemälde von der Wand fällt. Das entspricht ungefähr dem, ob man das eine Mal eine Mitteilung in deutschen, das andere Mal in lateinischen Buchstaben schreiben würde.“ (GA 266/3/1998/11.04.1913/S.100 ff.)

Wenn man Konzentrations- und Meditationsübungen macht, lockert sich der Ätherleib, und es kann sein, daß man seinen Doppelgänger schaut oder anderweitig wahrnimmt. Es kann aber auch sein, daß die gesammelten Schwächen des Doppelgängers – Eitelkeit, Lieblosigkeit, Habgier, Neid, Mißgunst, Eifersucht, Lügenhaftigkeit usw. – mit einem durchgehen, so daß man bei jeder Meditation darauf bedacht sein muß, nicht zu vergessen, daß man dadurch noch kein besserer Mensch wird, sondern daß die in einem schlummernden Abgründe gerade ans Tageslicht kommen. Man muß immer dafür Sorge tragen, daß man Herr des Doppelgängers bleibt.

Gerade in der heutigen Zeit ist es besonders wichtig, sich mit den Phänomenen des Doppelgängers zu beschäftigen. Zum einen gibt es zwar eine große Anzahl von Menschen, die sich durch jede Form von Ungeistigkeit generell vor jedem geistigen Erlebnis abschotten, auf der anderen Seite lockert sich naturgegeben das Wesensgliedergefüge des Menschen. Wer also durch gewisse Ätherleib-Lockerungen bedingt den inneren Schweinehund in irgendeiner Form als Doppelgänger wahrnimmt, aber noch nie einen Gedanken über die damit zusammenhängenden geistigen Tatsachen gedacht hat, steht auch immer in der Gefahr einer psychischen Störung.

Mit innerer Lügenhaftigkeit in anthroposophische Veranstaltungen gehen

Die Lockerungsvorgänge können aber auch sehr viel subtiler ablaufen. Allein schon die Beschäftigung mit Anthroposophie lockert die Menschen ein wenig. Daher erlebt man gerade in anthroposophischen Kreisen so viele menschliche Enttäuschungen, weil bei Menschen, die sich mit spirituellen Dingen beschäftigen, ein Teil der sonst schlummernden Drachenkräfte mehr oder weniger deutlich zutage treten kann. Zu den subtilen Doppelgängerbegebenheiten gehört z.B. die innere Lügenhaftigkeit von Menschen, die zu anthroposophischen Veranstaltungen gehen und vorgeben, sie seien an spirituellen Inhalten oder gar an gemeinschaftlicher Erkenntnisarbeit interessiert, die in Wirklichkeit aber den Geist hassen, sich selbst belügen und sich in den Mantel der Heiligkeit hüllen, und nur zum Zweig oder zu anthroposophischen Vorträgen gehen, um z.B. ihre schönen Kleider auszutragen, andere Menschen zu treffen oder um sich öffentlich zu produzieren. In einer esoterischen Stunde – zu Zeiten, als die Anthroposophische Gesellschaft noch nicht gegründet war – hat Steiner zu dieser verkappten Lügenhaftigkeit ausgeführt:

> „Jetzt tritt unvermeidlich ein zweites Erlebnis bei dem esoterischen Schüler ein, und das wird man innerlich gewahr in dem Gefühl, als ob man keine Luft bekommen könnte, als ob man ersticken müßte. Dieses Gefühl entsteht nämlich dadurch, daß der Schüler allmählich anfängt, gut zu achten auf seine inneren subtilen Seelengeschehnisse, insbesondere auf die Unwahrheiten und Lügen, die in jedem Menschen, der Möglichkeit nach, schlummern. Nicht die groben Lügen und Heucheleien werden hier gemeint, womit niedere Naturen behaftet sind, son-

dern die feineren Nuancen, die wir durch unsere Oberflächlichkeit nicht bemerken, die wir sogar oft nicht einmal anerkennen. Ein Beispiel dafür wird in dem Folgenden gegeben werden. Nehmen wir an, jemand erfährt, daß hier oder dort ein theosophischer Vortrag gehalten werden wird. Er denkt: Das ist etwas Gutes, da fahre ich hin – aber zu gleicher Zeit denkt er sich, daß er da diesem oder jenem Menschen begegnen werde, mit dem er gerne zusammen sein möchte. Aber trotzdem redet er sich ein, daß dieses nicht der Hauptgrund sei, und bildet sich ein, daß es des Vortrages wegen sei, daß er da hinfährt. – Solche Sachen geschehen sozusagen täglich, daß man sich selber anlügt und es nicht bemerkt oder nicht bemerken will. Aber gerade diese Unwahrheiten, die wir nicht bemerkt haben bis jetzt, werden in zahllosen Fällen zu unserem Bewußtsein gelangen, so daß wir glauben, daran zu ersticken." (GA 266/2/1996/01.01.1912/S.284)

Der grosse Hüter der Schwelle

Der kleine Hüter zeigt dem hellsichtig Schauenden alle Schwächen der niederen Wesenheit und die nicht ausgeglichenen Verfehlungen der gegenwärtigen und vergangener Inkarnationen. Wenn man auf dem Schulungsweg so weit ist, eine bewußte Begegnung mit dem kleinen Hüter zu haben, kann zu einem späteren Zeitpunkt eine zweite Gestalt hinzutreten, die im ersten Moment in ihrer leuchtenden Schönheit etwas Verführerisches hat und dem Menschen vermittelt, daß er sich durch seine okkulte Schulung so weit von der Sinnenwelt gelöst habe, daß er nicht mehr zu ihr zurückzukehren brauche.

Das ist aber nur der erste Eindruck. Denn die Gestalt sagt einem weiter, daß man bisher nur sich selbst auf Kosten der Sinnenwelt und der Mitmenschen erlöst habe und daß man jetzt alle seine Kräfte zur Erlösung seiner Mitwelt aufbringen müsse:

„Bisher hast du nur dich selbst erlöst, nun kannst du als ein Befreiter alle deine Genossen in der Sinnenwelt mitbefreien. Als einzelner hast du bis heute gestrebt; nun gliedere dich ein in das Ganze, damit du nicht nur dich mitbringst in die übersinnliche Welt, sondern alles andere, was in der sinnlichen vorhanden ist. Mit meiner Gestalt wirst du dich einst vereinigen können, aber ich kann kein Seliger sein, solange es noch Unselige gibt! Als einzelner Befreiter möchtest du immerhin schon heu-

Juan Ramon Jiménez: Ich bin nicht ich

Ich bin nicht ich,
Ich bin jener,
der an meiner Seite geht,
ohne daß ich ihn erblicke,
den ich oft besuche
und den ich oft vergesse.
Jener, der ruhig schweigt, wenn ich spreche,
der sanftmütig verzeiht, wenn ich hasse,
der umherschweift, wo ich nicht bin,
der aufrecht bleiben wird, wenn ich sterbe.

te in das Reich des Übersinnlichen eingehen. Dann aber würdest du hinabschauen müssen auf die noch unerlösten Wesen der Sinnenwelt. Und du hättest dein Schicksal von dem ihrigen getrennt. Aber ihr seid alle miteinander verbunden. Ihr mußtet alle hinabsteigen in die Sinnenwelt, um aus ihr heraufzuholen die Kräfte für eine höhere. Würdest du dich von ihnen trennen, so mißbrauchtest du die Kräfte, die du doch nur in Gemeinschaft mit ihnen hast entwickeln können. Wären sie nicht hinabgestiegen, so hättest es auch du nicht können; ohne sie fehlten dir die Kräfte zu deinem übersinnlichen Dasein. Du mußt diese Kräfte, die du *mit* ihnen errungen hast, auch mit ihnen teilen. Ich wehre dir daher den Einlaß in die höchsten Gebiete der übersinnlichen Welt, solange du nicht *alle* deine erworbenen Kräfte zur Erlösung deiner Mitwelt verwendet hast. Du magst mit dem schon Erlangten dich in den unteren Gebieten der übersinnlichen Welt aufhalten; vor der Pforte zu den höheren stehe ich aber ‚als der Cherub mit dem feurigen Schwerte vor dem Paradiese' und wehre dir den Eintritt so lange, als du noch Kräfte hast, die unangewendet geblieben sind in der sinnlichen Welt. Und willst du die deinigen nicht anwenden, so werden andere kommen, die sie anwenden; dann wird eine hohe übersinnliche Welt alle Früchte der sinnlichen aufnehmen; dir aber wird der Boden entzogen sein, mit dem du verwachsen warst. Die geläuterte Welt wird sich über dich hinausentwickeln. Du wirst von ihr ausgeschlossen sein. So ist dein Pfad der *schwarze,* jener aber, von welchen du dich gesondert hast, gehen den *weißen* Pfad." (GA 10/Tb. 1975/S.150 f.)

Diese Gestalt ist der große Hüter der Schwelle, der Christus, der sich dem übersinnlich Schauenden als das große Vorbild des Menschen, ja der ganzen kosmischen Entwicklung zeigt.

Schlußbetrachtung

Die Beziehung zwischen dem Menschen und seinen Doppelgängern ist vielseitig. Einige der Doppelgänger sind unvermeidbar mit uns verbunden, andere perlen an uns ab, wenn wir uns eine entsprechende geistige Ölschicht zulegen. Gleich welche Wesen in dem eigenen Zoo der Wesensschichten auch herumgeistern: Nie darf man auf die Idee verfallen, man könnte irgendeine Reaktion, eine automatische Handlung, eine unbedachte Äußerung oder eine verwerfliche Tat, die vielleicht aus der Doppelgängersphäre hervorgehen, auch verantwortungsmäßig auf die Doppelgänger abschieben. Wenn wir nicht Herr der Doppelgänger sind, so ist das unsere Sache. Die Verantwortung für alles trägt der Mensch allein.

Literatur:

Kafka, Franz: Vor dem Gesetz. In: Das Urteil und andere Erzählungen. Frankfurt 1971.

Ritchie, George: Rückkehr von morgen. Marburg 1980.

Schwab, Gustav: Die schönsten Sagen des klassischen Altertums. Wien o.J.

Weirauch, Wolfgang: Im Spiegel der Finsternis. Flensburg 1998.

Der Schatten als Stimulans der Entwicklung

Interview mit Olaf Koob

von Klaus-Dieter Neumann

Dr. med. Olaf Koob, *geb. 1943 in Wuppertal. Nach dem Abitur ein Jahr heilpädagogische Tätigkeit in Peredur Home School, East Grinstaed/England. Studium der Medizin in Freiburg und Lübeck. Promotion 1972 bei Professor G. Seidler, Freiburg. Seit 1972 praktischer Arzt und Schularzt. Seit 1977 neben der ärztlichen Praxis Tätigkeit in der Drogentherapie und in heilpädagogischen Instituten. Mehrere Jahre Dozent für künstlerische Therapie und allgemeinmedizinische Fragen an der Freien Kunststudienstätte Ottersberg. Vortrags- und Seminararbeit im In- und Ausland.*

Buchveröffentlichungen: „Erkennen und Heilen. Anthroposophische Gesichtspunkte zur seelischen Hygiene" (Stuttgart ²1988), „Gesundheit, Krank-

heit, Heilung. Grundbegriffe der anthroposophischen Medizin" (Stuttgart 1993), „Drogensprechstunde. Ein pädagogisch-therapeutischer Ratgeber" (Stuttgart [2]1992), „Die dunkle Nacht der Seele. Wege aus der Depression" (Stuttgart [2]1995), „Das Ich und sein Doppelgänger. Zur Psychologie des Schattens" (Stuttgart 1998).

Das Wesentliche am Doppelgängerwirken ist nicht nur die mehr oder weniger schreckenerregende Erscheinung, die aus der Literatur, Psychologie und aus dem persönlichen Erleben inzwischen vielen Menschen bekannt ist. Denn selbst wenn man auf solche Erlebnisse zurückblicken kann, bleibt es doch eine Ausnahmeerscheinung, das man einmal oder auch mehrere Male in seinem Leben einem Doppelgänger, seinem anderen Selbst, begegnet. Allerdings kann man viel aus einer solchen Begegnung, aus entsprechenden Schilderungen und Charakterisierungen des Doppelgängerwirkens lernen. Es wird dann schlagartig deutlich, daß jeder Mensch davon betroffen ist und daß gerade die Schattenseiten des Menschen eine immerwährende Herausforderung und Aufgabe für ihn darstellen.

Je weniger wir unseren Schatten und das Doppelgängerwirken in uns wahrhaben wollen, um so zerstörerischer können sie sich entfalten und uns selbst, unser Leben und alle zwischenmenschlichen Beziehungen schwer schädigen. Das folgende Interview mit Olaf Koob zeigt auf, wie umfassend und vielfältig die krankmachenden und störenden bis zerstörenden Auswirkungen des menschlichen Schattens sind. Und es macht zugleich deutlich, das wir gerade daran lernen und Kräfte entwickeln können, die dieses Wirken verwandeln und uns selbst auf dem Weg des Menschseins voranbringen können.

Klaus-Dieter Neumann: Wie sind Sie darauf gekommen, sich mit dem Thema Doppelgänger und Schatten des Menschen zu befassen?

Olaf Koob: Die erste Anregung dazu erfuhr ich, als ich etwa 17 Jahre alt war, durch die Lektüre von Hermann Hesses „Narziß und Goldmund". Da bin ich zum ersten Mal auf dieses Phänomen aufmerksam geworden. In der Literatur fand ich dann weitere Beispiele, etwa E.T.A. Hoffmanns Erzählung „Die Elixiere des Teufels" oder „Dr. Jekyll and Mr. Hyde" von Robert Louis Stevenson. Vorrangig wäre selbstverständlich auch Goethes „Faust" zu nennen. Jeder kennt wohl den klassischen Ausspruch: „Zwei Seelen wohnen, ach! in meiner Brust." – Durch Goethes Weltanschauung und insbesondere durch die Anthroposophie stieß ich auf das sogenannte

Böse und die geistige Polarität, die hinter allen physischen und seelischen Erscheinungen steht. Durch das Studium der Anthroposophie bin ich dann der Frage weiter nachgegangen, wie das Böse im Menschen und in der Welt wirkt.

Vor Jahren bin ich gefragt worden, ob ich meine Ergebnisse zu diesem ganzen Themenkomplex auch schriftlich niederlegen und als Buch veröffentlichen könnte („Das Ich und sein Doppelgänger. Zur Psychologie des Schattens“, Stuttgart 1998). Und in der Zeit der Ausarbeitung des Buches hatte ich selbst eine Art Doppelgängererlebnis. Das geschah nach einer sehr anstrengenden Reise nach Asien. Während dieses Erlebnisses habe ich zwar keine konkrete Doppelgängergestalt gesehen, aber ganz intensiv den kompletten negativen Anteil in mir gespürt. Das dunkle, zerstörerische Element in mir wurde mir auf einmal in einer so umfassenden Weise deutlich erlebbar, wie ich es sonst nie erfahren habe. Das war eine Art Urerlebnis.

Erst aus der Zweiheit ist Entwicklung möglich

K.-D.N.: Wir erleben uns im alltäglichen Leben weitgehend als einheitliche Persönlichkeit. Wir denken, empfinden und agieren aus einem zentrierten Gegenstandsbewußtsein, stützen unsere Persönlichkeit und die Kontinuität unseres Tages- und Selbstbewußtseins auf unser Gedächtnis, Temperament, Charakter, unsere Gewohnheiten, Neigungen usw. Ist diese Einheit des seelischen Erlebens eine Illusion?

O. Koob: Nein, das würde ich so nicht sagen. Es wird aber zur Illusion, wenn man meint, daß dieses einheitliche bewußte Erleben das einzige in der menschlichen Seele sei. Unser Alltagsbewußtsein würde ich aber nicht als Illusion bezeichnen, auch wenn es nicht alles umfaßt, was in uns lebt. Durch Sigmund Freud ist heute allgemein bekannt, und jeder wird auch durch irgendwelche Lebensereignisse darauf aufmerksam, daß wir auch Unbewußtes, ein Unterbewußtsein oder Nachtbewußtsein in uns tragen. Ich denke, das empfindet heute jeder Mensch.

K.-D.N.: Inwiefern kann man von einer Dualität bzw. von Polaritäten der Seele sprechen?

O. Koob: Es gibt hier sicher eine ganze Fülle von Polaritäten. Die Polarität ist ein Urprinzip in der Menschheit und ihrer Entwicklung, wie überhaupt in jeder Entwicklung. Das betrifft natürlich auch das Seelische. Die Seele ist nicht eindimensional, sondern sie trägt Spannungskräfte, widersprüchliche Kräfte in sich, die man z.B. als gut und böse, positiv und negativ bezeichnen kann. Auch der Leib trägt solche Spannungskräfte und Polaritäten in sich. Generell kann man sagen, daß sich erst aus der Zweiheit, aus der Dualität etwas entwickeln kann.

Das ist eine tiefe Weltengesetzmäßigkeit. Denn die Einheit ist nicht entwicklungsfähig. Erst wenn sich etwas spaltet und sich selbst gegenübertritt, ist Entwicklung überhaupt möglich. Die Zweiheit – ausgedrückt in der Zahl 2, die auch in den deutschen Wörtern Zweifel, Zwietracht usw. steckt – ist ein archetypisches Prinzip in der Welt, um eine Entwicklung erst möglich zu machen und anzuregen. Dieses Urprinzip, das z.B. in Asien als Yin und Yang bezeichnet wird, liegt jeder Entwicklung zugrunde. Daher bezeichnet Rudolf Steiner die Zwei auch als Zahl der Entwicklung.

Kulturschizophrenie und die Verkümmerung des Gemüts

K.-D.N.: Man kann heute den Eindruck gewinnen, daß die intellektuelle und moralische Entwicklung immer mehr auseinanderfallen und immer stärker Spaltungstendenzen im Menschen und in der Zivilisation Platz greifen. Auf der einen Seite haben wir einen rasanten Fortschritt, auf der anderen eine zunehmende Barbarei im gesellschaftlichen Leben. Man kann auch von einer zunehmenden Mechanisierung des Denkens sprechen, das den Menschen gefühlsmäßig völlig kalt lassen kann. Andererseits grassiert eine ausufernde Gefühlsschwelgerei, die ohne Sinn und Verstand von der wuchernden Freizeitindustrie bedient wird. Und wir erleben eine Brutalisierung des Willens, die sich in Aggressionen und Gewalttaten auslebt, denen keine Grenzen gesetzt sind. Worauf lassen sich diese schizophrenen Zustände und Prozesse in der allgemeinen Kulturentwicklung und im individuellen Seelenleben zurückführen?

O. Koob: Ein wesentlicher Grund für solche Spaltungstendenzen im seelischen Erleben ist sicher darin zu sehen, daß der integrative Zusammenhang der Seelenkräfte Denken, Fühlen und Wollen, der früher naturgemäß gegeben war, immer mehr verlorengeht. Hier ist ein desintegratives Element wirksam, d.h. der Zusammenhang von Denken, Fühlen und Wollen ist nicht mehr so eng, wie es früher noch der Fall war. Daß jemand z.B. etwas denkt und sagt, seine Gefühle aber davon gar nicht tangiert sind und er auch ganz anders handelt, ist ein weithin und heute immer stärker zu beobachtendes Phänomen. Man kann gute Ideen haben und große Aussagen machen, aber trotzdem ganz anders handeln, so daß man geradezu das Gegenteil mit seinen Taten bewirkt. In der Politik ist das beizeiten für jeden nachvollziehbar zu beobachten.

Tritt diese Diskrepanz aber im eigenen Verhalten auf, bemerken das die meisten Menschen nicht einmal. Dabei wäre es sehr wichtig, daß man sich in dieser Beziehung immer wieder Klarheit verschafft. Die Tatsache, daß überall im Menschen und in der Kultur Gegensätze und Spaltungstendenzen auftreten, kann man auch als Kulturschizophrenie bezeichnen. Das ist eine interessante Entwicklung, die von jedem einzelnen ein stärkeres Aufbringen einer integrativen Kraft erfordert. Und solche integrativen Kräfte können letztlich nur vom bewußten und geistigen Ich des Menschen ausgehen. Diese Entwicklung birgt aber auch große Gefahren, wenn die Menschen sie verschlafen und sich nicht bewußt werden, welche Anforderungen heute an die seelisch-geistige Entwicklung des einzelnen gestellt sind. Und darauf deutet heute vieles hin.

So kommt es z.B., daß viele Menschen der tiefen Überzeugung sind, Wahrheiten auszusprechen, weil sie nicht bemerken, daß sie unbewußt zur Lüge verführt worden sind. Darauf basiert auch die Ausbreitung des materialistischen Weltbildes, das auf einer Verabsolutierung von Teilwahrheiten beruht, also unwahr ist. Heute kommen in das individuelle Seelenerleben immer mehr äußere Einflüsse hinein, von denen die Menschen meinen, es seien ihre eigenen Seelenäußerungen. Und der eigene Mittelpunkt des Seelenlebens, den man auch als Gemüt bezeichnen kann, geht immer mehr verloren. Es ist mir in den letzten Jahren besonders aufgefallen, daß die Menschen diesen Mittelpunkt des Gemüts immer weniger ausbilden. Die Gemütskräfte, das Eigene der Seele oder auch der Charakter scheinen schwächer zu werden. Die Menschen werden zunehmend charakterlos.

Das ist jetzt nicht vordergründig moralisch gemeint, sondern bezieht sich auf die wirklich eigene Prägung der Seele, die heute immer stärker äußeren Einflüssen ausgesetzt ist. Das betrifft alle Menschen, so daß auch jemand, der über viele Jahre geistige Inhalte aufgenommen und seine Arbeit, z.B. in einem heilpädagogischen Heim, hingebungsvoll verrichtet hat, dadurch nicht automatisch davor gefeit ist, in bestimmten Situationen im sozialen Zusammenhang der Mitarbeiterschaft katastrophal zu wirken. So sind heute viele Menschen oft nicht in der Lage, das, was sie eigentlich wissen und als richtig erkannt haben, auch auf sich selbst anzuwenden. In meinem Buch habe ich das am Beispiel eines Institutsleiters geschildert, der zwar über ein großes Wissen verfügte, von dem aber katastrophale Wirkungen im sozialen Zusammenhang ausgingen. In diesem Konfliktfall war es nicht mehr möglich, korrigierend in das Verhalten des Leiters einzugreifen. Eigentlich sollte man aber bei solchen Beispielen nicht stehenbleiben, sondern sie zum Anlaß nehmen, sich selbst auf solche Diskrepanzen und Löcher im eigenen Leben hin zu befragen.

K.-D.N.: Ein frappierendes Beispiel dafür, daß Menschen der Verführung unterliegen, ihre Ideale zu verdrehen und davon losgelöst zu handeln, war der Delegiertenkongreß von Bündnis 90/Die Grünen zu Himmelfahrt 1999. Dort traten Pazifisten auf – zumindest bezeichnen sie sich selbst so –, die vor psychischer und physischer Gewalt nicht zurückschreckten, um ihren Standpunkt zu verdeutlichen. – Was ist die eigentliche Ursache für diese immer stärker zu erlebende Diskrepanz zwischen Denken, Gefühlen und Taten des Menschen?

O. Koob: Die negativen Folgen, die wir heute erleben müssen, sind nur die eine Seite. Denn als Ursache liegt diesem Geschehen ein objektiver Entwicklungsschritt zugrunde, den die Menschheit im 20. Jahrhundert vollzogen hat bzw. immer mehr vollzieht. Rudolf Steiner nennt diesen Entwicklungsschritt das unbewußte Überschreiten der Schwelle zur geistigen Welt. Und die Folge dieses Schwellenübertritts ist, daß die drei Seelenkräfte des Menschen – Denken, Fühlen und Wollen – ihren naturgemäßen Zusammenhang verlieren und auseinanderdriften. Aus dieser objektiven Entwicklung folgt, daß der einzelne Mensch immer mehr gefordert ist, diesen Zusammenhang aus seinen Ich-Kräften bewußt herzustellen. Diese Entwicklung ist also keineswegs nur negativ zu betrachten, sondern vielmehr als Herausforderung zu verstehen, für diese Tatsachen ein Bewußtsein zu entwickeln und das eigene Leben in die Hand zu nehmen.

Darin liegt auch die Chance begründet, daß die Menschen heute für geistige Tatsachen und Zusammenhänge offener werden, auch wenn dies zunächst oft in verzerrter Form erscheint. Man kann heute im täglichen Leben Erfahrungen machen, die mit dem Schwellenübertritt zu tun haben und die Ereignissen ähnlich sind, die Rudolf Steiner als geistige Realitäten jenseits der Schwelle beschreibt. Denken Sie nur an das Phänomen, daß man eine Tat, die man getan hat, oft innerhalb kürzester Zeit widergespiegelt bekommt.

In der Flut von Informationen und Bildern

K.-D.N.: Wie wirkt sich in dieser instabilen seelischen Situation die Überflutung mit Informationen und Nachrichten aus, der wir täglich ausgesetzt sind?

O. Koob: Das kann jeder an sich beobachten. Wir werden im Alltag geradezu darauf trainiert, Inhalte aufzunehmen, mit denen wir uns kaum noch verbinden können und oft auch gar nicht wollen. Was auch immer die Menschen täglich aus den Medien erfahren, hat für sie selbst keinen verbindlichen Charakter, es ändert sie nicht mehr. Es ist naheliegend, daß die Menschen auf dieses Übermaß an Intellektualität und Information so reagieren, daß sie ihr Gefühlsleben davon abspalten und ihre Gefühle in ganz anderer Art und Weise bedienen oder aktivieren.

Und in den Handlungen kann wiederum etwas ganz anderes auftreten, von dem sie zwar wissen, daß es schlecht ist, wofür aber oft die Verantwortung mit der Ausrede weggeschoben wird, man müsse heute eben in vielen Dingen mit den Wölfen heulen und sich anpassen, da man sonst schließlich zugrunde ginge. Der Gegensatz wird dann zwar gespürt, aber nicht als Drama in der menschlichen Seele erlebt. Letztendlich läuft das auf eine Auslöschung des Gewissens hinaus, um möglichst unbeschwert eben auch Dinge tun zu können, von denen man eigentlich ganz genau weiß, daß sie nicht gut sind.

K.-D.N.: Eigentlich ist es doch auch kaum möglich, alle Nachrichten und Informationen, die man tagtäglich aufnimmt, adäquat mit Gefühlen und Empfindungen zu durchdringen. Wie kann man sich alle Ereignisse und Schicksale so vergegenwärtigen, daß man sie angemessen mitempfinden kann? Ich glaube, daß das allein schon durch die Fülle von Nachrichten, die zudem immer nur einen kleinen Ausschnitt einer umfassenden Wirklichkeit widerspiegeln, von vornherein kaum möglich ist. Die heute oft zur Schau gestellte Betroffenheit entpuppt sich bei genauerem Hinsehen als selektiv, als Projektion eigener Befindlichkeit auf mehr oder weniger verstandene Ereignisse oder dient auch nicht selten der eigenen moralischen Erhöhung gegenüber anderen.

Hier immer wieder eine sinnvolle Balance zwischen kalter Gleichgültigkeit und Versinken in der eigenen Betroffenheit zu finden, ist schwierig, und ich denke, es wäre wichtig und heilsam, sich von Zeit zu Zeit immer mal wieder zu befragen, wie man eigentlich mit der Flut von Nachrichten, Informationen und Bildern umgeht, ob sich Automatismen eingeschlichen haben, die letztlich der eigenen Entwicklung schaden und der Welt nichts nützen.

O. Koob: Besonders wichtig scheint mir dabei zu sein, daß man sich generell fragt, inwieweit man selbst der Tendenz unterlegen ist, sein Gefühlsleben vom Gedankenleben abzukoppeln. Denn diese Tendenz ist heute allgemein schon so weit fortgeschritten, daß man davon sprechen kann, daß sich hier eine konstitutionelle Entwicklung in der Menschheit, zumindest in der westlichen Welt, anbahnt. Wir stehen heute vor der Tatsache, daß die Gefühls- und Gemütsbildung der Menschen im Verhältnis zur fortschreitenden Intellektualisierung des Lebens immer mehr verkümmert.

In der Psychologie gibt es zu diesem Sachverhalt die Bezeichnungen des „Nicht-zu-Ende-geboren-Seins" und der „Fragmentierung des Ich". Diese Phänomene erklärt man so, daß die Menschen heute schon von frühester Kindheit an überintellektualisiert und intellektuell frühreif gemacht werden. Hier tritt ein vorzeitiges Erwachsensein ein, während viele emotionale Kräfte, die im Gemüt liegen, vollkommen vernachlässigt werden. Im Intellekt wird man dadurch zu früh alt, und im Gefühls- und Willensleben bleibt man demgegenüber total unterversorgt. Das Gemüt und der Willensbereich werden nicht entwickelt. Dadurch wird von vornherein ein Ungleichgewicht angelegt, das es später nahezu unmöglich macht, die Seelenkräfte zu harmonisieren. Das führt u.a. dazu, daß heute so häufig Kompensationen oder Surrogate gesucht werden, um das reduzierte, unentwickelte Gefühlsleben im späteren Leben noch einigermaßen zu aktivieren. Daraus resultieren dann meines Erachtens auch sehr viele sogenannte Gemütskrankheiten bzw. Gemütsstörungen.

Der Doppelgänger ist eine geistige Realität

K.-D.N.: Was ist mit dem Begriff Doppelgänger gemeint? Was verstehen Sie darunter, und wie würden Sie dieses Phänomen jemandem erklären, der die Anthroposophie nicht kennt?

O. Koob: Doppelgänger ist ein okkulter Begriff, der mit der landläufigen Vorstellung eines physischen Doppelgängers, der einem anderen Menschen im Aussehen bis aufs Haar gleicht, nichts zu tun hat. Der eigentliche Doppelgänger, den Rudolf Steiner meint, tritt als ein elementares Erlebnis auf, also nicht physisch-materiell, sondern als ein übersinnliches Erlebnis in einer Ausnahmesituation, in der man an der Schwelle zur geistigen Welt etwas Geistig-Reales konkret beobachten kann. Und die Beispiele, die wir aus der Literatur kennen, können wir als literarische Beschreibung dieses okkulten Tatbestandes auffassen.

Um dieses Phänomen jemandem näherzubringen, der sich mit diesen Dingen noch nicht beschäftigt hat, kann man zur Erläuterung auf Beispiele verweisen, die in der Psychologie angeführt werden. Als man nach der Zeit des Nationalsozialismus das Verhalten von KZ-Leitern und KZ-Ärzten untersucht hat, ist man auf das Phänomen gestoßen, daß man es mit Menschen zu tun hatte, die auf der einen Seite treusorgende Familienväter und nette bürgerliche Leute sein konnten, bei denen aber auf der anderen Seite dermaßen durchideologisierte Bestien zum Vorschein kamen, die zu unvorstellbar grausigen Verbrechen fähig waren. Als man dieses Phänomen untersucht hat, hat man festgestellt, daß es zwischen dem einen und dem anderen keine Verbindung gibt. Die bestialische Seite ist unter dem Begriff KZ-Ich in die Psychologie eingeflossen.

Wenn man an das eigene Erleben zur Erklärung des Doppelgängers anknüpfen will, braucht man sich nur zu vergegenwärtigen, daß jeder Mensch in Situationen kommt, in denen er sich nicht wiedererkennt. Sein Verhalten läßt ihn im nachhinein erschrecken, es läßt sich nicht mit dem eigenen Selbstverständnis verbinden. Es findet sich kein Anschluß zum eigenen Ich. Jeder Mensch trägt eine Fülle von negativen und zerstörerischen Kräften in sich, die man im normalen Leben einigermaßen steuern kann. Aber es gibt Situationen, in denen diese zerstörerische Seite voll heraustritt und die Oberhand gewinnt. Das gibt es natürlich auch in allen möglichen Abstufungen. So gibt es z.B. Situationen in Partnerschaft und Ehe, die jemanden zu Taten hinreißen, vor denen er später sprachlos steht. Man kann dann nicht begreifen, daß man selbst es war, der sich so verhalten hat. Dafür kann jeder in seinem eigenen Leben die entsprechenden Beispiele suchen.

K.-D.N.: Warum spielt der Begriff des Doppelgängers in der gängigen Psychologie explizit so gut wie keine Rolle? Allenfalls findet man hier und da mal eine kleine Erwähnung der sogenannten Autoskopie oder auch Heautoskopie, mit dem ein halluziniertes Doppelgängererlebnis bezeichnet wird.

O. Koob: Das liegt daran, daß man die geistige Realität des Doppelgängers nicht erkennt, der ein übersinnliches Wesen ist. Wenn man davon ausgeht, daß es keine geistig-wesenhafte Realität, sprich: eine geistige Welt, gibt, kann man das Phänomen des Doppelgängers auch nicht in vollem Umfang erfassen. Man kennt aber Anteile des Doppelgängers, und da wäre besonders C.G. Jung zu nennen, der in diesem Zusammenhang vom Schatten des Menschen spricht. Daß der Doppelgänger aber wesenhaft und eine eigene Gestalt ist, läßt sich nur auf der Grundlage von geisteswissenschaftlichen Erkenntnissen erfassen.

Andererseits kann man auch feststellen, daß Doppelgängererlebnisse nicht nur in der Literatur geschildert werden, sondern auch in der Psychologie und Psychiatrie durchaus Beschreibungen solcher Erlebnisse zu finden sind. So haben z.B. amerikanische Psychiater Doppelgängererlebnisse von Patienten gesammelt. Die Erklärung dieser als Autoskopie bezeichneten Phänomene als bloße Halluzinationen ist allerdings überhaupt nicht hinreichend und geht an der geistigen Wirklichkeit vorbei. Aber immerhin kennt man inzwischen das Phänomen, das besonders bei psychischen und organischen Nervenkrankheiten auftreten kann. Beim Zerfall des Nervensystems sehen Patienten auf einmal ihr eigenes Körperschema als Doppelgänger außerhalb der eigenen Person. Axel Munthe hat das von seinem Freund Guy de Maupassant, der an fortschreitender Syphilis litt, eindrucksvoll berichtet. Ich kann die entsprechende Stelle einmal zitieren:

> „Oft stand er minutenlang vor dem Spiegel am Kamin, sein eigenes Gesicht anstarrend, als sähe er einen Fremden. Eines Tages, erzählte er mir, habe er, als er mitten in der Arbeit an seinem neuen Roman am Schreibtisch saß, zu seiner Überraschung einen Fremden gesehen, der trotz der strengen Wachsamkeit seines Dieners hereingekommen war. Der Fremde hätte ihm gegenüber am Schreibtisch Platz genommen und ihm diktiert, was er eben schreiben wollte. Er war gerade im Begriff nach François zu läuten, um ihn hinauszuwerfen, da sah er mit Entsetzen, der Fremde – war er selbst." (Axel Munthe: Das Buch von San Michele. München 1995[1])

C.G. Jungs Begriff des Schattens

K.-D.N.: Andere Begriffe in der psychologischen Literatur, die man auf das Doppelgängerphänomen beziehen kann, lauten: der Feind in uns, das Spiegelbild, das andere Ich, das niedere Ich, der dunkle Zwilling, der dunkle Vater und der Schatten. Was versteht C.G. Jung unter dem Begriff des menschlichen Schattens?

O. Koob: Dazu muß ich vorausschicken, daß ich nicht das Gesamtwerk C.G. Jungs kenne, sondern mich nur mit bestimmten Aspekten befaßt habe. Für C.G. Jung ist der Schatten ein Teil des persönlichen Unbewußten, und er bezeichnet ihn auch als autonome Teilpersönlichkeit, die er

---

1. Die Zitate in diesem Interview ohne Seitenangabe sind zitiert nach: Olaf Koob: Das Ich und sein Doppelgänger. Zur Psychologie des Schattens. Stuttgart 1998.

dem Bewußtseinsleben konträr gegenüberstellt. Der Schatten kann negativ, aber auch positiv sein. Er hängt nach Jung sehr stark mit der Instinktwelt zusammen, also auch mit dem Organisch-Vegetativen. Und der Schatten kann nicht nur individuell, sondern auch kollektiv auftreten und wirksam werden. Jung charakterisiert den Schatten einmal mit folgenden Worten:

> „Die Figur des Schattens personifiziert alles, was das Subjekt nicht anerkennt und was sich ihm doch immer wieder – direkt oder indirekt – aufdrängt, also minderwertige Charakterzüge und sonstige unvereinbare Tendenzen." (C.G. Jung: Gesammelte Werke, Bd. 9/1: Die Archetypen und das kollektive Unbewußte. Düsseldorf [8]1992)

Die schlafende Kurtisane
Daniel Chodowiecki (1799)

Der Nachtmahr
Charles Ramelet (1830, nach H. Füßli)

K.-D.N.: Was kann man unter kollektivem und archetypischem Schatten verstehen?

O. Koob: Das Archetypische, Allgemein-Menschliche hängt damit zusammen, daß alle Menschen in sich auch Kräfte tragen, die ganz abgesehen von individuellen Färbungen gewissermaßen zur Grundausstattung des Menschen gehören. Da wären z.B. Macht- und Vernichtungsinstinkte zu nennen, die man auch als eine Keimkraft in uns bezeichnen könnte, die in bestimmten Situationen hochkommen kann. Auch der Egoismus ist ein archetypischer Schattenanteil in uns.

Ich denke, daß der Nationalsozialismus, aber auch der Kommunismus sich nur deswegen so effektiv ausbreiten konnten, weil u.a. durch bestimmte okkulte Symbole diese archetypische und verdrängte Schattenseite des Menschen angesprochen und aktiviert wurde. Zur Psychologie solcher Massenbewegungen gehört für mich immer auch dazu, daß ganze Menschengruppen einem Wahn verfallen, indem durch bestimmte Machinationen nicht so sehr an das Individuelle, sondern vielmehr an diese verdrängten Schattenseiten appelliert wird. Viele Menschen äußern dann hinterher ihr Erstaunen, wie ihnen das passieren konnte, daß sie in diesen Sog geraten sind. Jede Ideologie entfaltet einen solchen Sog.

K.-D.N.: Um es noch einmal zusammenzufassen: Mit Schatten sind alle nichtdurchdrungenen Seelenanteile gemeint, sowohl persönliche als auch archetypische, die uns nicht bewußt sind und die negativ, aber auch positiv wirken können?

O. Koob: Ja. Rudolf Steiner spricht in diesem Zusammenhang vom Widerspruch in uns und bezeichnet damit alles, was in den Seelentiefen lebt, ohne daß wir das rechte Verständnis dafür haben. Damit sind alle Anteile in den Seelentiefen gemeint, die wir nicht beherrschen. Im Zusammenhang mit der Gralssage benutzt er auch einmal den Begriff der toten Einschlüsse. Solche Einschlüsse, die man nicht bemerkt, trägt jeder in sich. Und sie können zu einem Herd der Zerstörungskräfte werden, wenn man sie anspricht. Das kann gezielt geschehen, indem durch eine bestimmte Symbolik, z.B. auch in vielen Filmen, an das Niedere im Menschen appelliert wird, oder es kann eben auch in bestimmten Situationen hervorbrechen.

Der Mensch als Ursprung alles kommenden Bösen

K.-D.N.: C.G. Jung kam zu dem Ergebnis, daß der Mensch ein großes Gefahrenpotential darstelle und der Ursprung alles kommenden Bösen sein werde:

> „Wir brauchen mehr Verständnis für die menschliche Natur, da die einzige wirkliche Gefahr, die besteht, der Mensch selber ist. Er stellt ein großes Gefahrenpotential dar, und wir sind uns dessen bedauerlicherweise nicht bewußt. Wir wissen zu wenig vom Menschen, eigentlich fast gar nichts. Seine Seele sollte tiefer ausgelotet werden, weil der Mensch es ist, der der Ursprung alles kommenden Bösen sein wird." (C.G. Jung in einem BBC-Interview mit John Freeman, 1959)

Ist ein Mensch, der überzeugt ist, daß er selbst keine grausigen Schattenseiten in sich trägt, auf jeden Fall im Irrtum begriffen?

O. Koob: Ja, das kann sogar ein verhängnisvoller Irrtum sein, weil er das Gefahrenpotential, das in jedem Menschen schlummert, ignoriert und verdrängt, womöglich mit verheerenden Folgen für die eigene seelisch-geistige Entwicklung. Es kann auf die Dauer nicht gesund sein, wenn man sein Leben auf eine vollkommen unzureichende Selbsterkenntnis baut, die von vornherein von einem falschen Menschenbild ausgeht und eine heile Welt vorgaukelt.

K.-D.N.: Welche Ansätze bietet die Jungsche Theorie des Schattens für die Therapie? Oder auch allgemeiner gefragt: Wie kommt man dahin, Schattenelemente in das bewußte Seelenleben zu integrieren, sie zu durchdringen und zu verwandeln?

O. Koob: Zunächst einmal ist es wichtig, daß man überhaupt weiß, daß man Schattenanteile in sich hat und auch haben darf. Das ist eine ganz wichtige Erkenntnis, wenn man das für sein eigenes Leben realisiert. Das allein kann eine befreiende und erleichternde Wirkung haben, wenn man begreift, daß es sich um eine objektive Gesetzmäßigkeit handelt, die alle Menschen betrifft. Der Schatten ist ein konstitutives Element des Menschseins, ungeachtet unserer starken Neigung, uns selbst jeweils als gut zu definieren. Diese Neigung ist bei jedem Menschen deutlich festzustellen.

Je mehr man sich aber nun darüber klar wird, daß die Schattenelemente ein Teil der eigenen Persönlichkeit sind, zu denen man auch stehen darf und deren man sich nicht nur schämen muß, desto mehr besteht auch die Chance, daß man lernt, sinnvoll damit umzugehen. Im Laufe des Lebens

Gespenster
Edvard Munch (1920)

muß man einfach erkennen, daß zur eigenen Persönlichkeit auch vielfältige Schattenanteile gehören. Erst wenn einem das bewußt wird, entweder durch Selbsterkenntnis oder dadurch, daß einem diese Schattenanteile von anderen immer wieder gespiegelt werden, kann man sich mit der Frage und den subtilen Problemen auseinandersetzen, wie man damit umgeht.

Ich habe mich lange und intensiv mit der Depression beschäftigt. Und bei depressiven Patienten hatte ich manchmal auch den Eindruck, daß eine Ursache der Depression sein kann, daß Menschen sich dieser Schattenanteile schämen und sie einfach nicht akzeptieren und adäquat mit ihnen umgehen können. Sie werden depressiv, oder ihre Depression wird verstärkt, weil sie ein anderes Bild von sich haben, das mit ihren Schwächen und Schattenanteilen einfach nicht zu vereinbaren ist. Je objektiver man einem Menschen klarmachen kann, daß es in jedem eine Licht-, aber auch eine Schattenseite gibt, desto heilsamer ist es für seine Seelenentwicklung. Und dann gibt es natürlich die verschiedensten medizinischen und psychotherapeutischen Ansätze, wie man an diese Schattenelemente herangeht. Grundsätzlich kann man dazu sagen, daß man diese vielfältigsten Schattenelemente oft nicht direkt angehen kann.

Die Lust am Schatten: „Ich bin, wie ich bin“

K.-D.N.: Konträr zur Schwierigkeit, die eigenen Schattenanteile zu bejahen und zu akzeptieren, kann man heute auch oft den Eindruck gewinnen, daß viele Leute eine Lust daran entwickeln oder es geradezu zur Tugend erheben, ihre Schattenanteile mehr oder weniger hemmungslos auszuleben. Das läuft etwa unter dem Motto: „Ich bin, wie ich bin, und raus damit!“ Beinhaltet der Schritt, daß man seine Schattenseiten bejaht, auch das Ausleben dieser Anteile?

O. Koob: Nein, denn das muß man doch sehr differenziert betrachten. Denn letztlich hängt es auch immer davon ab, ob man sich selbst, und vor allem, ob man andere Menschen dadurch schädigt. Wenn man sich nur passiv seinen Schattenseiten hingibt – und eine solche Haltung kommt in den Worten „Ich bin, wie ich bin“ zum Ausdruck –, dann betrachtet man den Schatten nicht als Stimulans für seine eigene Entwicklung. Damit wird man dem Wesen des Schattens oder des Doppelgängers nicht gerecht. Und ein Mensch, der sich nicht entwickeln, sondern sich nur passiv seinen Gelüsten und Abgründen hingeben und alles ausleben will, hat die eigentliche Bedeutung des Menschseins noch nicht begriffen.

Das Ausleben bestimmter Schattenelemente kann aber auch eine positive Seite haben, weil man im bewußten Erleben bestimmte Dinge erst kennenlernt, die bisher unbewußt in einem gewirkt und sich in anderer Form Raum verschafft haben. Denn auch wenn wir uns der Schattenanteile nicht bewußt sind, wirken sie doch in unserem Verhalten entscheidend mit. Aber wie gesagt: Die Schattenanteile in uns sind so vielfältig, daß man das nur von Fall zu Fall konkret beantworten kann. Erst wenn wir erkennen, welche Tiefen, Bedürfnisse und Abgründe in uns bestehen, ergibt sich die Möglichkeit der Umwandlung. Und beides gehört zum Menschsein dazu.

Die Spannbreite ist hier sehr groß: Auf der einen Seite kann man z.B. die Erzählung „Dr. Jekyll and Mr. Hyde" anführen. Stevenson hatte diese ganze Doppelgängergeschichte übrigens nach exzessivem Kokainmißbrauch in San Francisco geträumt und danach sofort aufgeschrieben. Dr. Jekyll, ein unbescholtener Arzt und Wissenschaftler, stellt für sich eine Droge her, die ihn in einen grausamen und mörderischen Doppelgänger verwandelt. Er versetzt sich also in die Lage, daß die negativen, zerstörerischen Anteile in ihm, zu denen er immer einen Drang verspürte, aber sie nicht ausleben konnte, hervorbrechen. Durch die Droge entsteht das Monster Edward Hyde, das nun das Böse einseitig, radikal und hemmungslos auslebt. Daß das Ausleben solcher Zerstörungskräfte nicht gutgeheißen werden kann, versteht sich von selbst.

Ein weiteres Beispiel wäre „Das Bildnis des Dorian Gray" von Oscar Wilde. Es ist die Geschichte eines Menschen, der sich in seinen ganzen negativen Kräften auslebt und sich den schlimmsten Ausschweifungen hingibt und immer berühmter und anerkannter wird. Das Portrait, das von ihm angefertigt wird, zeigt nur noch das Zerrbild seines zerfallenden inneren Charakters. Der Roman zeigt die moderne Ich-Aufspaltung und den scheinbar unüberbrückbaren Gegensatz von Intellekt und Moral, der zum Verrat der Ideale und zum Verlust der sittlichen Verantwortung führt.

Auf der anderen Seite steht ein langsames Sich-Kennenlernen, ein Beobachten der eigenen Bedürfnisse in bestimmten Situationen und auch die Notwendigkeit, bestimmte Aspekte seiner Persönlichkeit auch einmal intensiv zu erleben. Aber wie auch immer das im einzelnen geartet sein mag, es darf auf jeden Fall nie dafür herangezogen werden, daß man die Verantwortung für seine eigenen Taten ablehnt und es als billige Entschuldigung benutzt. Entschuldigen kann man sich nur für Taten, für die man auch die Verantwortung übernimmt. Würde man alles, was in einem steckt, ausle-

Der Segensgruß wandelt sich zum Fluch
Karikatur als Anspielung auf Doppelgänger und Schatten

ben wollen, würde das zu einem grenzenlosen Egoismus und letztendlich zu Mord und Totschlag führen.

Rudolf Steiners Begriff des Doppelgängers

K.-D.N.: Was meint Rudolf Steiner – allgemein gesprochen – mit dem Begriff Doppelgänger?

O. Koob: In seinen ersten Darstellungen schildert Steiner im wesentlichen zwei Aspekte des Doppelgängers, die er dann später in der Interpretation seiner Mysteriendramen wieder aufgreift. In der „Geheimwissenschaft im Umriß" (GA 13) geht Steiner vom Ich des Menschen aus, das eine Art Anziehungsmittelpunkt ist, um den sich Neigungen, Leidenschaften, Sympathien und Antipathien, Meinungen, Gewohnheiten, Unvollkommenheiten usw. herumgruppieren. Man könnte das noch erweitern und sagen, daß das die Muster sind, die wir in uns tragen, wie z.B. Erziehungsfehler und andere Prägungen. Robert Bly hat das einmal als eine Art Sack bezeichnet, in den man alles mögliche hineinsteckt und den wir gewissermaßen hinter uns herschleppen. Der andere Aspekt, den Steiner schildert, betrifft karmische Reste, die sich dem Ich des Menschen anhaften.

Wenn man das zusammenfassend betrachtet, kann man sagen, daß alles, was so am Ich haftet, wie eine eigene Wesenheit betrachtet werden muß, die uns gewissermaßen als zweiter Mensch eng verbunden durch das Leben begleitet. Im Vortragsband „Die Geheimnisse der Schwelle" (GA 147), in dem Steiner auf die Mysteriendramen eingeht, schildert er, daß jeder Mensch Seelenanteile in sich trägt, die er nicht durchdringt und nicht beherrscht. Er spricht von dem Widersprüchlichen, von den Einschlüssen, die nicht beherrscht werden und die sich verselbständigen können. Und diese verselbständigten Teile möchte die Kraft, die Steiner als Ahriman bezeichnet, fortwährend ergreifen und zu einer eigenen Gestalt formen. Ahriman kann daraus eine eigene menschliche Form schaffen. In extremen Situationen kann es dann zu einer völligen Verselbständigung und Loslösung von der Seele kommen. Ich sehe das in engem Zusammenhang mit solchen Phänomenen wie dem vorhin erwähnten KZ-Ich.

K.-D.N.: Folgt man den unterschiedlichen Ausführungen Steiners, dann gibt es verschiedene Doppelgänger, mit denen es der Mensch zu tun haben kann. Sie haben jetzt zwei grundsätzliche Aspekte genannt, die man auf der einen Seite auch als Schatten der Gewohnheiten, Neigungen, Muster usw. und auf der anderen Seite als Schatten des Schicksals bezeichnen kann. Welche Doppelgänger wären Ihrer Ansicht nach in Steiners Darstellungen wesentlich zu unterscheiden?

O. Koob: Für mein Verständnis schildert Steiner jeweils verschiedene Aspekte des Doppelgängers, die man zwar deutlich unterscheiden, die man aber auch als Doppelgängerwirken zusammenfassen kann. Ich möchte allerdings nicht behaupten, daß das die einzig mögliche Betrachtungsweise ist. Zusätzlich zu den zwei Aspekten, die ich genannt habe, würde ich von einer weiteren Doppelgängerwirksamkeit sprechen, die man als allgemeinmenschlich und als archetypisch bezeichnen kann. Dieses Doppelgängerwirken schildert Steiner in dem Vortragsband „Individuelle Geistwesen und ihr Wirken in der Seele des Menschen" (GA 178) und bringt es in einen engen Zusammenhang mit den geographischen Naturkräften. Durch diesen Doppelgänger wirken Kräfte, die sich generell mit der Leiblichkeit des Menschen verbinden.

Auf der anderen Seite haben wir die mehr subjektiven Aspekte des Doppelgängerwirkens, die je nachdem mal mehr einer ahrimanischen, mal mehr einer luziferischen Tendenz unterliegen. Einmal macht sich die ahrimanische Tendenz geltend, die bis hin zu einer eigenen Gestalt verhärtend wirken möchte, und das andere Mal die luziferische Tendenz, die im Leben immer auflösend wirken möchte. Diese beiden Tendenzen entsprechen auch den eben genannten zwei Aspekten des Doppelgängerwirkens: Den verhärtenden Kräften wären unsere subjektiven Neigungen, Gewohnheiten, Muster usw. zuzurechnen, die sich so weit verhärten können, daß sie losgelöste Einschlüsse bilden und sich verselbständigen. Das ist also der Aspekt, den man auch als Schatten der Gewohnheiten bezeichnen kann. – Demgegenüber folgt der Schatten des Schicksals, die karmischen Reste, eher einer luziferischen Tendenz, die im Leben bewirkt, daß Strukturen wieder aufgelöst werden. Entsprechend wirkt auch ein unerfülltes Karma, das wir in der Jugend oft besonders stark spüren, wenn wir bestimmte Empfindungen von Lebensentwürfen haben, bei denen wir dann oft erleben müssen, daß uns ihre Umsetzung einfach nicht so recht gelingen will. Ständig kommt etwas dazwischen, das uns in andere Bahnen bringt.

Das sind für mich zunächst einmal die wesentlichen Gesichtspunkte des von Steiner geschilderten Doppelgängerwirkens. Für mein Verständnis gibt es zwar verschiedene Schattenanteile unterschiedlichen Ursprungs, die sich auch unterschiedlich auswirken. Ich denke aber, daß sie insgesamt als ein Doppelgängerwirken aufzufassen sind, auch wenn sie dem Doppelgänger von verschiedenen geistigen Wesen und Kräften eingeprägt werden.

K.-D.N.: Schauen wir uns einige Schilderungen Steiners noch einmal etwas genauer an. Kommen wir zunächst zu dem, was Sie unter den Begriffen Schatten des Schicksals und karmische Reste zusammengefaßt haben. Am 27.09.1905 (GA 93a) und am 26.08.1906 (GA 95) schildert Steiner die Möglichkeit, daß sich ein Mensch in der geistigen Welt zu einer neuen Inkarnation anschickt und sich sein alter Astralleib, den er nach dem Tod abgelegt hat, noch nicht vollständig aufgelöst hat. Dieser Rest des alten Astralleibes fließt auf dem Weg zur Inkarnation in den neuen Astralleib mit ein und kann sich dann nach Steiner im neuen Erdenleben als schweres Schicksal auswirken, das der Mensch mit durchs Leben schleppt. Wir haben es hier mit nichtaufgelösten Resten aus dem vorigen Leben zu tun, die sich im jetzigen Erdenleben hinderlich auswirken, z.B. den Menschen in Träumen quälen können. Nun sagt Steiner auch, daß dieser alte Astralleibrest leicht heraustreten und dem Menschen als Doppelgänger erscheinen könne, weil er nicht fest mit den anderen menschlichen Wesensgliedern verbunden sei (vgl. GA 95/1978/26.08.1906/S.47 f.). Können Sie einmal ein weiteres Beispiel nennen, wie sich diese Reste des alten Astralleibes auswirken können?

O. Koob: Dazu wäre zunächst anzumerken, daß es für das Alltagsbewußtsein selbstverständlich sehr schwierig ist, zu einer klaren Beurteilung eines Menschen zu kommen, weil nicht eindeutig zu unterscheiden ist, ob bestimmte Eigenschaften und Verhaltensweisen dem Charakter eines Menschen zuzuordnen sind oder ob hier karmische Reste, Erziehungsfehler o.ä. wirksam werden. Letztendlich ist schwer zu entscheiden, auf welche Weise sich ein Mensch bestimmte Fehler und Schwächen erworben hat. Man kann eigentlich nur versuchen, das im Laufe der Zeit vorsichtig abzuspüren.

Es gibt einige Phänomene, bei denen ich vermute, daß sie mit dieser von Steiner geschilderten Doppelgängerwirksamkeit zu tun haben können. Es kommt vor, daß Menschen in extremen Situationen plötzlich eine ganz andere Gewohnheit an den Tag legen oder auch eine deutlich andere Physiognomie bekommen. Solche Beobachtungen sollten einen allerdings nicht dazu verleiten, vorschnelle Festlegungen vorzunehmen oder bestimmte schematische Regeln daraus abzuleiten. Aber es gab in meinem Leben Situationen, in denen es in dem jeweiligen sozialen Zusammenhang um ganz wichtige Entscheidungen ging, die nicht allein aus dem Alltagsbewußtsein heraus zu treffen waren, sondern die wirklich an die Essenz, die tieferen Willensschichten und die eigene wahre Gesinnung heranreichten. In solchen Situationen habe ich es erlebt, daß sich ein Mensch plötzlich derart verwandelt hat, daß man von ihm einen ganz anderen Eindruck bekam. Man hat dann auf einmal die ganz starke Empfindung, jemanden vor sich zu haben, der irgendwann einmal ein alter Inquisitor, Erzbischof oder ähnliches gewesen sein muß. Man erkennt dann den Menschen in seinen Blicken und Worten nicht mehr wieder. Zu solchen Empfindungen kann man in manchen Situation kommen, und es ist so, als würde sich dieser Mensch auf einmal selbst überragen.

Der ahrimanische Doppelgänger in jedem Menschen

K.-D.N.: Den allgemein-menschlichen Doppelgänger, den Sie vorhin angesprochen haben, beschreibt Steiner in der Weise, daß vor der Geburt ein ahrimanisches Wesen in den physischen Leib jedes Menschen hineinschlüpfe. Dieses Wesen sei sehr intelligent, habe einen starken Willen, und durch ihn wirkten die Kräfte der jeweiligen geographischen Verhältnisse auf den Menschen ein. Dieser Doppelgänger begleite jeden Menschen durch das ganze Leben. Können Sie einmal einige Auswirkungen dieses Doppelgängers im menschlichen Leben benennen?

O. Koob: Dieses objektive Doppelgängerwirken entzieht sich insofern unserer Verantwortung, als wir an seinem Zustandekommen nicht mitwirken. Denn dieser Doppelgänger ist eine objektive, konstitutionelle Kraft in uns, die sich in jedem Menschen verleiblicht. Beispiele für das Erleben dieses Doppelgängers beziehen sich meines Wissens hauptsächlich auf die Zeit kurz vor dem Tod. Steiner schildert, daß dieser ahrimanische Doppelgänger den Menschen kurz vor dem Tod wieder verlassen müsse. Sterbende erzählen manchmal, daß sie gesehen hätten, wie jemand durch die Tür gegangen sei. Bekannt sind ja auch die Berichte, daß Menschen in der Zeit vor ihrem Tod eine Wesensverwandlung durchmachen und sich plötzlich ausgesprochen negativ verhalten und äußern. Das ist für die nahen Verwandten und Freunde manchmal schwer zu ertragen.

Während des Lebens äußern sich die Kräfte dieses Doppelgängers meines Erachtens vornehmlich leiblich und haben dadurch indirekt auch einen Einfluß auf das Seelenleben. Daraus könnte man eine geographische Medizin entwickeln, die der Frage nachgeht, welche unterschiedlichen Wirkungen in den verschiedenen Ländern, Landschaften und Kontinenten von diesem Doppelgänger auf den physischen Leib des Menschen ausgehen. Wie wirkt er im Westen, wie im Osten und wie in der Mitte Europas? Es ist ganz offenkundig, daß die geographischen Verhältnisse wie Bodenbeschaffenheit und Klima auf den Menschen einwirken.

K.-D.N.: Wobei für mich einfacher nachzuvollziehen ist, daß unsere seelische Befindlichkeit davon tangiert wird. Das dürfte den meisten Menschen deutlich sein, daß das seelische Erleben ein anderes ist – wenn auch manchmal nur in Nuancen –, wenn man sich in anderen klimatischen Zonen oder auf anderen Kontinenten aufhält.

Das kann auch extreme Formen annehmen. Ein Bekannter von mir ist in Frankfurt a.M. geboren und aufgewachsen. Seine Mutter war Deutsche, sein Vater amerikanischer Soldat, und er hatte die amerikanische Staatsbürgerschaft. Er hat seine ganze Kindheit und Jugend in Frankfurt a.M. verbracht und kam dann, als er etwa 20 Jahre war, mit dem Gesetz in Konflikt, weil er mit Drogen gehandelt hatte. Das führte zu der Kuriosität, daß er infolgedessen in die USA ausgewiesen wurde, obwohl er dort noch nie gewesen war und sich eigentlich als Deutscher empfand. Nun trat die Merkwürdigkeit ein, daß er in den USA ständig mit gravierenden psychischen Problemen zu kämpfen hatte, die vorher nie aufgetreten waren und die sich auch schlagartig beruhigten, als es ihm gelang, zu Besuch nach Deutschland zu kommen und sich einige Zeit hier aufzuhalten. Sobald er wieder in die USA zurückgekehrt war, traten die Probleme wieder auf. Er hat mir dieses Wechselspiel eindringlich geschildert, und ihm war klar, daß ihn die geographischen Verhältnisse auf dem amerikanischen Kontinent krankmachten. Er bemühte sich viele Jahre vergeblich, für immer nach Deutschland zurückkehren zu dürfen.

Seine Schilderungen – anthroposophische Darstellungen kannte er übrigens nicht – waren für mich gut nachvollziehbar, da auch ich die Wirkung der geographischen Verhältnisse in Amerika deutlich spürte, wenn auch nicht in diesem Extrem. Für mich waren auch deutliche Empfindungsunterschiede im Osten und im Westen der USA festzustellen, die sich im übrigen auch in den verschiedenen Lebensarten und Geisteshaltungen der Menschen an der Ostküste und der Menschen an der Westküste ablesen lassen. Generell kann man sagen, daß der Wille im individuellen und sozialen Leben in den USA eine wesentlich stärkere Rolle spielt als bei uns in Europa. – Haben Sie auf Ihren Vortragsreisen in den USA ähnliche Erfahrungen gemacht?

O. Koob: Besonders im Westen der USA, in dem der elektrisch-magnetische Organismus besonders stark zu spüren ist, habe ich bis in das Leibliche hinein Phänomene erlebt, die mit den geographischen Naturkräften zusammenhängen. An bestimmten Orten konnte man geradezu das Gefühl haben, daß man durch diese Kräfte in die Erde hineingesaugt wird. Das kann man physisch spüren. Und an meinem Onkel, der als Deutscher viele Jahrzehnte in den USA gelebt hat, konnte ich auch das interessante Phänomen beobachten, daß sich im Laufe der Zeit tatsächlich seine Physiognomie veränderte. Alles in allem bekommt man den Eindruck, daß die Menschen in den USA stärker in den Boden gezogen werden.

Rudolf Steiner sagt über diesen Doppelgänger, daß er einerseits stark im Intellektuellen und andererseits im Willen des Menschen wirke, nicht aber im Gemüt. Es wäre sicher interessant, unter diesen Aspekten eine völkerpsychologische Untersuchung durchzuführen. Ohne zu schematisch oder gar diskriminierend zu werden, könnte man z.B. feststellen, daß eine einseitig stark getriebene Willenskraft sich auch bis in die Physiognomie ausprägt. Genauso könnte man untersuchen, welche spezifischen Krankheiten in bestimmten Ländern gehäuft auftreten, wie Krankheiten sich äußern und auch wie sie bevorzugt behandelt werden.

Die amerikanische Journalistin Lynn Payer hat in ihrem Buch „Medicine and Culture“ (New York 1988) dazu einige sehr interessante Aspekte zusammengetragen. Sie hat einen aufschlußreichen Kulturvergleich zwischen den USA und einigen europäischen Ländern angestellt. Es ist allein schon vielsagend, daß die Überschrift zum amerikanischen Kapitel „The Virus in the Machine“ heißt, was darauf hinweist, wie mechanisiert das medizinische Denken in den USA geworden ist und wie stark es sich auf Stoffe, auf Materielles bezieht.

Ich habe einmal eine Zeitlang in einer amerikanischen Arztpraxis gearbeitet. Wenn die Patienten dort fragen: „Was fehlt mir?“, dann kann man davon ausgehen, daß sich diese Frage in erster Linie darauf bezieht, welche Stoffe, welche Vitamine, Hormone u.ä. einem wohl fehlen. Es ist in den USA auch durchgängig verbreitet, daß ständig irgendwelche Mineralstoffe, Spurenelemente, Vitamine usw. als Nahrungsmittelergänzung eingenommen werden. Das fängt schon morgens beim Frühstück an, und man hat den Eindruck, daß die Menschen geradezu durchmineralisiert sind. Dahinter steht eine stark einseitige stoffliche Interpretation des Menschen und der Welt.

Der kleine Hüter der Schwelle als Beschützer

K.-D.N.: Schauen wir jetzt einmal auf das Doppelgängererlebnis, das Rudolf Steiner als Begegnung mit dem kleinen Hüter der Schwelle beschreibt. Ein Mensch, der auf dem Schulungsweg zur Erkenntnis der geistigen Welt aufsteigt, kommt notwendigerweise zu einer Begegnung mit dem kleinen Hüter der Schwelle, der ihm in einem Doppelgängererlebnis alle seine negativen Anteile und Unvollkommenheiten spiegelt. So gelangt er zu einer erschütternden und umfassenden Selbsterkenntnis, die es ihm überhaupt erst möglich macht, die Wirklichkeit der geistigen Welt unverfälscht aufzunehmen.

Ohne eine solche tiefgreifende Selbsterkenntnis wird die Wirklichkeit der geistigen Welt ständig durch das eigene Selbst, durch alles, was sich an das Ich geheftet hat, gefiltert, verzerrt und verfälscht. Das eigene Selbst wirkt sonst mit all seinen Unvollkommenheiten und Schattenanteilen so in der Wahrnehmung und im Erleben der geistigen Welt mit, daß man nicht mehr zu unterscheiden vermag, was Wirklichkeit, subjektive Färbung oder Illusion ist. – Kann man den kleinen Hüter der Schwelle auch als Beschützer des Menschen auffassen?

O. Koob: Ja. Vorhin habe ich bereits geschildert, daß man in bestimmten Extremsituationen, z.B. ausgelöst durch eine körperliche Erschöpfung oder Krankheit, ein Doppelgängererlebnis bis hin zur Visualisierung haben kann. Die Begegnung mit dem kleinen Hüter der Schwelle ist auch eine Ausnahmesituation, in die man durch geistige Schulung gelangen kann und in der man erlebt, daß der kleine Hüter der Schwelle ein Wesen ist, das den Menschen davor beschützt, unvorbereitet in diesen geistigen Bereich hineinzuragen. Das Doppelgängererlebnis, das man dann durch den kleinen Hüter der Schwelle notwendigerweise hat, ist ein Segen für den Menschen, der sonst ungeschützt allen möglichen Erlebnissen und Illusionen ausgesetzt wäre, mit denen er nicht mehr vernünftig umgehen könnte.

Viele Drogenerfahrungen, z.B. mit Peyote, durch die man zu gewissen Schauungen und Erlebnissen der geistigen Welt kommt, zeigen sehr deutlich, daß man zunächst gar nicht unterscheiden kann, was das Eigene und was das Fremde ist. Es wird überhaupt nicht klar, ob man nun eine geistige Wirklichkeit, eigene Projektionen, Filterungen oder auch eigene innere organische Prozesse erlebt. Das kann alles mögliche sein: von projizierten eigenen Wünschen und Vorstellungen bis hin zu den Auswirkungen einer Krankheit. Hinzu kommt, daß massive Elementarerlebnisse von zerstörerischen Kräften und überwältigende Ängste auftauchen können, denen man kaum gewachsen ist. Welche Gefahren das in sich birgt, kann man allein daran ermessen, daß viele Menschen durch ein solches Drogenerlebnis schwere psychische Schäden davontragen, die sehr nachhaltig sein können.

K.-D.N.: Werden in diesem Doppelgängererlebnis sämtliche Aspekte des Doppelgängerwirkens, die wir angesprochen haben, in einer Gestalt sichtbar und erlebbar?

O. Koob: Ja, ich denke schon. Denn in dieser Ausnahmesituation sieht man sich noch einmal, aber in seinen ganzen negativen Anteilen, deren man sich vorher nicht bewußt war. In der „Geheimwissenschaft im Umriß" ist geschildert, daß viele unserer negativen Anteile im Alltag verborgen und verdrängt bleiben, weil wir uns ihrer schämen. Es ist aber eine Signatur unserer Zeit, daß im Zusammenhang mit dem unbewußten Schwellenübertritt der Menschheit die Schattenanteile auch im alltäglichen Leben immer stärker zum Vorschein kommen. Demgegenüber besteht der wesentliche Unterschied des bewußten Schwellenübertritts darin, daß dieses geistige Wesen des kleinen Hüters der Schwelle dem Menschen nun schonungslos alle seine negativen Anteile spiegelt und ihn auffordert, Verantwortung dafür zu übernehmen. Indem der Mensch vor diesem Anblick nicht mehr bewahrt bleibt, wird auch seine Verantwortung klar, die negativen Seiten in sich anzuerkennen und umzuwandeln.

Ich denke, man sollte nicht dabei stehenbleiben, dieses Doppelgängererlebnis mit dem kleinen Hüter der Schwelle als ein singuläres Ereignis zu betrachten, sondern sich vielmehr fragen, ob wir heute nicht schon Erfahrungen haben, die auf dieses Erlebnis hindeuten. Inwieweit leben in unserem Bewußtsein schon solche Selbstbegegnungen, durch die wir einen Ansporn empfinden, auch für unsere Negativseite Verantwortung zu übernehmen? Wir müssen lernen zu akzeptieren, daß jeder Mensch einen Doppelgänger hat, der gewissermaßen eine zweite Persönlichkeit in uns darstellt, die sich normalerweise zwar unserem Bewußtsein entzieht, für die wir aber letztendlich genauso verantwortlich sind wie für unsere Alltagspersönlichkeit. Man kann davon ausgehen, daß das Wissen um den Doppelgänger in Zukunft zunehmen und auch eine größere Rolle spielen wird, z.B. in der Erziehung, Medizin, Therapie oder auch im Strafvollzug.

Wenn die Dämonen sich in Doppelgängerschlachten austoben

K.-D.N.: Können Sie einmal darstellen, wie Doppelgänger im sozialen Zusammenhang einer Menschengruppe wirken? Wie kommt es z.B. zu sogenannten Doppelgängerschlachten, in denen keine sachgemäße Auseinandersetzung mehr möglich ist?

O. Koob: Entsprechende Phänomene lassen sich in jeder Menschengruppe beobachten, sei es nun in Einrichtungen, am Arbeitsplatz oder in Partnerschaft und Familie. Wenn man sich dieser Problematik nicht bewußt ist, dann kann es vorkommen, daß in bestimmten Situationen, in denen z.B. gewisse Begehrungen nicht erfüllt werden und auch kein Verständnis für den anderen da ist, die Menschen derart aneinandergeraten und sich Egoismen, Eitelkeiten, Ehrgeiz usw. dermaßen verstärken, daß die Sache nach einer Weile eigentlich keine Rolle mehr spielt, sondern nur noch die persönlichen Unzulänglichkeiten, Verletztheiten, Machtgelüste usw. Die Sache wird immer mehr aus dem Auge verloren, weil die persönlichen Eitelkeiten im Vordergrund stehen. Man kann dann auch kaum noch korrigierend eingreifen, weil sich der gesamte Gruppenprozeß immer mehr verselbständigt. Es geht nicht mehr um die Sache, es geht aber auch nicht mehr um die Menschen, sondern die Doppelgänger haben das Feld besetzt und gehen aufeinander los. In einer größeren Gruppe bilden sich dann oft zwei Parteien, deren Doppelgänger sich solidarisieren und weiter hochschaukeln.

Auch bei Ehe- und Partnerschaftsproblemen liegt oft eine Verstrickung der Doppelgänger vor. Die Doppelgänger sind dann geradezu aufeinander angewiesen, weil sie den anderen als Gegner brauchen, um das eigene Verhalten abzustützen. Wenn es zu einer Trennung kommt, fallen auch manche deswegen ins Nichts, weil ihnen der Gegner abhanden gekommen ist. Getrieben von ihrem Doppelgänger wird dann schnell nach einem Ersatz gesucht, auf den sich der eigene Schatten richten kann und durch den das Doppelgängerwirken weitere Nahrung erhält.

Es ist ungemein schwierig, in einem Gruppenprozeß, in dem einige Beteiligte ihrem Doppelgängerwirken immer mehr unterliegen, korrigierend einzugreifen, weil sie keinen klaren Zugang mehr zur Sache und zu den anderen Menschen haben. Der Doppelgänger verfälscht die ganze Situation und verhindert eine sachgemäße Wahrnehmung der Wirklichkeit. Die betreffenden Menschen werden zunehmend identisch mit ihren

Die Zwietracht
Grandville (Jean-Ignace-Isidore Gérard, 1803–1847)

negativen Kräften und nehmen die gesamte Situation nur noch durch den verfälschenden Filter ihrer eigenen Schattenanteile wahr. Vorurteile, Neid, Mißgunst, Beleidigungen und Verletzungen ergeben schließlich ein Gewirr der Unwahrhaftigkeit, das ohne den Einsatz therapeutischer Mittel nicht mehr aufzuhellen ist. Das sind ungeheure Energien, die sich Bahn brechen und immer weiter hochgeschaukelt werden, insbesondere wenn sich dann auch noch mehrere Doppelgänger zu einer Art Gruppendämon zusammenschließen.

Wenn man dann versucht, diesem Doppelgängerwirken entgegenzutreten, es klar zu benennen und ans Tageslicht zu bringen, dann schlagen die Doppelgänger dermaßen los, wie ein Dämonenspuk, daß man sehr, sehr aufpassen muß, nicht verlockt zu werden, mit gleicher Münze heimzuzahlen. Man trägt ja auch solche Kräfte in sich, und man muß sich hüten, daß man ihnen nicht nachgibt und genauso reagiert, denn das ist Nahrung für die Dämonen. Es ist nicht einfach, den Geist in der Flasche zu lassen und nicht von den eigenen Eitelkeiten, Verletzungen, Rachegelüsten usw. übermannt zu werden.

„Man muß die Dämonen aushungern“

K.-D.N.: Nehmen wir einmal an, man sitzt in einer Runde – z.B. in einer Konferenz oder einer Gesprächsgruppe – und wird ständig von einigen übelwollenden Teilnehmern bzw. Teilnehmerinnen unterbrochen, attackiert, beleidigt und mit allen möglichen Verleumdungen und Lügen konfrontiert. Wie soll man dann noch vernünftig und besonnen reagieren, zumal wenn es sich dabei um Menschen handelt, die sich ganz offenkundig, zumindest partiell, jenseits des Gesunden bewegen? Ich habe eine solche Situation erst vor kurzem monatelang in einer anthroposophischen Gruppe mitgemacht und letztlich keine andere Möglichkeit mehr gesehen, als zusammen mit einigen anderen das Feld zu räumen, weil es einfach zu viel Kraft kostete und keinen Sinn mehr machte, den Dämonendompteur zu spielen. Es war einfach nicht mehr möglich, das Gewirr aus Verletzungen, Neid, Mißgunst, Haß, Machtgier, Verlogenheit und sachlicher Inkompetenz korrigierend zu durchdringen.

O. Koob: Wenn ein Mensch kein Bewußtsein seiner Schattenanteile hat, wenn er sich selbst ständig mit seinem Doppelgängerwirken verwechselt, wenn er also kein übender Mensch ist, der hier unterscheiden kann, dann ist es wirklich schwierig, ihn in seinem eigentlichen Menschsein zu erreichen und in seinen positiven Seiten anzusprechen. Und es ist dann auch schwer, das eigene Doppelgängerwirken im Zaum zu halten.

Es gibt zu dieser Problematik eine Aussage Rudolf Steiners, über die ich oft intensiv nachgedacht habe: „Man muß die Dämonen aushungern." Man kann die Dämonen nicht direkt bekämpfen, etwa indem man mit gleicher Energie zurückschlägt, sondern man muß sie aushungern. Das ist ja gerade das Dämonische, daß solche Doppelgängerattacken auch den anderen Menschen stimulieren wollen, diese negativen Kräfte zu entfalten und den dämonisch-dynamischen Prozeß zu nähren. Niemand ist frei davon, und manchmal ist es auch gut und hilfreich, wenn man trotz aller Verletzungen über den Schatten der eigenen Eitelkeiten springt und einfach gar nichts sagt. Das auszuhalten ist schwer. Es nimmt aber einem explosiven Gemisch oftmals die Schärfe. Und es besteht zumindest die Chance, daß die Doppelgängeraufwallungen zumindest ein Stückweit ins Leere laufen und sich wieder beruhigen, so daß die eigentliche Sache und das wirklich Menschliche nicht ganz aus den Augen verloren werden.

Das muß eine immerwährende Übung im täglichen Leben sein: Wie erkennen wir unsere eigenen Doppelgängeranteile, wie können wir sie beherrschen und verwandeln? Und wie kann es uns gelingen, durch die Wand des Doppelgängerwirkens den anderen Menschen in seinem wahren Menschsein, in seinem eigentlichen Wesen anzusprechen und seine positiven Seiten, seine Entwicklungsfähigkeit zu stärken? Das ist oft eine Gratwanderung, die eigentlich nur gelingen kann, wenn auf beiden Seiten genügend guter Wille vorhanden ist. Dazu gehört natürlich auch, daß man in einem Gruppenprozeß das ursprünglich gemeinsame Ziel im Auge behält. Dabei ist es wenig hilfreich, sich auf die negative Seite des anderen zu fixieren und immer wieder darauf anzuspringen. Das ist kontraproduktiv, wenn man immer wieder darauf eingeht.

Ich habe in solchen Prozessen die wichtige Erfahrung gemacht, daß das eigene Bemühen, nicht ständig zuzuschnappen, wenn der andere seinen negativen und zerstörerischen Anteilen freien Lauf läßt, sondern trotzdem zu versuchen, das Positive in ihm zu suchen und anzusprechen, zu einer Beruhigung führen kann. Die Motivation, diesen Willen und Mut aufzubringen, kann man aus dem gemeinsamen Ziel gewinnen und auch aus der Erkenntnis, daß man selbst von solchen Kräften nicht frei ist. Oft ist man sich auch nicht bewußt, daß man an dem anderen schuldig geworden ist, ihn verletzt oder enttäuscht hat. Oft hat sich in dem anderen über die Zeit eine ganze Menge angesammelt, und irgendwann wird dann die Gelegen-

Dämon verschlingt einen anderen Dämon
(Skulptur unbekannter Herkunft)

heit benutzt, einem sozusagen alles Negative ins Gesicht zu husten. Diese Möglichkeit miteinzubeziehen und die Anwürfe des anderen auszuhalten setzt eine innere Stärke und Gelassenheit voraus, die wir uns erübend aneignen müssen. Letztlich geht es darum, im Laufe der Zeit ein gesundes Selbstempfinden zu entwickeln und gewissermaßen mit sich und der Welt ins Reine zu kommen.

K.-D.N.: Manchmal kann man auch nur noch das Weite suchen.

O. Koob: Sicher, das gibt es auch, daß man eine verkorkste Situation sich selbst überlassen muß. Manchmal stürzt das ganze Schauspiel dann ja auch in sich selbst zusammen. Wenn man keine genügende Unterstützung im Bemühen um eine sachliche und menschliche Auseinandersetzung erfährt, wenn sich dafür keine Ansatzpunkte mehr bieten und man nur noch in den Abgrund hinabgezogen werden soll, bleibt einem nichts anderes übrig, als zu gehen.

Fichte hat einmal sinngemäß gesagt: Wenn man eine Unwahrheit lange genug wiederholt, wird sie zur Wahrheit. – Wenn sich in den Menschen festgesetzt hat, daß das Falsche wahr ist, wie will man es dann widerlegen? Manchmal kann man dann auch erleben, daß jemand nicht mehr willens und auch nicht mehr in der Lage ist, überhaupt aufzunehmen, was man ihm sagt. Ich denke, jeder kennt so eine Situation. Mit Händen und Füßen, mit allen erdenklichen Winkelzügen, mit Geheul und Geschrei wird jeder Versuch einer versachlichten Auseinandersetzung abgewehrt. Man kommt dann mit Worten nicht mehr durch. Wenn das ein Dauerzustand bleibt und alle ernsthaften Versuche einer Änderung scheitern, dann hat es eben manchmal auch seine Berechtigung, daß man sich trennt.

Die eigenen dunklen Anteile werden auf das Feindbild projiziert

K.-D.N.: Wenn solche Turbulenzen und Dämonien ausbrechen, kann man oft beobachten, daß der Mensch, der nun attackiert wird, eigentlich gar nicht wahrgenommen wird. Vielmehr wird ein Pappkamerad aus den eigenen Vorurteilen und Doppelgängeranteilen aufgebaut, der nun beschossen wird. Mit dem anderen Menschen, seinen positiven Eigenschaften und Leistungen hat das meist gar nichts zu tun. Die eigenen dunklen Anteile, die einem nicht hinlänglich bewußt sind, werden auf das Feindbild projiziert.

O. Koob: Das ist ein bekanntes Phänomen, das man auch geisteswissenschaftlich begründen kann. Die Schilderung, die Steiner in der „Geheimwissenschaft im Umriß“ gibt, zeigt zwei Gesten, die mit dem Doppelgänger ganz eng verbunden sind. Die eine Geste ist die sogenannte Projektion, daß man also eigene Anteile nach außen in die Dinge hineinprojiziert. Das ist auch in der Psychologie hinlänglich bekannt, daß die eigenen Schattenanteile, das Dunkle, auf das Fremde projiziert werden und es so zum Feind machen, vor dem man sich ängstigt und den man haßt. Daraus resultieren dann z.B. Rassismus und Fremdenhaß. Das ist ein unbewußter Mechanismus, der auf eine Entlastung des eigenen Doppelgängers zielt.

Die zweite Geste liegt darin, daß man die Dinge, die auf einen zukommen, aufgrund der eigenen Doppelgängerkräfte falsch interpretiert. Man interpretiert die Welt für sich, ohne tatsächlich zur Wirklichkeit vorzudringen. Auch das betrifft jeden Menschen, daß dem Irrtum und der Verfälschung der Wirklichkeit immer Tür und Tor geöffnet sind. Selbstverständlich ist hier die Spannbreite sehr groß. Das reicht von festgefahrenen Lieblingsmeinungen über vermeintliche geistige Erkenntnisse, die man z.B. über seine vorherige Inkarnation zu haben glaubt, bis hin zum Wahnsinn. Wie auch immer das beim einzelnen aussehen mag: Wenn man Alltagssituationen nicht mehr nüchtern anschauen kann, dann ist das ein Alarmsignal, daß die Grenze des Gesunden überschritten ist. Wohl dem, der dann Freunde hat, die das rechtzeitig erkennen und liebevoll korrigierend eingreifen können. Man bedarf dann wirklich der Hilfe. Festzuhalten bleibt, daß jeder Mensch der Tendenz unterliegt, die Wirklichkeit so zu interpretieren und zu verfremden, daß sie ihm paßt.

Diese zwei Gesten des Doppelgängerwirkens sind eine fundamentale Erkenntnis, die Steiner in der „Geheimwissenschaft“ beschreibt und die man im täglichen Leben vielfältigst erleben kann. In einem anderen Zusammenhang benutzt er mal den Begriff Vorstellungsgespenster, den man auch auf den Vorgang, daß ein anderer Mensch nur als Zielscheibe benutzt wird, anwenden kann. Es werden ständig Vorstellungsgespenster erzeugt, die dann zunehmend an Eigenleben gewinnen. Das kennt doch auch jeder aus seinem Leben, daß andere mit Bildern von einem selbst jahre- und jahrzehntelang durch die Welt laufen, die nichts mit einem zu tun haben. Im schlimmsten Fall sind das dann Verleumdungen übelster Art, die immer weiter fortgetragen werden. Scheinbar haben sich solche Menschen in ihr eigenes Vorstellungsgespenst verguckt.

K.-D.N.: Sie haben sich nicht verliebt, sondern verhaßt.

O. Koob: Genau, und das ist dann wieder eine ganz spezielle Art von Doppelgänger, der von einem durch die Lande geht. Meist sind das ja sogar mehrere. Wenn man dann genau hinsieht, über wen die Menschen eigentlich reden, wenn sie solche Vorstellungsgespenster nähren, dann entdeckt man eben hauptsächlich Anteile dieser Menschen darinnen. Das ist das altbekannte menschheitliche Phänomen des Tratsches, der meist mehr über die Menschen aussagt, die sich daran beteiligen, als über den, der Gegenstand des Tratsches ist.

Krankmachende Tendenzen

K.-D.N.: Sie erwähnten bereits, daß dem Wirken ahrimanischer Kräfte in der Welt eine verhärtende Tendenz eigen ist, den luziferischen Kräften eine auflösende. Diese polaren Kräfte wirken auch im menschlichen Organismus. Welche organischen und seelischen Krankheiten können tendenziell durch diese Kräfte ausgelöst werden?

O. Koob: Das Wirken dieser Weltenkräfte kann man urbildlich so charakterisieren, daß auf der einen Seite Kräfte im Menschen wirken, die etwas konsolidieren, ins Knochige und Mineralische hineinbringen wollen, und auf der anderen Seite Kräfte, die das Mineralische immer auflösen wollen. In der anthroposophischen Medizin bezeichnen wir die verhärtenden Kräfte als sklerotisch und die auflösenden als entzündlich.

Wenn man nun davon ausgeht, daß leibliche Krankheiten oft seelisch bedingt sind, dann kann man auch einen Zusammenhang feststellen zwischen seelischen Abschnürungsprozessen, in denen etwas verdrängt wird und ein eigenständiges Leben gewinnt, und bestimmten leiblichen Symptomen. Rudolf Steiner würde diese Einschlüsse und Abschnürungen neurasthenische Krankheiten nennen, die sehr stark mit dem intellektuellen Anteil der Seele und dem Nervensystem zu tun haben. Die können auf psychische Erscheinungen, wie z.B. Depressionen, einwirken, aber in der Folge auch leibliche Symptome verursachen, wie z.B. Muskelverhärtungen, Stoffwechselerkrankungen, Stauungen, Verstopfungen, Auskühlungen usw. Die Tendenz der Verdrängung und Abspaltung läßt sich im Organischen bis in die Krebserkrankung verfolgen, in der sich auch etwas verselbständigt, vor sich hin wuchert und letztendlich das Ganze zerstört. Man kann also im Seelischen von sklerotischen Erkrankungen sprechen, z.B. wenn sich jemand nur noch in Denk- und Gefühlsmustern bewegt, und auch die leiblichen Folgen weisen immer dieses absiedelnde, verhärtende und sklerotische Element auf. Das ist die Grundtendenz.

Auf der anderen Seite führen zu starke auflösende Tendenzen im Seelischen dazu, daß man ständig über sich hinausragt, gewissermaßen die Form verliert, die einen beisammenhält, und daß das Gedankliche fortwährend im Gefühlsleben ersäuft. Man ragt heraus und ist außer sich. Diese auflösenden Erscheinungen bezeichnet man als hysterische Krankheiten, in denen die Gefühlswogen ständig überschwappen und die Tatsachenzusammenhänge auflösen. Im Leiblichen entsprechen dem die entzündlichen Krankheiten. Hier haben wir heute die zusätzliche Problematik, daß Entzündungen und Fieber von Jugend an weitestgehend mit Antibiotika, Antipyretika, Kortison usw. bekämpft werden. Dadurch kommen die Menschen heute insgesamt immer mehr in ein chronifizierendes auskühlendes Element hinein. So kann man heute auch deutlich feststellen, daß die ahrimanischen Krankheiten auf dem Vormarsch sind. Das läßt sich z.B. an der Häufung von Depressionen und Neurosen ablesen.

K.-D.N.: Steiner bezeichnet den Doppelgänger als Urheber von Krankheiten. Wie kann man das verstehen?

O. Koob: Er sagt sogar, daß der Doppelgänger, der als ahrimanisches Wesen kurz vor der Geburt in jeden Menschen hineinschlüpft, Urheber aller inneren Krankheiten sei (vgl. GA 178/1980/16.11.1917/S.60 ff.). Das ist mir immer noch ein Rätsel. Ich kann mir das nur so erklären, daß dieses Wesen, das mit den elektrisch-magnetischen Kräften verwandt ist, Kräfte im Menschen entfaltet, die seine inneren Organe zerstören können. Worauf auch immer eine Krankheit letztlich zurückzuführen ist, ob dabei physische, seelische oder auch karmische Ursachen eine Rolle spielen, daß überhaupt die Möglichkeit zur Krankheit besteht, ist auf dieses Wesen zurückzuführen. Es schafft ursächlich überhaupt erst die Möglichkeit, daß organische Substanz, die aus ätherischen und aufbauenden Kräften besteht, abgebaut und zerstört werden kann.

Wir haben es dann mit vereinseitigten und deplazierten Kräften zu tun, die nicht an das Stoffwechselsystem, sondern an das Nervensinnessystem gebunden sind. Das sind die das Leben abbauenden und zerstörenden Kräfte. Wenn die Lebenskräfte im Nervensinnessystem nicht zurückgedrängt werden würden, könnten wir kein Bewußtsein entwickeln. Diese Kräfte haben also ihren Ort, an dem sie notwendigerweise und sinnvoll wirken. Sie können aber auch zerstören und Krankheiten verursachen, wenn sie vereinseitigen, über das gesunde Maß hinausschießen oder am falschen Ort wirken.

Suchterkrankungen und Doppelgängerwirken

K.-D.N.: Kann man Suchterkrankungen im Zusammenhang mit dem Doppelgängerwirken sehen?

O. Koob: In meiner Arbeit mit Drogensüchtigen habe ich viele Erfahrungen gemacht, die hier auf einen Zusammenhang deuten. In vielen Fällen macht sich bei Menschen ein starker Drang zur Betäubung geltend, wenn sie auf die negativen Kräfte in ihrem Leben stoßen und das Bild, das sie von sich selbst hatten, dadurch erschüttert wird. Oft gehen Depressionen damit einher. Das kann natürlich sehr unterschiedlich gelagert sein. Zum einen ist es für die meisten Menschen schwer zu ertragen, daß ihre zu positive Selbsteinschätzung durch das Eingeständnis ihrer massiven negativen Anteile erschüttert wird, so daß die innere Stimme, die man auch als Stimme des Gewissens bezeichnen kann, nicht ertragen und durch Drogen betäubt wird. Zum anderen, was auch sehr oft der Fall ist, kann auch die Verdrängung von starken negativen Erlebnissen – wie z.B. sexueller Mißbrauch –, die einem in der Kindheit und Jugend zugefügt wurden und die ein zerstörerisches Wirken in einem entfalten, eine große Rolle dabei spielen, wenn ein Mensch zur Droge greift. Die Droge erfüllt so den Zweck, einen starken inneren Schmerz zu betäuben.

Ein weiterer Aspekt ist meines Erachtens in dem Wirken der vorhin genannten karmischen Reste zu sehen, der unverarbeiteten Reste aus dem Schicksalsgang, die sich geltend machen. So kann man z.B. bei manchen Menschen den Eindruck haben, daß sie zwar in Mitteleuropa leben, aber hier eigentlich nicht zu Hause sind. Sie können sich weder mit ihrer Familie noch mit dem Volk oder der Landschaft identifizieren, und sie fühlen sich in unserer Kultur heimatlos. Sie sind ständig von einer unbestimmten Sehnsucht nach einer anderen Kultur getrieben. Manche ziehen dann auch die Konsequenz daraus und gehen z.B. nach Indien oder in andere Länder, in denen sie sich weit besser aufgehoben fühlen als hier in Mitteleuropa. Vor diesem Hintergrund haben wir in der Therapie für einige Betroffene auch Reisen durchgeführt, z.B. nach Israel oder Indien, und dabei die Feststellung machen können, daß sich die Sucht bei vielen tatsächlich beruhigte. Das legt den Gedanken nahe, daß es Menschen gibt, die u.a. auch deswegen zur Droge greifen, weil sie Reste in sich tragen, die sie mit ganz anderen Kulturen verbinden und aus denen ein Gefühl der Fremdheit und Heimatlosigkeit gegenüber den kulturellen Verhältnissen resultiert, in die sie hineingeboren wurden. Mit Hilfe der Drogen wird dann versucht, diese Empfindung zu betäuben oder zu manipulieren, z.B. weil man sich erhofft, an vergangene indianische oder schamanistische Riten und Kulturfragmente anknüpfen und sie in sich verlebendigen zu können.

Diese Aussagen sollte man allerdings nicht generalisieren, sondern immer im Einzelfall abprüfen, was wirklich vorliegt. Mit solchen Fragestellungen kann man dann unter Umständen zu aufschlußreichen Beobachtungen kommen. Bei einem Drogenpatienten aus der Schweiz hatte ich z.B. den Eindruck, daß er in seinen sämtlichen Gewohnheiten und bis in die Physiognomie hinein etwas Indianisches in sich trug. Er hat mich immer an einen Indianer erinnert. Er ist oft ins Elsaß gefahren und hat dort Pilze – Psilozybin – gesammelt und eingenommen. Er hat mir erzählt, daß er sich mit den Bäumen ganz eng verbunden fühlte und unter der Wirkung von Psilozybin in die Bäume hineinschlüpfen konnte. Er ging mit seinem Bewußtsein in der Naturgeistigkeit auf, was ja auch ein Element der indianischen Kultur ist.

Vielen fällt es immer schwerer, mit ihrem Leben zurechtzukommen

K.-D.N.: Aufgrund des bereits besprochenen unbewußten Schwellenübertritts der Menschheit im 20. Jahrhundert verlieren Denken, Fühlen und Wollen ihren Zusammenhang und driften mehr und mehr auseinander. Darüber hinaus spricht Steiner von einer zunehmenden Lockerung der Wesensglieder des Menschen. Auch hier geht der bisher gegebene Zusammenhalt ein Stückweit verloren. Kann es sein, daß infolge dieser konstitutionellen Prozesse psychische Störungen und Erkrankungen signifikant zunehmen?

O. Koob: Ich glaube nicht, daß man heute – statistisch gesehen – generell von einer signifikanten Zunahme psychischer Störungen sprechen kann. Wenn man aber einzelne Krankheitsbilder oder bestimmte Symptomatiken nimmt, z.B. die Suchtstruktur in den Menschen, dann kann man durchaus feststellen, daß sie vermehrt und stärker auftreten. Das kann allerdings von sehr vielen verschiedenen Faktoren bestimmt sein. Aber das Phänomen, daß die Menschen vermehrt nach irgendwelchen Stoffen bedürftig sind und Suchtstrukturen zunehmend Platz greifen, läßt sich deutlich beobachten. Allgemein kann man wohl auch davon ausgehen, daß die Menschen vermehrt negative psychische Erscheinungen haben und daß es vielen Menschen auch immer schwerer fällt, mit ihrem Leben zurechtzukommen. Aber das muß man im einzelnen Fall immer sehr differenziert betrachten, vor allem darf man dabei nicht übersehen, welche entscheidende Rolle dabei die Einflüsse von außen spielen, denen wir in unserer Zivilisation immer stärker ausgesetzt sind.

Die Lockerungsprozesse, die Steiner schildert, haben auch leibliche Folgen. Nehmen Sie z.B. die zunehmenden Allergien und Reaktionen im Leiblichen auf Disharmonien der Außenwelt, die immer auch anzeigen, daß im Inneren des Menschen etwas geschehen und aus dem Gleichgewicht geraten ist. Generell kann man sagen, daß die Menschen, sowohl im positiven als auch im negativen Sinne, offener und empfänglicher geworden sind.

K.-D.N.: Welche Gefahren sind damit verbunden, wenn kein Bewußtsein von diesen Lockerungsprozessen, vom Doppelgängerwirken und von den Schattenseiten des menschlichen Wesens ausgebildet wird?

O. Koob: Dann besteht die Gefahr, daß die Menschen immer stärker in ein seelisches Ungleichgewicht kommen und sie auch immer mehr manipulativen Einflüssen von außen unterliegen. Eine weitere Folge ist, daß Angststörungen zunehmen werden, weil die Menschen ihre innere Sicherheit verlieren. Das ist auch heute schon zu beobachten, daß immer mehr Menschen von Ängsten geplagt werden und daß sie sich in sich selbst nicht mehr sicher fühlen.

Man kann den Eindruck gewinnen, daß die Menschen immer weniger aus einem Zentrum handeln, fühlen und denken, und daß sie vielmehr getrieben, gemacht und gelebt werden. Das gehört auch zur Signatur unserer Zeit. Man kann heute auch von einer Bilder- und Erlebnissucht sprechen, die sich auf Surrogate richtet, die die innere Leere übertönen. Innere seelisch-geistige Aktivität, die Belebung des Denkens und ein wirkliches Interesse für die Welt und den anderen Menschen wirken dieser Veräußerlichung und der Verarmung des Gemüts entgegen. Wenn wir innerlich nicht in der Lage sind, Gefühle auszubilden und Bilder zu erzeugen, Imaginationen hervorzubringen, dann gewinnen sentimentale Surrogate der Filmindustrie und Stoffe, die auf künstlichem Weg Bilder in uns erzeugen, einen um so größeren Reiz und Einfluß. Je größer das innere Vakuum ist, desto stärker wird der Drang, es durch Außenreize einer künstlichen Erlebniskultur zu füllen.

Zunehmende Jugendgewalt und Epidemien des Schwachsinns

K.-D.N.: Kann das Wissen um den Doppelgänger ein Beitrag zum Verständnis der steigenden Jugendgewalt und -kriminalität leisten?

O. Koob: Das würde ich auf jeden Fall bejahen. Wenn man davon ausgeht, daß jeder Mensch von Geburt an diese Zerstörungspotentiale in sich trägt und Erziehung und Pädagogik heute immer mehr vor der Aufgabe kapitulieren, den Heranwachsenden in die Lage zu versetzen, diese Anteile in sich umzuwandeln und zu veredeln, dann kann man darin zumindest einen gewichtigen Grund sehen, daß Jugendgewalt und -kriminalität heute stark ansteigen. Die Erwachsenenwelt bietet den Kindern und Jugendlichen so viele negative Beispiele, die Gewalt und verwahrlostes Verhalten geradezu als folgerichtig erscheinen lassen.

An extremen Gewalttaten und Amokläufen läßt sich ablesen, daß es sich oft um ganz normale Jugendliche handelt, die als nett und unscheinbar beschrieben werden, in denen dann plötzlich zerstörerische Antriebe hervorbrechen und wie in einem Automatismus abrollen. Im Terrorismus gibt es dann noch das bekannte Phänomen, daß Gewaltakte in dem Glauben verübt werden, etwas Positives zu tun, das sich ideologisch rechtfertigen läßt. Wer sich mit dem deutschen Terrorismus der RAF beschäftigt, kann nicht umhin, zumindest in den Anfängen einen gewissen Idealismus bei den Tätern zu konstatieren. Sie lebten tatsächlich in dem Glauben, etwas Gutes zu tun, und den gähnenden Abgrund zwischen Idealismus und Terrortaten überspielten sie mit ideologischen Rechtfertigungen.

Ein besonderes Kennzeichen heutiger Gewaltakte und Amokläufe, die Jugendliche verüben, ist, daß eigentlich kein plausibler Grund zu finden ist, warum sich eine solche Zerstörungswut entlädt. Das macht die Leute auch so fassungslos gegenüber solchen Taten, daß kein Grund zu finden ist, der diese Taten wirklich erklären könnte. Es gibt keinen ideologischen oder gedanklichen Hintergrund, auf den die Taten zurückzuführen wären, man findet allenfalls die eine oder andere Nichtigkeit, die in keinem Verhältnis zu den Gewaltexzessen stehen. Das ist auch ein Charakteristikum des Bösen in unserer Zeit, daß Kräfte nur um der Vernichtung willen entfesselt werden.

K.-D.N.: Steiner spricht von Epidemien des Schwachsinns, die über die Menschheit kommen werden. Was ist damit gemeint?

O. Koob: Man kann das von verschiedenen Seiten ansehen. Zunächst einmal kann man Schwach-Sinn wörtlich nehmen und daraus ableiten, daß die Menschen in ihren Sinnen immer schwächer werden. Die Sinnesfähigkeiten lassen nach, und das Erleben der Welt wird schwächer. Auf der anderen Seite kann man auch auf einen moralischen Schwachsinn schließen, also daß die Menschen in ihren Willenskräften immer schwächer werden. In den Konferenzen mit den Lehrern der Waldorfschule benutzt Steiner den englischen Begriff Moral insanity (GA 300/3), durch den in der Psychologie seinerzeit eine Art von Schwachsinn bezeichnet wurde, der nicht die intellektuellen, sondern die moralischen Fähigkeiten betrifft.

Steiner erwähnt dort, daß wir bei Kindern und Jugendlichen immer häufiger auf das Phänomen treffen werden, daß sie eigentlich hohe Begabungen mitbringen, aber eine gewisse Blindheit gegenüber der Moralität haben. Die intellektuellen Fähigkeiten und andere Begabungen sind vorhanden, aber das Moralische koppelt sich ab. Um dem entgegenzuwirken, ist es besonders wichtig, daß in den ersten zwei Lebensjahrsiebten das Fundament des menschlichen Lebens richtig gebildet wird, damit die Schwankungen, die mit der Pubertät eintreten, in einem gesunden Rahmen bleiben können und nicht in Akte der Selbstzerstörung oder Gewaltakte gegen die Mitwelt ausufern.

Im übrigen weist Rudolf Steiner immer wieder darauf hin, wie wichtig die wohlwollende Begleitung durch Eltern und Lehrer ist und wieviel für den Jugendlichen davon abhängt, daß diese wichtigen Bezugspersonen sich ihm gegenüber so verhalten, daß er Vertrauen zu ihnen fassen kann. Davon hängt ganz entscheidend ab, ob die Voraussetzungen dafür geschaffen sind, daß der Jugendliche im 18., 19. Lebensjahr seine Moralempfindung ausbilden kann. Es genügt nicht – so Steiner –, die Kinder und Jugendlichen in der intellektuellen Entwicklung voranzubringen, vielmehr müßten sie auch moralisch gestützt werden. Was wir heute aber erleben, ist das genaue Gegenteil: Die Kinder werden von früh auf dazu angehalten, förmlich darauf getrimmt, ihr Seelisches von der intellektuellen Entwicklung abzukoppeln.

Auf der vergeblichen Jagd nach Schönheit, Jugend und Erlebnis

K.-D.N.: Wie ist die weitverbreitete ausgeprägte Neigung zu erklären, sich eher mit den Schattenseiten, den moralischen Schwächen bedeutender Persönlichkeiten zu befassen als mit deren eigentlichen Leistungen?

O. Koob: Das hat sicher auch mit der allgemeinen Tendenz zu tun, daß das Böse immer interessanter ist als das Gute, das Dunkle faszinierender als das Helle. Wenn die Schattenseiten einer Persönlichkeit, z.B. Goethes, in den Vordergrund gestellt werden, wie es in manchen Biographien der Fall ist, dann können auch Neid oder Minderwertigkeitsgefühle eine Rolle spielen. Das ist ein altbekanntes Muster, daß man versucht, sich selbst zu erhöhen, indem man andere herabsetzt oder erniedrigt. Wir sind heute so verstrickt in unsere eigenen Vorurteile, daß es gar nicht einfach ist, diesen Kokon der Fesselung immer wieder aufzubrechen und sich einen freien Blick zu bewahren, der auch die positiven Seiten und Leistungen eines Menschen zu würdigen weiß.

K.-D.N.: Warum leugnen viele Menschen hartnäckig ihre Schwächen, Fehler und Defizite und wehren jede, auch noch so berechtigte Kritik ab? Warum fällt dem Menschen eine umfassende Selbsterkenntnis, die auch seine Abgründe einschließt, so schwer?

O. Koob: Um die eigenen negativen Seiten sich selbst eingestehen und zugeben zu können, bedarf es eines gesunden Selbstbewußtseins. Hinzu kommt, daß man ein genügendes Differenzierungsvermögen ausgebildet haben muß, das zu unterscheiden vermag zwischen demjenigen, was auf der einen Seite unser eigentliches Wesen mit all seinen Fähigkeiten und Möglichkeiten der Entwicklung ist, und demjenigen, was wir auf der anderen Seite nur mit uns herumschleppen, was aus uns durch die verschiedensten Einflüsse geworden ist.

Da der Mensch generell die Tendenz hat, sich vor sich selbst und vor anderen positiv darzustellen, fällt es ihm naturgemäß schwer, auch seine negativen Anteile zu akzeptieren. Wir haben eine starke Neigung, makelloser und vollkommener dazustehen, als wir tatsächlich sind. Das geht oft mit der Angst einher, sonst nicht genügend anerkannt und geliebt zu werden. Das findet auch seinen Ausdruck im heutigen Körperkult, der eine schöne Fassade nach außen setzt, die über alle Gebrechen und Störungen hinwegtäuschen soll. Das Alter wird verleugnet, man gibt sich nach außen agil und erlebnishungrig, während eine altersgemäße geistig-seelische Reifung verkommt. Das ist ein interessantes Phänomen, das viele Menschen auf der Jagd nach Jugend, Schönheit und Erlebnis ihre eigentlichen positiven Entwicklungsmöglichkeiten verkümmern lassen.

Und jeder kennt die Erfahrung, daß Schwächen, die man zeigt, von anderen auch ausgenutzt werden. Daher existiert auch die Angst, anderen Schwächen und Wunden zu zeigen, weil die Erfahrung uns gelehrt hat, daß oft weitere Verletzungen die Folge sind. Die Menschheit müßte reifer werden, um diese geistigen und objektiven Gesetzmäßigkeiten überhaupt zu durchschauen und mit den daraus resultierenden Problemen auch vernünftig umgehen zu können. Je mehr man die Schattenanteile in sich erkennt, desto toleranter und liebevoller kann man sie auch beim anderen wahrnehmen und damit umgehen.

Wie sag ich's meinem Mitmenschen?

K.-D.N.: Wie kann man einen Menschen am besten auf seine Schattenseiten ansprechen, um ihm die Möglichkeit zu eröffnen, sich aus Einsicht zu ändern?

O. Koob: Wenn man es mit einer fortgeschrittenen, reifen Persönlichkeit zu tun hat, die auch den Willen zur wirklichen Selbsterkenntnis hat, dann kann man das direkt ansprechen, wenn eine entsprechende Gesprächssituation hergestellt ist. Manchmal wird man ja auch darum gebeten, einem anderen Menschen den Spiegel vorzuhalten. Unter Ehepartnern und Freunden sollte das eigentlich funktionieren.

Im allgemeinen ist es aber eine komplizierte Angelegenheit, andere Menschen auf Fehler und Schwächen hinzuweisen, ohne daß daraus Mißstimmungen und Zerwürfnisse entstehen. Man verliert schnell die Sympathie eines Menschen, wenn man ihn unaufgefordert oder in einer unpassenden Situation direkt auf solche Dinge anspricht. Jeder weiß, wie leicht es ist, über negative Eigenschaften eines Abwesenden zu sprechen, und wie schwer es dagegen ist, jemandem direkt zu sagen, daß er Mundgeruch, bestimmte körperliche Verwahrlosungserscheinungen oder auch die eine oder andere Gewohnheit hat, die unangenehm und störend sind. Das empfinden wohl die meisten als ein peinliches und schwieriges Unterfangen, weil sich der andere dessen ja überhaupt nicht bewußt ist. Und wir sind so mit unserem Doppelgänger verwoben, daß jedes direkte Ansprechen unserer negativen Anteile leicht als ein zentraler Angriff auf unsere Persönlichkeit mißverstanden werden kann.

Daher denke ich, daß ein Vorgehen richtig ist, wie es in der amerikanischen Psychologie häufig geschildert wird, nämlich zu versuchen, dem anderen Menschen seine Schattenanteile auf indirektem Weg zu spiegeln. Und dabei ist der Humor ein ausgezeichnetes Mittel, die Menschen mit einer spielerischen Leichtigkeit auf ihre Schwächen hinzuweisen, so daß sie sogar darüber lachen können. Damit ist schon viel erreicht. Die Voraussetzung dafür, daß man das überhaupt kann und versuchen sollte, andere auf ihre Schwächen hinzuweisen, ist aber die eigene Selbsterkenntnis, die zwischen dem alten und dem neuen Menschen, zwischen dem Gewordenen des Schattens und dem eigentlichen Wesen mit seinen Entwicklungskräften zu unterscheiden vermag.

Rudolf Steiner hat einmal dargestellt, wie bei einigen Mitgliedern der Anthroposophischen Gesellschaft zunehmend Tendenzen aufgetreten waren, eigene, ganz gewöhnliche Liebesempfindungen mit irgendwelchen geisteswissenschaftlichen Karmaetiketten zu kaschieren. Er machte darauf aufmerksam, daß dann nicht unterschieden wird zwischen menschlich-irdischen Gelüsten und dem, was sie gleichzeitig als Anthroposophen erstreben. Man darf das eine nicht mit dem anderen verwechseln, sondern man sollte sich vielmehr klar darüber sein, daß man durch die individuelle geistige Entwicklung erst nach und nach die Kräfte erlangt, den alten Menschen und die Schattenanteile zu verwandeln. – Eigentlich sollte das in unseren anthroposophischen Kreisen eine Selbstverständlichkeit sein, daß man einen alten Menschen mit sich herumträgt, den man akzeptiert, daß man im Inneren aber auch ein strebender Mensch ist, der nach und nach auch die negativen Kräfte in sich zu beherrschen und umzuwandeln lernt.

Die verheerende Entwertungstendenz der Eitelkeit

K.-D.N.: Steiner nennt drei Eigenschaften, die ein schädigendes Wirken des Doppelgängers begünstigen: Eitelkeit, Ehrgeiz und Unwahrhaftigkeit. Können Sie einmal erläutern, wie diese drei Eigenschaften in dieser Hinsicht wirken?

O. Koob: Das ist eine Bemerkung, die Rudolf Steiner einmal gegenüber Walter Johannes Stein gemacht hat. Dieser hatte ihn gefragt, wie man sich in Zukunft überhaupt vor den negativen Kräften schützen könne, so daß die Seele gesund bleibe. Steiner wies dann auf diese drei Kräfte in der menschlichen Seele hin und sagte, daß Eitelkeit, Ehrgeiz und Unwahrhaftigkeit schon im täglichen Leben schlimme Folgen hätten, daß sie aber in einer Gesellschaft wie der Anthroposophischen, die sich mit geistigen Dingen beschäftigt, noch viel verheerendere Wirkungen hätten. Steiner hat immer wieder, wenn er über negative Eigenschaften gesprochen hat, die Eitelkeit erwähnt, und dazu möchte ich einmal eine Aussage zitieren, die Adelheid Petersen wiedergegeben hat:

> „Ich will Ihnen etwas sagen: Wenn ich mir einen Magiermantel umhinge und als Übungen die verrücktesten Sachen von den Leuten verlangte – etwa um Mitternacht irgendwo auf einen Berg laufen, um irgendeinen Blödsinn vorzunehmen: Glauben Sie mir, das würden sie alle tun! Da liefe mir alles nach! Aber in jahrelangem Bemühen vielleicht eine einzige Charakterschwäche, eine einzige schlechte Gewohnheit endlich überwinden, ablegen – nicht wahr, das ist so uninteressant! Die Menschen glauben es einem nicht, daß solch eine einzige Änderung im eigenen Wesen – wenn zum Beispiel ein eitler Mensch sich lediglich seine Eitelkeit eingesteht und sich ihrer schämt –, daß so etwas geistig viel weiterbringt als das Anhören von hundert Vorträgen und meinetwillen Auswendigkönnen von allen Zyklen; daß das sehr viel mehr bedeutet als das Halten von eigenen Vorträgen." (zit. nach Adelheid Petersen: Dornach in den Jahren 1914/1915, in: E. Beltle/K. Vierl [Hg.]: Erinnerungen an Rudolf Steiner. Stuttgart 1979)

Die Eitelkeit bedeutet im psychologischen Sinne – Alfred Adler hat das einmal so ausgedrückt –, daß in ihr eine Entwertungstendenz dem anderen gegenüber zum Ausdruck kommt. Man sucht eine Überlegenheit, indem man sich höherstellt als den anderen und sich im eigenen Licht bespiegelt. Man könnte die Eitelkeit auch als einen luziferischen Charakterzug bezeichnen, der mehr auf den Schein als auf das Sein gibt und die eigenen Vorzüge überbewertet. Die Selbstverliebtheit, die damit einhergeht, ist heute enorm verbreitet, auch in anthroposophischen Kreisen. Das muß man ganz nüchtern konstatieren. Man hält sich hier gern zugute, daß man mehr weiß als andere, daß man auf dem Weg der Wahrheit wandelt usw. Das Phänomen der Eitelkeit, die Überbewertung des eigenen Ich, gibt es nun einmal in allen Menschenkreisen.

Aus der Eitelkeit folgt auch eine gewisse Form von Ehrgeiz, die sich darin zeigt, daß man damit geizt, einem anderen die Ehre zu erweisen. Diese Eigenschaften hängen sehr eng miteinander zusammen, und dieser Zusammenhang zeigt sich dann auch, wenn man anfängt, Lebenslügen

Selbstbildnis mit Heiligenschein
Paul Gauguin (1889)

aufzubauen, um den eigenen mangelhaften Charakter, den man in sich spürt, abzuschirmen. So ergibt eins das andere, Lug und Trug reichen sich zum Zweck der eigenen Überhöhung die Hand. Deswegen ist es so wichtig, daß man auf die eigene Eitelkeit aufmerksam wird, um sich nicht in der Täuschung zu verlieren.

Neid und Lüge an erster Stelle der zerstörerischen Kräfte

K.-D.N.: Ich habe den Eindruck, daß besonders Neid und Lüge – die auch mit der Eitelkeit zusammenhängen – geradezu krebsartig in sozialen Zusammenhängen wuchern.

O. Koob: Ich habe oft ältere Freunde befragt, welches Resümee sie aus ihren Lebenserfahrungen in bezug auf die Schwierigkeiten, die in Menschengemeinschaften vorherrschen, ziehen würden. Und sie kamen fast immer zu dem Ergebnis, daß sie Neid und Lüge an die erste Stelle der zerstörerischen Kräfte setzten. Neid ist eine luziferische Eigenschaft, die dem anderen nicht gönnt, was er sich erworben hat, weil der Betreffende sich dadurch herabgesetzt und zurückgestuft fühlt und in seiner Eitelkeit gekränkt ist, die ihn doch eigentlich über die anderen setzt.

Der Neid kann sich auch kaschieren und muß nicht als solcher erkennbar ausgelebt werden. Laut Steiner streift er sich dann die ahrimanische Maske der treffsicheren Kritik über. Kritiksucht ist auch eine Form von Neid, die nur anders herauskommt. Und auch die kann man heute ganz stark erleben. Es wird dann nicht darauf geschaut, was ein Mensch wirklich geleistet hat, sondern man findet mit treffsicherem Gespür jedes noch so kleine Härchen in der Suppe, stilisiert es zur Hauptsache, die man dann einer seziermesserscharfen Kritik unterzieht. Auch hier haben wir wieder die von Adler charakterisierte Entwertungstendenz. Wenn man andere Menschen immerzu entwertet, erhöht man sich dadurch gleichzeitig, ohne daß man selbst wachsen muß.

K.-D.N.: Neid und Lüge wirken heute wie soziale Seuchen unter den Menschen.

O. Koob: Ja, und sie können eigentlich nur dadurch überwunden werden, auch in einem selbst, daß man ein wirkliches Interesse für den anderen Menschen entwickelt. Das stellt auch Rudolf Steiner immer wieder heraus.

K.-D.N.: Welche Bedeutung haben Erotik und Machtstreben in bezug auf die Doppelgängerproblematik?

O. Koob: Erotik und Machtstreben sind seelische Eigenschaften, die mit dem Astralleib verbunden sind und die in der Pubertät zutage treten. Die Erotik äußert sich zunächst in einem Interesse für sich selbst, für ein gesteigertes Erleben der eigenen Seelenkräfte, und richtet sich insofern nach innen. Und der Machtkitzel richtet sich nach außen. Die Übersteigerung des eigenen Seelenlebens kann man als eine luziferische Geste ansehen und das Machtstreben, den Willen des anderen zu manipulieren, als ahrimanische.

In der indischen Philosophie bin ich auf die interessante Analogie gestoßen, daß dort ganz entsprechend von zwei Untugenden gesprochen wird: Die eine wird als Kama, als Leidenschaft bezeichnet – sie entspricht der Erotik –, und die andere wird Artha genannt, womit das Machtprinzip gemeint ist, sich einem anderen aufprägen und ihn beherrschen zu wollen. Und zu diesen beiden Prinzipien der Erotik und der Macht heißt es dann, daß sie durch gute Tugenden, durch das sogenannte Dharma, verwandelt werden. Wenn die Selbstliebe der Erotik und das Machtstreben, sich dem anderen Ich aufprägen zu wollen, sich nicht in Weltinteresse, Interesse am anderen Menschen und Liebe verwandeln, dann bleiben sie als Schattensignatur im Menschen bestehen. Und daraus resultieren dann eine Fülle von Spielarten der Doppelgängerwirksamkeit, die wir auch schon angesprochen haben. Insofern halte ich das für eine ganz wesentliche Erkenntnis der menschlichen Seele.

Elementare Übungen der Selbsterziehung

K.-D.N.: Können Sie konkrete Übungen empfehlen, die einen heilsamen Einfluß auf das Doppelgängerwirken haben?

O. Koob: Eigentlich alle Übungen, die Rudolf Steiner gegeben hat. Aber ich will es einmal ganz einfach sagen: Da die Doppelgängerwirksamkeit mit der Projektion nach außen und mit der falschen Interpretation von Ereignissen zusammenhängt, scheint mir notwendig zu sein, daß man ganz grundlegend und elementar im Alltag versucht, sich darüber klar zu werden und sein Verhalten Schritt für Schritt zu ändern. Anregungen dazu findet man in den grundlegenden Übungen des sogenannten achtgliedrigen Pfades des Buddha, den Übungen „Für die Tage der Woche“ (in GA 267). Das sind ganz wunderbare elementare Übungen der Selbsterziehung, durch die auch die Aufmerksamkeit darauf gerichtet wird, das Wesentliche vom Unwesentlichen zu scheiden, also die Tatsachen in den Blick zu nehmen und dasjenige, was man immer hineinmischt, davon mehr und mehr zu unterscheiden. Je mehr das gelingt, desto bessere Voraussetzungen hat man auch für die Entwicklung seiner Seele.

In diesen Übungen sind Grundvoraussetzungen beschrieben, die erst einmal geschaffen werden müssen. Die sind heute nicht ohne weiteres gegeben. Man muß sich z.B. erst dazu erziehen, eine Wahrnehmung von einem Urteil zu unterscheiden. Mit Erschrecken stelle ich manchmal fest, daß diese klare Unterscheidung oft auch in anthroposophischen Kreisen eine Schwierigkeit ist. Man sollte sich davor hüten, Urteile zu fällen, ohne die entsprechenden Wahrnehmungen gemacht zu haben, doch leider kann man sogar feststellen, daß solche Urteile nicht nur oft gefällt werden, sondern sogar im nachhinein nicht mehr durch Wahrnehmungen zu korrigieren sind. Das ist eine Art von seelischer Verwahrlosung, die wirklich an den Grundfesten einer gesunden Seelenentwicklung rüttelt. Deshalb würde ich auch empfehlen, mit den Übungen nicht gleich zu hoch zu greifen, sondern sich erst einmal den Grundvoraussetzungen und elementaren Schritten zuzuwenden. Denn darauf baut alles andere auf.

K.-D.N.: Ist der Mensch in bezug auf das schädliche und zerstörerische Doppelgängerwirken schuldig, oder kann er sich durch die Berufung auf die Existenz des Doppelgängers von der individuellen Verantwortung für bestimmte Handlungen befreien?

O. Koob: Nein, der Mensch kann sich nie der Verantwortung für sein Handeln entziehen. Und der Doppelgänger ist ein Teil des Menschen. Wenn man die Frage der Schuld nicht moraltheologisch interpretiert, dann muß sich die Verantwortung des Menschen selbstverständlich auch auf die negativen Anteile in ihm erstrecken. Das Abgespaltene, das sogenannte Böse in unserer Seele – das ja immer böser und zerstörerischer wird, je mehr es sich von unserem eigentlichen Wesen entfernt – gehört zur Signatur des 20. Jahrhunderts, um die Ausbildung der Bewußtseinsseele zu ermöglichen. Wenn diese Kräfte nicht in der Welt wären und nicht auch in der Seele des Menschen wirken würden, könnten wir bestimmte Kräfte des Bewußtseins gar nicht ausbilden. So furchtbar die Erscheinungen des Bösen im einzelnen auch sein mögen, so sind sie uns doch ein Ansporn, Kräfte zu entwickeln, sie zu überwinden und umzuwandeln.

Nehmen Sie z.B. die Drogenproblematik, mit der ich mich sehr intensiv befaßt habe. Die ganze Problematik ist wirklich grauenvoll und mit sehr viel Leid verbunden. Auf der anderen Seite habe ich aber so viel daran gelernt und so viel positiven Willen daran entwickelt, um die Zusammenhänge zu erkennen und mitzuhelfen, daß sie anders werden. Und so kann ich auch sagen, daß ich ohne die Begegnung mit der Doppelgängerproblematik und den negativen Zerstörungskräften bestimmte Erkenntnisse, Empfindungen und Willensimpulse gar nicht hätte bilden können. Wenn man die Signatur des Bösen in unserer Zeit studiert, beginnt man auch, sehr viel von den in der Welt lebenden Kräften zu verstehen.

Eight days a week

Klaus-Dieter Neumann

Ein Schlag ins Weltbild-Kontor

Es waren noch nicht allzu viele Jahre ins Land gegangen, daß die Beatles ihre Hitzeile „Eight days a week I love you" durch den Äther geschickt hatten. Bewegende Jahre, in denen man sich manchmal auch mühte, diesem süßen Ohrwurm gerecht zu werden. Aber das ist nur ein Nebengleis. Wir wohnten seinerzeit in einem kleinen zweigeschossigen Häuschen an der Biegung einer kopfsteingepflasterten Straße, die leicht zu einem schmalen Bachtal abfiel. Wir teilten das Haus in einer Wohngemeinschaft von fünf Leuten plus „Opi", einem wackeren alten Herrn, der immer leise vor sich hinpfiff, um seinen schweren Atem zu übertönen. Er hatte sich im Erdgeschoß ein Refugium bewahrt, die restlichen Räume des Hauses teilten wir unter uns auf – drei oben, zwei unten.

Ich muß wohl knapp 20 Jahre alt gewesen sein, als sich ein Ereignis zutrug, das zwar bemerkenswert, aber im Grunde auch wieder nicht so herausragend war, daß es als singuläres Geschehen mein damaliges Leben auf den Kopf gestellt hätte. Schon lange Zeit hatten wir über den Geist der Welt zu Rate gesessen, uns tage- und nächtelang die Köpfe – auch Hände und Füße – heißgeredet, wie denn die Welt wohl beschaffen sei: so wie sie unserer Wahrnehmung und unserem Gegenstandsbewußtsein erscheint oder magisch-ideell, geistdurchdrungen und eben zu einem guten Teil gänzlich anders, als sie durch die Tore unserer Wahrnehmung an uns dringt.

Letzteres war mir schon klar und in vielerlei Erfahrungen zur Gewißheit geworden. Aber Gott – oder wie auch immer man ihn nannte – wollte sich dieser Erfahrungswelt des alles durchziehenden Allgemein-Geistigen einfach nicht zeigen, und davon hing es für mich unbescheidenerweise ab, ob ich ihn als gesicherte Erkenntnis in mein Weltbild aufnehmen konnte oder nicht. Ein guter Freund, dem meine argumentativen Dauerzweifel manchmal eine harte Nuß waren, riet mir dann eines Tages, es doch mal mit Beten zu probieren, bzw. er stellte einfach apodiktisch fest, daß ich nur zu beten bräuchte, und Gott würde sich schon zeigen. Und zwar würde ich das so deutlich vernehmen, wie das Schlagen einer Glocke.

Das Beten gehörte damals nicht zum Repertoire meiner seelisch-geistigen Betätigungen, aber ich überwand mich und betete tatsächlich in tiefstem und heiligstem Ernst: Wenn es dich gibt, dann zeige dich mir. – Das ist etwas verkürzt wiedergegeben, denn es war in aller Einfachheit eine wunderbare Bitte und Ansprache, wie man sie nur jemandem gegenüber empfindet, zu dem man sich mit seinen ganzen Wesen wenden kann.

Wenige Tage waren seitdem ins Land gestrichen, als ich nachts in meinem knorrigen, aus gehobelten Baumstämmen gefertigten Bett lag und allein vor mich hinschlief. Am Kopfende und rechts stieß das Bett direkt an die Wände, nach links blickte man über eine kleine Ablage in den Raum und auf die Balkontür, die der Zimmertür an der rechten Fußseite des Bettes gegenüberlag. Es war dunkel im Zimmer, nur ein wenig Licht schien von der Balkontür hinein, als ich in dieser Nacht wach wurde. Zunächst empfand ich nichts Besonderes, als ich mich auf den Rücken drehte und mein Blick zum Fußende des Bettes fiel.

Doch dann umzog es mir den Brustkasten, und in wenigen Bruchteilen des stockenden Atems – als wäre in nur einem kleinen Hechelzug ein vielfaches Ja? – Nein! – Ja! enthalten – mußte ich mir darüber klarwerden, daß jemand an meinem Bett stand. Da es so dunkel war, dauerte es ein Weilchen – auch wenn dies wieder nur ein aufgeregter Atemzug gewesen sein mag –, bis ich mir darüber wirklich klar war: Ja! Da stand jemand an meinem Bett, hatte mir seine linke Seite zugewandt und war in seinem dunklen Mantel auf die Balkontür gerichtet, so als wäre er gerade zur Tür hereingekommen. Und er sagte keinen Ton!

Im ersten Moment dachte ich, es wäre der Freund aus dem Nebenzimmer, der hier so düster etwa zwei Schritte von der Zimmertür entfernt zwischen Bett und meinem Schreibtisch stand. Während meine Augen fieberhaft versuchten, das Dunkel zu durchdringen, tappte meine linke Hand auf der Ablage nach meinem Wecker, griff ihn, und als ich ihn vor mein Gesicht führte und die Zeit erkennen konnte, änderte sich meine ohnehin aufgeregte Stimmung schlagartig in blankes Entsetzen. Es war halb fünf Uhr morgens. Das allein hätte noch nichts Ungewöhnliches bedeutet, wenn um diese Zeit jemand der Mitbewohner noch wach und im Haus unterwegs gewesen wäre. Aber nun sah ich auch die Gestalt deutlicher, vor allem sah ich, daß sie eine Plastiktüte in der Hand hatte und daß der Kopf einfach nicht wahrzunehmen war!

Nun fühlte ich mich wirklich bedroht, denn niemand von meinen Mitbewohnern – bei aller Exklusivität der Lebensformen – hatte die Angewohnheit, spät in der Nacht mit einer Einkaufstüte in der Hand seinen Mitmenschen schweigende Besuche abzustatten. Und schon gar nicht ohne Kopf! Oder wenn dieser nächtliche Besucher denn einen Kopf gehabt hat, muß der sich irgendwo zwischen waberndem Nichts und schwarzem Nebel konfiguriert haben. Ich konnte jedenfalls nichts erkennen. Aber das war jetzt auch schon egal. Meine Zehen krallten sich unwillkürlich in die Matratze, dann wieder stemmte ich mich mit den Hacken ab, um weiter ans Kopfende zu rücken, während meine Hände schon hektisch an der Tapete der Wand hinter meinem Kopf langwischten, um den Schalter der dort angebrachten Leselampe zu finden.

Es war ein grausiger Moment der Gewißheit, daß sich irgend etwas Bedrohliches vor mir aufgepflanzt hatte! Gedanken hatte ich nun keine mehr, außer endlich diesen verdammten Schalter unter dem kleinen Lampenschirm zu finden – den Blick immer fest auf die dunkle Gestalt gerichtet, die dort nach wie vor einfach nur herumstand. Endlich drückte ich auf den Lichtschalter, und zu meinem großen Erstaunen war die Gestalt sofort verschwunden. Oder besser gesagt: Ich konnte sie jedenfalls nicht mehr sehen. Und das genügte schon, daß mein ganzer hineingehechelter Atem in großer Erleichterung entwich.

Das ganze Erlebnis dauerte nur eine kurze Zeit, und ich war froh, daß es endlich vorbei war, auch wenn die Empfindung natürlich weiter auf Hochtouren in den Raum hineintastete, um zu erspüren, ob dieses Wesen tatsächlich ganz verschwunden oder noch weiter um mich herum anwesend war. Aber als ich mich weiter beruhigte, war mir das letztendlich egal. Hauptsache es war kein Mensch!

Daß manchmal irgend etwas im Raum anwesend war, zeigte unsere Katze beizeiten an, wenn sie mir auf dem Bauch lag, während ich im Bett las. Dann knackte es mal, oder ein Buch fiel aus dem Regal links neben mir, und ich bekam hin und wieder eine Gänsehaut, wenn die Katze plötzlich auf meinem Bauch stand und mit einem gewaltigen Buckel wie gebannt in eine Richtung starrte. Man konnte dann deutlich eine unbestimmte Anwesenheit spüren. Aber mehr Spuren als ein unheimliches Gefühl hinterließ das nie.

Anders war es mit diesem nächtlichen Geschehen. Natürlich sprach ich mit meinen Freunden darüber, und insbesondere mit jenem, der mir gesagt hatte, ich solle doch einfach einmal beten. Es war zwar nicht im wörtlichen Sinne ein Glockenschlag, aber doch ein deutlicher Schlag ins Weltbild-Kontor. Ich weiß nicht mehr genau, wie wir uns im einzelnen darüber berieten, aber das Ergebnis, daß ich vor keinen geistigen Wesen Angst zu haben bräuchte – allenfalls vor Menschen –, steht noch heute deutlich vor mir. Auf jeden Fall nahm ich mir vor, mich beim nächsten Mal nicht wie das Kaninchen vor der Schlange aufzuführen, denn bei der Besinnung auf dieses Ereignis war kein einziges Anzeichen einer wirklichen Bedrohung, die von diesem Wesen ausgegangen wäre, übriggeblieben. Bei Licht betrachtet hatte es eigentlich gar nichts getan. Es war mir nur in einem etwas merkwürdigen Aufzug erschienen. Ich ärgerte mich nun, daß ich nicht die Nerven hatte, das Licht auszulassen, um zu sehen, was weiter geschehen wäre.

Eine friedvolle Begegnung mit dem Doppelgänger

Aber die Gelegenheit sollte sich schnell wieder bieten! Denn nur kurze Zeit später – mögen es einige Tage gewesen sein – bot sich ein ähnliches Szenario, nur war ich diesmal besser gewappnet. Wieder schlief ich allein in meinem Zimmer, und wieder wachte ich mitten in der Nacht auf. Ich lag auf dem Rücken und sah mit erstaunlicher Deutlichkeit eine Gestalt, über die ich mir im Unterschied zum ersten Erlebnis sehr schnell im klaren war und die mir auch nicht im geringsten bedrohlich erschien. Ich war mir sofort sicher, daß es sich nicht um einen Menschen handelte, zumal die Gestalt diesmal nicht am Fußende des Bettes stand, sondern direkt auf dem Bett! Ein Bein hatte sie links von meinem Bauch, eins rechts davon gestellt, stand also aufrecht über mir und schaute auf mich herab.

Ich war selbst ein wenig überrascht, daß mein Vorhaben, das nächste Mal ruhig zu bleiben, tatsächlich sofort griff, als ich die Augen aufmachte und dieses Wesen sah. Diesmal lag ich in großer Ruhe und schaute zu dem Wesen auf, einfach abwartend, was auch immer geschehen möge. Man könnte es vielleicht staunende Übereinstimmung nennen, in der ich mich befand. Auf jeden Fall war es ein sehr feines Gefühl. Die Gestalt – und das war ein weiterer wesentlicher Unterschied zum ersten Erlebnis – hatte nichts Dunkles an sich, und sie hatte auch einen Kopf. Das Eigentümliche daran war, das es mein Kopf war! Zumindest hatte ich sehr bald nach dem Aufwachen das Gefühl, daß diese Gestalt mich spiegelte und etwas wie eine Mitteilung für mich zu erwarten war. Vielleicht lag auch in dieser Gewißheit, daß dieses Ereignis speziell für mich stattfand, das Beruhigende.

Ich kann nicht behaupten, daß ich die Gestalt so deutlich und konturiert sah, als würde ich bei Tageslicht in einen realen Spiegel schauen, und auch zeichnete sich in dem Antlitz nicht jede spätpupertäre Hautunreinheit ab. Aber es war meine Körpergestalt, es waren meine langen blonden Locken und meine Gesichtszüge, die zwar einer ätherisch belebten Weichzeichnung und einer gewissen Leichtigkeit unterworfen waren, aber ich hatte nicht den geringsten Zweifel. So lag ich nun im Bett und schaute dem Wesen zu.

Und es dauerte nicht lange, als tatsächlich etwas geschah. Zu meiner großen Freude hatte dieses Wesen offenkundig auch Sinn für Humor, es streckte nämlich die Zunge heraus und ließ sie langsam und bedächtig in seinen linken Mundwinkel fahren. Und während es das tat, neigte sich sein Kopf schräg zur anderen Seite, so daß das Kinn der Bewegung der Zunge folgte. Diese wurde nun aus dem linken Mundwinkel nach oben gestreckt, während das Kinn weiter folgte – und nicht nur das: Die ganze Gestalt fuhr nun langsam der Zunge nach, begann zu schweben und entschwand nach oben!

Dieses Erlebnis ist nicht wie eine Bildbetrachtung vorzustellen, aufgrund derer man eine Interpretation anstellt. Sondern die Bedeutung war unmittelbar, es war anwesende Zustimmung, und die äußere Bewegung nach oben war zugleich Antwort und Erfahrung in mir. Ich wußte, daß ich auf meinem Weg nicht allein sein würde, und ich wußte zugleich, wohin er denn führen würde. Es war ein mächtiger Antrieb, sich in dieser Geborgenheit zu wissen.

Die Jahre gehen ins Land

Seit den geschilderten Erlebnissen sind Jahrzehnte vergangen, die noch manches mehr aus des lieben Gottes Wundertüte zu bieten hatten. Aber sie hatten eben auch den Zahn der Zeit zu bieten, die Arbeit, die Sorgen, Irrungen und Wirrungen – kurz: das Leben in seiner erdzugewandten Seite der Geschichte und nicht nur die Liebe und das blühende Leben. Acht Tage die Woche und rund um die Uhr. Damit erzähle ich nichts Neues. Ich will nur darauf hindeuten, daß solche Erlebnisse keine Fixierungen sind und das Leben nicht ein für allemal auf den Kopf stellen, prägen, sichern oder – im negativen Sinne – festfahren. Vielmehr lockern sie gerade die Festgefahrenheit, die Muster unserer Gewohnheiten, Wahrnehmungen, Vorstellungen und Urteile auf, die schon in Kindheit und Jugend einen Kokon um uns bilden. Was wir von dieser geistigen Bewegtheit und Lebendigkeit dauerhaft aufnehmen können, hängt von uns selbst ab.

Nach den beiden Erfahrungen habe ich verschiedene Menschen näher kennengelernt, die ganz ähnliche Doppelgängererlebnisse hatten. Bei einer Freundin waren die nächtlichen Erscheinungen bedrohlicher kopfloser Gestalten keine Seltenheit, und es gelang mir nicht, ihr die Angst davor zu nehmen. Eine andere Frau erzählte mir von ihrem Schockerlebnis, daß sie die Tür zur Toilette öffnete und sich dort bereits sitzen sah. Ein weiteres Erlebnis, von dem ich erfuhr, war eine Begegnung mit einer wirklich grausigen Gestalt, die schwärzer als die Nacht gekleidet und aus feurigen Kohlenaugen drohend, einem Paar auf einem Waldweg begegnete, kurz nachdem die Dämmerung eingesetzt, er sich an indianischem Tanz versucht und dreist in den Wald gebrüllt hatte: „Wo ist denn hier noch Platz für Geister?“ Sie hatte in der Nacht davor schwer von diesem Wesen geträumt und ihm seine Kohlenaugen beschrieben. Als sie nun den Weg entlanggingen, erschien in einigen 100 Metern dieses Dunkelwesen, worauf er sofort erkannte und zu ihr sagte: „Da kommt übrigens der Mann aus deinem Traum heut nacht.“ Es war für die beiden ein heißer Tanz, an ihm vorbeizukommen.

Es ist ganz unterschiedlich, was die Menschen aus solchen Begegnungen ziehen. Manche vergessen sie sogar ganz und gar. Daher sollte man sich auch nicht beim Thema Doppelgänger und Schatten des Menschen nur auf die Aspekte der sichtbaren Erscheinung bestimmter Wesen fixieren und glauben, in ihnen würde das ganze Doppelgängerwirken in einem selbst sichtbar. Nein, die Doppelgänger wirken in jedem Menschen – ob er nun je ein Erlebnis eines Doppelgängerwesens hatte oder nicht –, und je unbewußter wir uns dessen sind, desto nachhaltiger können sie das tun. Es wäre auch falsch zu meinen, daß das Doppelgängerwirken mit der Spitze des Eisbergs von Mord, Folter und anderen offenkundigen Bestialitäten erschöpft sei. Es gibt auch stufenlose Übergänge in allen Arten von psychischen Störungen, sowohl in der Symptomatik als auch in der Schwere ihrer Ausprägung. Und man sollte sich nicht darüber hinwegtäuschen, daß jeder Mensch ein Leben lang gefordert ist, an sich und seiner Seele zu arbeiten – eight days a week –, um seine eigentlich menschlichen Fähigkeiten zu bewahren, zu stärken und auszubilden.

Rudolf Steiner hat eine Fülle von Übungen zur Selbsterziehung gegeben, von denen wir eine ganze Reihe im gleichnamigen FLENSBURGER HEFT 47 ausführlich dargestellt und erläutert haben. Sie bieten eine gute Möglichkeit, am eigenen Seelenfundament zu arbeiten. Und seien wir doch ehrlich, daran hapert‘s heute immer mehr.

Dichter begegnen ihrem anderen Selbst

Doppelgängermotive in der Literatur

Eckhard Glaeser*

Die Liste der Autoren, in deren Werken sich Doppelgängermotive finden, ist länger, als man gemeinhin vermuten würde. Als ich den Entschluß faßte, einige Gedanken zum Thema niederzuschreiben, holte ich diverse Bücher von verschiedenen Autoren hervor, und der Bücherstapel wuchs und wuchs.

Einige Darstellungen waren mir noch aus der Schulzeit bekannt, etwa Conrad Ferdinand Meyers Gedicht „Begegnung", eine kurze fünfstrophige Auseinandersetzung mit der Doppelgängerproblematik, oder die im Englischunterricht und bei Lehrern anscheinend so beliebte Erzählung Robert Louis Stevensons, „The Strange Case of Dr. Jekyll and Mr. Hyde". Hingewiesen, aber nicht behandelt, wurde auch auf den großen Dostojewski, der mit seinen Romanen einen ungeheuerlichen Einblick in die Abgründe der menschlichen Seele vermittelt. Genannt seien die Romane „Die Brüder Karamasow", „Die Dämonen", „Der Spieler" und vor allem die zwar nicht umfangreiche, aber tiefgründige Arbeit „Der Doppelgänger".

Verwiesen wurde auch auf Adelbert von Chamissos „Peter Schlemihls wundersame Geschichte", worin dieser seinen Schatten verkauft, um ihn gegen das Glückssäckel des Fortunatus einzuhandeln. Ferner wurde der dem Skurrilen zugewandte E.T.A. Hoffmann thematisiert, z.B. sein Roman „Die Elixiere des Teufels", und last but not least Goethe, der mit seinem Gespann Faust und Mephistopheles einiges zur Materie beigetragen hat.

Besagte Autoren und ihre Werke bilden so etwas wie ein Grundgerüst, und ich kann im nachhinein dem humanistischen Bildungswesen nur den größten Dank zollen. Einmal angeregt, erweiterte sich die Materie für mich von ganz allein. Und wenn obendrein durch persönliches Interesse am Thema Doppelgänger, ausgelöst vielleicht durch Schicksalsmomente

* **Eckhard Glaeser,** geb. 1954, ist Landwirt und Gartendesigner. Er lebt in Flensburg.

oder bestimmte Erfahrungen, sich der Horizont allmählich zu erweitern beginnt und sich neben geisteswissenschaftlichen Studien zum genannten Komplex auch weitere Gestalten der Literaturgeschichte dazugesellen, ist man tief beeindruckt, wie weit verzweigt die Problematik offensichtlich ist.

Gerade den sensiblen Naturen unter uns – und welcher Dichter, Schriftsteller oder Künstler ist es nicht – scheint der Umgang mit der Doppelgängermaterie bzw. ihre Aufarbeitung ein existentielles Bedürfnis zu sein.

Wer oder was ist der Doppelgänger, der Schatten, das zweite Ich, der Bi-Ba-Butzemann, das bucklicht Männlein, der Homunculus, das Rumpelstilzchen oder der kleine Mann im Ohr? – Sinn dieses Artikels ist es nicht, eine geisteswissenschaftliche Erklärung zu geben. Vielmehr versuche ich beispielhaft zu zeigen, wie und bei wem Erlebnisse dieser besonderen Art – Begegnungen mit dem Doppelgänger – aufgetreten sind.

Zunächst fällt auf, daß sich um die Mitte des 19. Jahrhunderts bei einzelnen Dichtern so etwas wie eine Vision der eigenen seelischen Abgründe eröffnet. Das alte spirituelle Wissen der Menschheit war längst erloschen. Die naturwissenschaftlich-materialistische Denkweise hatte ihre Verbreitung gefunden, da leuchtet bei einzelnen, geistig-seelisch sensiblen Persönlichkeiten die Spiritualität in einer nach innen gerichteten Form wieder auf. Und zwar in der Art, daß sich der Betreffende nun einerseits als autonomes Ich erlebt und empfindet, daß aber andererseits diesem Ich ein realexistierendes Nicht-Ich gegenübersteht. Dieser Zwiespalt der Persönlichkeit wird erlebt, erfahren, teilweise durch Schauungen innerer Art deutlich. Das Auseinanderklaffen des Individuums wird als Not, Zwangslage, teilweise auch als Wahnsinn, als Persönlichkeitsspaltung erlebt, was in irgendeiner Form verarbeitet wird, um nicht an dem Dilemma zugrunde zu gehen.

Edgar Allan Poe (1809–1849)

Greifen wir Edgar Allan Poe heraus. 1840 erscheint seine Erzählung „William Wilson". Zwei Aspekte der menschlichen Seele, das Lichte und Finstere, das Gute und Böse wurden von Poe in zwei Gestalten gleichen Namens – William Wilson – hineinversetzt. Beide sind zum Verwechseln ähnlich, so daß schließlich immer eindringlicher die Frage entsteht: Wer spricht?

> „Sein Trick bestand darin, daß er mich hundertprozentig zu imitieren unternahm, sowohl was Ausdrücke als auch Gebärdung anbelangt; und

meisterlich führte er seine Rolle durch. Meinen Anzug zu kopieren war eine Kleinigkeit; meine Haltung und mein Benehmen allgemein eignete er sich ohne Schwierigkeit an; ja, seinem angebornen Gebrechen zum Trotz, entging ihm selbst meine Stimme nicht. Zwar die lautere Sprechweise versuchte er natürlich gar nicht erst; aber der ganze Tonfall, er war identisch; *und sein eigentümliches Gewisper, es wurde schlechthin das Echo meines eigenen!*" (Poe, S.684)

Durch eine Lockerung der Seele wurde dieser Zustand noch verstärkt:

„Ich hatte mich noch freisamlicher denn sonsten den Verlockungen des Weinbüffets überlassen." (ebd., S.702)

Und der Zustand der Zerrissenheit endet in einem Tobsuchtsanfall:

„‚Du Schuft!' sagte ich, mit einer Stimme, heiser vor Wut; und jede Silbe, die ich hervorbrachte, gab meiner Raserei neuen Brennstoff: ‚Du Schuft! Betrüger! Verwünschter Bube! Du sollst nicht – sollst *mir nicht* bis zum Tode auf Schritt und Tritt nachspüren! Folge mir; oder ich ersteche dich hier auf der Stelle!' – und ich erzwang mir einen Weg aus dem Ballsall, in ein kleines, angrenzendes Vorzimmer – wobei ich ihn, wie ich ging, unwiderstehlich und unwiderstanden mit mir schleifte.

Beim Eintreten noch schleuderte ich ihn wutvoll von mir. Er stolperte gegen die Wand; während ich mit einem Fluche die Tür schloß, und ihm befahl, zu ziehen! Er zauderte einen Augenblick nur; dann, mit einem kaum vernehmbaren Seufzen, zog er schweigend und setzte sich in Verteidigungsstellung. Unser Kampf jedoch war nur kurz. Ich war außer mir von jeglicher Art wildester Erregung, und fühlte in meinem einen Arm die Energie und Macht einer Armee. Binnen weniger Sekunden hatte ich ihn durch schiere Kraft an die getäfelte Wand getrieben; und rammte ihm, dem mir dergestalt auf Gnade und Ungnade Preisgegebenen, den Degen mit brutaler Wildheit in die Brust und mehrfach durch und durch.

Im gleichen Augenblick probierte jemand außen die Klinke der Tür. Ich beeilte mich, eine unberufene Einmischung zu verhindern; und kehrte dann unverzüglich zu meinem sterbenden Widersacher zurück. Aber welche von Menschen gesprochene Sprache kann *das* Erstaunen, *das* Entsetzen annähernd wiedergeben, das bei dem Schauspiel, das sich meinem Auge itzt darbot, Besitz von mir ergriff? Der kurze Zeitraum, wo ich den Blick abwandte, hatte anscheinend hingereicht, eine durchgreifende Veränderung der Zimmereinrichtung am oberen, entfernteren Ende zu bewirken. Ein hoher Spiegel – so schien es mir zuerst in meiner Verwirrung – stand nunmehr dort, wo vordem keiner sichtbar gewesen war; und als ich, in einem Übermaß von Grausen darauf zutrat, kam mir mein eigenes Bild entgegen, aber ganz bleich im Gesicht und blutbespritzt, auch schwächlichen, wankelnden Ganges.

So schien es, sagt' ich; doch so war es nicht. Es war mein Widersacher – war Wilson, der da vor mir stand, im Todeskampf der Auflösung nahe. Seine Maske und Capa lagen, wie er sie von sich geworfen hatte, auf dem Boden. Und es war kein Faden in all seiner Kleidung – nicht eine Linie in all den scharfgeprägt und unverwechselbaren Zügen seines Gesichts, die nicht, bis in die allerabsoluteste Identität, *auch die meinigen* gewesen wären! Es war Wilson; aber er sprach mitnichten länger im Wisperton, und ich hätte mir leichtlich einbilden können, ich selber sei es, der rede, als er die Worte formte:

‚Du hast gesiegt, und ich trete ab. Doch von nun an bist auch du tot – tot für die Welt, für Himmel und Hoffen. In mir warst du am Leben – nun, in meinem Tode, schau in diesem Bild, es ist dein eigenes, wie gänzlich du dich selbst gemordet hast.'" (ebd., S.703 ff.)

Indem William Wilson seinen Schatten tötet, tötet er sich selbst! Daraus wird deutlich, daß es nicht darum geht, seinen Doppelgänger zu eliminieren, sondern man muß lernen, mit ihm zu leben, so schwer es auch ist. Verwandlung und Erlösung heißt das Motto. Erst dann reift der Mensch zum vollen Menschsein heran. Dies ist Sinn und Bedeutung des Doppelgängers. „Ich bin ein Teil von jener Kraft, die stets das Böse will und doch das Gute schafft", läßt Goethe den Mephistopheles sagen, um diesen Sachverhalt zum Ausdruck zu bringen.

E.T.A. Hoffmann (1776–1822) und Adelbert von Chamisso (1781–1838)

Schon einige Jahre vor Poe schreibt E.T.A. Hoffmann 1815 „Die Elixiere des Teufels". In diesem Roman will der Mönch Medardus mit Hilfe eines geheimnisvollen Trunks eine neue schöne Welt erkunden, stürzt aber statt dessen in die Abgründe der eigenen Seele und der Sünde. Auf seinem Weg in die Verdammnis tritt ihm als Doppelgänger sein zweites Ich warnend entgegen. E.T.A. Hoffmann kann auf diese Weise die dämonischen Kräfte sichtbar machen, die frei werden, wenn der Mensch seine seelische

Einheit verliert und – wie gespalten – ins Spannungsfeld von Gut und Böse gerät. Auch hier scheint letztlich hindurch, daß dem Doppelgänger – bei allem Schrecken, der von ihm ausgeht und der in der unten abgebildeten Illustration zum Ausdruck kommt – auch ein positives Element innewohnt und die Auseinandersetzung mit dem Bösen eigene Kräfte stärkt:

> „Es wurde mir klar, daß nicht ich, sondern die fremde Macht, die in mein Wesen getreten, alles das Ungewöhnliche bewirke und ich nur das willenlose Werkzeug sei, dessen sich jene Macht bediene zu mir unbekannten Zwecken. Die Erkenntnis dieses Zwiespalts, der mein Inneres feindselig trennte, gab mir aber Trost, indem sie mir das allmähliche Aufkeimen eigner Kraft, die, bald stärker und stärker werdend, dem Feinde widerstehen und ihn bekämpfen werde, verkündete." (Hoffmann, S.124)

Begegnung mit dem Doppelgänger
Illustration von Theodor Hosemann (1844) zu „Die Elixiere des Teufels"

Etwa gleichen Datums ist Chamissos „Peter Schlemihls wundersame Geschichte“. Dem Buch sind einige Strophen vorangestellt, die im Rückblick die Quintessenz der Bekenntnis zum Schatten enthalten:

An meinen alten Freund Peter Schlemihl

Da fällt nun deine Schrift nach vielen Jahren
mir wieder in die Hand, und – wundersam! –
der Zeit gedenk' ich, wo wir Freunde waren,
als erst die Welt uns in die Schule nahm.
Ich bin ein alter Mann in grauen Haaren,
ich überwinde schon die falsche Scham,
ich will mich deinen Freund wie ehmals nennen
und mich als solchen vor der Welt bekennen.

Mein armer, armer Freund, es hat der Schlaue
mir nicht, wie dir, so übel mitgespielt;
gestrebet hab' ich und gehofft ins Blaue,
und gar am Ende wenig nur erzielt;
doch schwerlich wird berühmen sich der Graue,
daß er mich jemals fest am Schatten hielt;
den Schatten hab' ich, der mir angeboren,
ich habe meinen Schatten nie verloren.

Mich traf, obgleich unschuldig wie das Kind,
der Hohn, den sie für deine Blöße hatten. –
Ob wir einander denn so ähnlich sind?! –
Sie schrien mir nach: Schlemihl, wo ist dein Schatten?
Und zeigt' ich den, so stellten sie sich blind
und konnten gar zu lachen nicht ermatten.
Was hilft es denn! man trägt es in Geduld,
und ist noch froh, fühlt man sich ohne Schuld.

Und was ist denn der Schatten? möcht' ich fragen,
wie man so oft mich selber schon gefragt,
so überschwenglich hoch es anzuschlagen,
wie sich die arge Welt es nicht versagt?
Das gibt sich schon nach neunzehntausend Tagen,
die, Weisheit bringend, über uns getagt;
die wir dem Schatten *Wesen* sonst verliehen,
sehn Wesen jetzt als *Schatten* sich verziehen.

Wir geben uns die Hand darauf, Schlemihl,
wir schreiten zu und lassen es beim alten;
wir kümmern uns um alle Welt nicht viel,
es desto fester mit uns selbst zu halten;
wir gleiten so schon näher unserm Ziel,
ob jene lachten, ob die anderen schalten,
nach allen Stürmen wollen wir im Hafen
doch ungestört gesunden Schlafes schlafen.

(Chamisso, S.3 f.)

H.C. Andersen (1805–1875)

H.C. Andersen schreibt das Märchen „Der Schatten“ 1846/47. In diesem Märchen wird geschildert, wie der Schatten eines Gelehrten sich verselbständigt und ein eigenes Leben führt. Im Laufe der Handlung wandelt sich der Schatten zur Dominante, während der Gelehrte zum „Geleerten“ wird. Der Schatten wird Mensch, und der Mensch wird Schatten, und die übrige Welt hält den Schatten für den wirklichen Menschen und den Menschen für den echten Schatten:

„Der Schatten war nun der Herr, und der Herr war der Schatten. Sie fuhren miteinander, sie ritten und gingen zusammen, Seite an Seite, vor- und hintereinander, je nachdem die Sonne stand. Der Schatten wußte sich immer auf dem Herrenplatz zu halten, und das fiel dem gelehrten Mann nicht weiter auf; er war sehr gutmütig und sehr sanft und sehr freundlich, und da sagte er eines Tages zum Schatten: ‚Da wir nun Reisekameraden geworden und von Kindheit an miteinander aufgewachsen sind, wollen wir da nicht Brüderschaft trinken? Das ist doch weit vertraulicher!‘

‚Sie sagen da etwas‘, sagte der Schatten, der ja nun der eigentliche Herr war, ‚das ist recht gerade heraus und wohlgemeint gesprochen. Sie, als gelehrter Mann, wissen sicher, wie sonderbar die Natur ist. Manche Menschen können es nicht ertragen, graues Papier anzufassen, dann wird ihnen unwohl; anderen geht es durch alle Glieder, wenn man einen Nagel über eine Glasscheibe zieht. Ich habe ein ähnliches Gefühl, wenn ich höre, daß Sie du zu mir sagen, ich fühle mich gleichsam zu Boden gedrückt, wie in meiner ersten Stellung bei Ihnen. Sie sehen, es ist ein Gefühl, es ist nicht Stolz. Ich kann Sie nicht du zu mir sagen lassen, aber

Sie waren nun Reisekameraden geworden ...
Illustration von Ib Spang Olsen zu „Der Schatten“

ich werde gern du zu Ihnen sagen, dann ist die Hälfte Ihres Wunsches erfüllt!‘

Und dann sagte der Schatten ‚du‘ zu seinem früheren Herrn.

Das ist doch wahrhaft toll, dachte er, daß ich ‚Sie‘ sagen muß, und er sagt ‚du‘! Aber nun mußte er es aushalten.“ (Andersen, S.458 f.)

Wie weit die Geschichte im Tragischen endet, wird weiter erzählt. Andersen scheint ein exaktes Gespür für die übersinnlich-realen Machtverhältnisse innerhalb der menschlichen Seele zu haben, der Machtverhältnisse zwischen dem ureigensten menschlichen Ich und seinem Doppelgänger. Hier, in seinem Märchen „Der Schatten“, obsiegt der Schatten:

„‚Höre, mein guter Freund‘, sagte der Schatten zu dem gelehrten Mann, ‚jetzt bin ich so glücklich und mächtig geworden, wie nur jemand sein kann, nun will ich auch etwas Außerordentliches für dich tun. Du sollst immer bei mir auf dem Schloß wohnen, mit mir in meinem königlichen Wagen fahren und jährlich hunderttausend Reichstaler haben; aber dann mußt du dich von allen und jedem Schatten nennen lassen; du darfst nicht sagen, daß du je Mensch gewesen bist! Und einmal im Jahr, wenn ich auf dem Altan im Sonnenschein sitze und mich sehen lasse, mußt du zu meinen Füßen liegen, wie es einem Schatten gebührt! – Ich will dir sagen, ich heirate die Königstochter, heute abend soll die Hochzeit gefeiert werden.‘

‚Nein, das ist allzu toll‘, sagte der gelehrte Mann, ‚das will ich nicht, das tue ich nicht; das heißt, das ganze Land betrügen und die Königstochter dazu! Ich sage alles, daß ich ein Mensch bin und du ein angekleideter Schatten bist.‘

‚Das glaubt niemand!‘ sagte der Schatten, ‚sei vernünftig, oder ich rufe die Wache!‘

‚Ich gehe gerade zur Königstochter!‘ sagte der gelehrte Mann. ‚Aber ich gehe zuerst‘, sagte der Schatten, ‚und du gehst in das Gefängnis!‘ – Und das mußte er, denn die Schildwachen gehorchten ihm, von dem sie wußten, daß die Königstochter ihn heiraten wollte.

‚Du zitterst‘, sagte die Königstochter, als der Schatten zu ihr kam. ‚Ist etwas vorgefallen? Du darfst heute abend nicht krank werden, jetzt, wo wir Hochzeit halten wollen.‘

‚Ich habe das Schlimmste erlebt, was man erleben kann!‘ sagte der Schatten. ‚Denke dir – ja, solch ein armes Schattengehirn kann nicht viel aushalten, – denke dir, mein Schatten ist verrückt geworden, er glaubt, er sei ein Mensch, und daß ich – denke nur – daß ich sein Schatten sei!‘

‚Das ist doch fürchterlich‘, sagte die Prinzessin, ‚er ist doch eingesperrt?‘

‚Das ist er! Ich fürchte, er wird sich nie wieder erholen.‘

‚Der arme Schatten‘, sagte die Prinzessin, ‚er ist sehr unglücklich; es ist eine wahre Wohltat, ihn von dem bißchen Leben, das er hat, zu befreien, und wenn ich recht darüber nachdenke, so glaube ich, wird es notwendig sein, daß man es in aller Stille mit ihm abmacht!‘

‚Das ist freilich hart‘, sagte der Schatten, ‚denn er war ein treuer Diener!‘ Und dann tat er, als wenn er seufzte.

‚Du bist ein edler Mann!' sagte die Königstochter.

Am Abend war die ganze Stadt erleuchtet, und die Kanonen wurden abgefeuert. – Und die Soldaten präsentierten das Gewehr. Das war eine Hochzeit! Die Königstochter und der Schatten traten auf den Altan hinaus, um sich sehen zu lassen und noch einmal ein Hurra zu bekommen.

Der gelehrte Mann hörte nichts von diesen Herrlichkeiten – denn ihm hatten sie das Leben genommen." (ebd., S.461 f.)

Hermann Hesse (1877–1962)

In ganz anderer Art und Weise greift Hermann Hesse das Phänomen Doppelgänger auf. Es ist die Form einer realistischen Erzählung, die autobiographischen Charakter annimmt. Die kleine Abhandlung hat den Namen „Kindheit des Zauberers". Hesse beschreibt Dinge, Begebenheiten des täglichen Lebens, so wie sie uns selbst hin und wieder begegnen. Wer kennt z.B. nicht die Situation, in der es einem wie eine Eingebung, ein Zuflüstern erscheint, man solle dies tun oder jenes gerade nicht tun. In dieser Situation meldet sich das Irrationale, das Unerklärbare, das magisch Anmutende:

„Von allen magischen Erscheinungen aber die wichtigste und herrlichste war ‚der kleine Mann'. Ich weiß nicht, wann ich ihn zum ersten Male sah; ich glaube, er war schon immer da, er kam mit mir zur Welt. Der kleine Mann war ein winziges, grau schattenhaftes Wesen, ein Männlein, Geist oder Kobold, Engel oder Dämon, der zuzeiten da war und vor mir herging, im Traum wie auch im Wachen, und dem ich folgen mußte, mehr als dem Vater, mehr als der Mutter, mehr als der Vernunft, ja auch oft mehr als der Furcht. Wenn der Kleine mehr sichtbar wurde, gab es nur ihn, und wohin er ging oder was er tat, das mußte ich ihm nachtun: Bei Gefahren zeigte er sich. Wenn mich ein böser Hund, ein erzürnter größerer Kamerad verfolgte und meine Lage heikel wurde, dann, im schwierigsten Augenblick, war das kleine Männlein da, lief vor mir, zeigte mir den Weg, brachte Rettung. Er zeigte mir die lose Latte im Gartenzaun, durch die ich im letzten bangen Augenblick den Ausweg gewann, er machte mir vor, was gerade zu tun war: sich fallenlassen, umkehren, davonlaufen, schreien, schweigen. Er nahm mir etwas, was ich essen wollte, aus der Hand, er führte mich an den Ort, wo ich verlorengegangene Besitztümer wiederfand. Es gab Zeiten, da sah ich ihn jeden Tag. Es gab Zeiten, da blieb er aus. Diese Zeiten waren nicht gut, dann war alles lau und unklar, nichts geschah, nichts ging vorwärts." (Hesse, S.380)

Mit das Intimste ist es, was einen mit „dem anderen", bei Hesse ist es „der kleine Mann", verbindet:

> „Nichts wäre verbotener, schlechter, todsündiger gewesen, als den kleinen Mann zu verraten, ihn zu nennen, von ihm zu sprechen. Nicht einmal an ihn denken, nicht einmal ihn rufen oder herbeiwünschen konnte ich. War er da, so war es gut, und man folgte ihm. War er nicht da, so war es, als sei er nie gewesen. Der kleine Mann hatte keinen Namen. Das Unmöglichste auf der Welt aber wäre es gewesen, dem kleinen Mann, wenn er einmal da war, nicht zu folgen. Wohin er ging, dahin ging ich ihm nach, auch ins Wasser, auch ins Feuer. Es war nicht so, daß er mir dies oder jenes befahl oder riet. Nein, er tat einfach dies oder das, und ich tat es nach. Etwas, was er tat, nicht nachzutun, war ebenso unmöglich, wie es meinem Schlagschatten unmöglich wäre, meine Bewegungen nicht mitzumachen. Vielleicht war ich nur der Schatten oder Spiegel des Kleinen, oder er der meine." (ebd., S.382)

Bei Hermann Hesse ist das Erlebnis des kleinen Mannes ein Kindheitserlebnis, welches mit einhergehender Pubertät dann allmählich erlischt.

Johann Wolfgang von Goethe (1749–1832)

Eine andere, authentische, Beschreibung einer sogenannten merkwürdigen Begegnung finden wir bei Goethe in seinem Werk „Dichtung und Wahrheit".

Im Jahre 1770 studierte der 21jährige in Straßburg Jura. Der junge Student lernte die Pfarrerstochter Friederike Brion kennen und lieben, welche außerhalb Straßburgs in Sesenheim wohnte. Während des Rückwegs von Sesenheim „sieht" Goethe seinen Doppelgänger:

> „In solchem Drang und Verwirrung konnte ich doch nicht unterlassen, Friederiken noch einmal zu sehen. Es waren peinliche Tage, deren Erinnerung mir nicht geblieben ist. Als ich ihr die Hand noch vom Pferde reichte, standen ihr die Thränen in den Augen, und mir war sehr übel zu Muthe. Nun ritt ich auf dem Fußpfade gegen Drusenheim, und da überfiel mich eine der sonderbarsten Ahnungen. Ich sah nämlich, nicht mit den Augen des Leibes, sondern des Geistes, mich mir selbst,

denselben Weg, zu Pferde wieder entgegenkommen, und zwar in einem Kleide, wie ich es nie getragen: es war hechtgrau mit etwas Gold. Sobald ich mich aus diesem Traum aufschüttelte, war die Gestalt ganz hinweg. Sonderbar ist es jedoch, daß ich nach acht Jahren, in dem Kleide, das mir geträumt hatte und das ich nicht aus Wahl, sondern aus Zufall gerade trug, mich auf demselben Wege fand, um Friederiken noch einmal zu besuchen. Es mag sich übrigens mit diesen Dingen, wie es will, verhalten, das wunderliche Trugbild gab mir in jenen Augenblikken des Scheidens einige Beruhigung." (Goethe, S.55 f.)

Ebenfalls im elften Buch von „Dichtung und Wahrheit" erscheint ein Gedicht, das auf den ersten Blick stutzig macht, vor dem Hintergrund des Doppelgängerthemas aber erstaunliche Schlüsse zuläßt. Hier spielt der Doppelgänger seine Rolle in der Hinsicht, daß sich, je nach Lage der Machtverhältnisse innerhalb der menschlichen Seele, zwischen Ich und seinem Schatten, einmal die Entwicklung der Seele im Lebenslauf zum Wohle und ein anderes Mal zum Schaden gestalten kann:

Ein Ritter wohnt in diesem Haus,
Ein Meister auch daneben;
Macht man davon einen Blumenstrauß,
So wird's einen Rittmeister geben.
Ist er nun Meister von dem Ritt,
Führt er mit Recht den Namen;
Doch nimmt der Ritt den Meister mit,
Weh' ihm und seinem Samen!

(ebd., S.52)

Die Dualität ist mithin unverkennbares Zeichen, daß es sich im literarischen Zusammenhang um einen Doppelgängeraspekt handeln kann. Dies kommt auch in einigen von Grimms Märchen zum Ausdruck. Genannt seien hier insbesondere die Märchen „Ferenand Getrü und Ferenand Ungetrü", „Die beiden Wanderer", „Der arme Müllerbursch und das Kätzchen", „Die zwei Brüder".

C.F. Meyer (1825–1898)

Eine Begegnung mit seinem anderen Ich wird auch von Conrad Ferdinand Meyer geschildert. Im schönsten Gedicht, das diesen Stoff berührt, heißt es:

Begegnung

Mich führte durch den Tannenwald
ein stiller Pfad, ein tief verschneiter,
da, ohne daß ein Huf gehallt,
erblickt ich plötzlich einen Reiter.

Nicht zugewandt, nicht abgewandt,
kam er, den Mantel umgeschlagen,
mir deuchte, daß ich ihn gekannt
in alten, längst verschollnen Tagen.

Der jungen Augen wilde Kraft,
des Mundes Trotz und herbes Schweigen,
ein Zug von Traum und Leidenschaft
berührte mich so tief und eigen.

Sein Rößlein zog auf weißer Bahn
vorbei mit ungehörten Hufen.
Mich faßt's mit Lust und Grauen an,
ihm Gruß und Namen nachzurufen.

Doch keinen Namen hab ich dann
als meinen eigenen gefunden,
da Roß und Reiter schon im Tann
und hinterm Schneegeflock verschwunden.

(Meyer, S.1003 f.)

Eine Ähnlichkeit mit der Schilderung Goethes aus „Dichtung und Wahrheit" ist unverkennbar. Deutlich ist auch, daß sich die Erlebnisse direkt auf die eigene Person beziehen: „Doch keinen Namen hab ich dann als meinen eigenen gefunden." Reicht der Doppelgänger einem die Hand zum eigenen, wahren und echten Menschsein?

F.M. Dostojewski (1821–1881)

Kommen wir zu Dostojewski. In einem erschütternden Roman schildert der russische Dichter die Tragödie eines Titularrates, eines Büroangestellten. Um aus der Monotonie und Einöde seiner beruflichen Situation und gleichzeitig vor seinen Minderwertigkeitskomplexen zu entfliehen, wünscht sich die Hauptfigur, ein gewisser Herr Goljädkin, jemand anderes sein zu können:

„Ich ... ich, ich bin eben einfach gar nicht ich', dachte er unter Gefühlen, als müsse er auf der Stelle vergehen, ‚gar nicht ich, ganz einfach, ich bin ein ganz anderer – und nichts weiter!'" (Dostojewski, S.12)

Damit aber nimmt das Verhängnis seinen Lauf. Eine tiefgreifende Spaltung seiner Persönlichkeit deutet sich an, verdichtet sich und kulminiert schließlich mit dem Ausbruch unverrückbaren Wahnsinns. Ganz sachte und verborgen spielt sich der Prozeß ab. Wie feinsinnig Dostojewski dieses Abrutschen in den Wahn beschreibt, wird an einer Stelle deutlich, wo der Begriff „unsereiner" auftaucht, wie gemeißelt fällt. Unsereiner heißt soviel wie „einer von uns" und hat im Zusammenhang dieser Doppelgängergeschichte einen eigenartigen Klang. Die Zusammensetzung des Wortes aus Plural- und Singularform (das unbestimmte Pronomen) machen das Dilemma Goljädkins deutlich:

„Ich bemühe mich nicht, jene zu erniedrigen, die vielleicht reiner sind als wir beide ... das heißt, ich wollte sagen: als unsereiner, Krestjan Iwanowitsch, als unsereiner, und nicht: als wir beide." (ebd., S.17 f.)

Die latente Zerrissenheit des Goljädkin steigert sich, er irrt in St. Petersburg umher, weiß nicht ein noch aus. Das Szenario gleicht einem klassischen Gruselschocker. Um Mitternacht – zur Geisterstunde – erblickt der Kanzleischreiber seinen Doppelgänger:

„Plötzlich aber ... plötzlich zuckte er am ganzen Körper zusammen und sprang unwillkürlich ein paar Schritte zur Seite. Mit einer unerklärlichen Unruhe begann er, sich umzuschauen; es war aber niemand zu sehen, es konnte nichts Besonderes geschehen sein, und doch ... und doch schien es ihm, daß im Augenblick jemand neben ihm, dicht neben ihm gestanden hatte, gleichfalls auf das Geländer gestützt, und – seltsam! – es war, als habe der Betreffende ihm sogar etwas gesagt, schnell und kurz und nicht ganz deutlich, aber irgend etwas, ihn sehr nahe Berührendes, etwas, das ihn persönlich anging. [...]

Kaum hatte Herr Goljädkin das gedacht, als er nicht weit von sich einen Menschen erblickte, der ihm entgegenkam, – wohl ebenso wie er selbst ein verspäteter Fußgänger. Es war offenbar eine ganz zufällige Begegnung, die nichts weiter zu bedeuten hatte; aber aus einem unbekannten Grund wurde Herr Goljädkin ängstlich und verlor sogar ein wenig den Kopf. [...]

Der Fremde war keine zwei Schritte mehr von ihm entfernt. Herr

Goljädkin beeilte sich seiner Gewohnheit gemäß, eine Miene aufzusetzen, die deutlich zu erkennen gab, daß er, Goljädkin, ein Mensch für sich sei und niemanden etwas angehe, daß der Weg für alle breit genug, und er, Goljädkin selbst, niemanden anrühre und ruhig vorübergehe. Plötzlich aber stand er wie vom Blitz getroffen da, und dann wandte er sich schnell zurück und sah dem anderen nach, der kaum an ihm vorübergegangen war, – wandte sich zurück, als habe ihn jemand an einer Schnur herumgerissen. Der Unbekannte entfernte sich schnell im Schneetreiben. Er ging gleichfalls sehr eilig, war gleichfalls ganz vermummt, hatte den Hut in die Stirn gezogen und den Kragen aufgeschlagen, und ging ganz wie er, Herr Goljädkin, mit kleinen, schnellen, trippelnden Schritten, ein wenig im Trab.

‚Was ... was ist denn das?' murmelte Herr Goljädkin mit einem ungläubigen Lächeln, – schauderte aber doch am ganzen Körper zusammen. Es lief ihm kalt über den Rücken. Inzwischen war aber der Unbekannte vollends verschwunden in der Dunkelheit, auch seine Schritte waren nicht mehr zu hören. Herr Goljädkin aber stand immer noch und sah ihm nach. Erst allmählich kam er wieder zu sich. [...]

Plötzlich, durch das Heulen des Windes und das Geräusch des Unwetters, vernahm er wieder schnelle Schritte in der Nähe. Er fuhr zusammen und öffnete die Augen. Vor ihm, etwa zwanzig Schritte weit, tauchte von neuem irgendein dunkles Menschlein auf, das ihm eilig entgegenkam. Die Entfernung verringerte sich schnell. Herr Goljädkin konnte schon deutlicher seinen neuen Schicksalsgenossen erkennen, – und plötzlich schrie er auf vor Überraschung und Entsetzen. Seine Füße wurden schwach. Es war derselbe, ihm schon bekannte Passant, der vor etwa zehn Minuten an ihm vorübergegangen war und der ihm jetzt plötzlich wieder entgegenkam. Das Erlebnis aber war seltsam und unheimlich. Herr Goljädkin war so überrascht, daß er stehenblieb, erzitterte, irgend etwas sagen wollte, und – plötzlich dem Unbekannten nachlief; ja, er rief ihn sogar an, wahrscheinlich um ihn schneller zu erreichen. Der Unbekannte blieb auch wirklich stehen, etwa zehn Schritte weit von Herrn Goljädkin, und zwar gerade im Schein der nächsten Laterne, so daß man ihn deutlich erkennen konnte, – blieb stehen, wandte sich nach Herrn Goljädkin um und wartete mit ungeduldiger Miene darauf, was jener nun sagen werde.

‚Verzeihen Sie, ich habe mich vielleicht nur getäuscht', stammelte unser Held mit zitternder Stimme.

Der Unbekannte wandte sich schweigend und sichtlich ungehalten wieder von ihm ab und ging schnell weiter, als wolle er sich beeilen, die verlorenen zwei Sekunden einzuholen. Herr Goljädkin aber zitterte am ganzen Körper und vermochte sich kaum auf den Füßen zu halten. Mit einem Stöhnen sank er auf einen der Prellsteine am Bürgersteig. Er hatte wirklich allen Grund, so die Fassung zu verlieren.

Dieser Unbekannte war ihm jetzt tatsächlich bekannt erschienen. Doch das allein hätte noch nicht viel besagt. Aber er hatte ihn jetzt vollkommen erkannt, diesen Menschen! Er hatte ihn schon gesehen, ja, hatte ihn irgend einmal gesehen, sogar vor ganz kurzer Zeit. Aber wo? – und wann?" (ebd., S.46 ff.)

Dieses andere Ich weicht fortan nicht mehr von seiner Seite:

„Ganz außer sich rannte der Held unserer Erzählung in seine Wohnung. Ohne Hut und Mantel abzulegen, lief er durch den Korridor und blieb, wie vom Donner gerührt, auf der Schwelle seines Zimmers stehen.

Alle Vorahnungen Herrn Goljädkins, alles, was er befürchtet hatte, war jetzt in Erscheinung getreten. Der Atem ging ihm aus, der Kopf schwindelte ihm: Der Unbekannte saß vor ihm auf seinem Bett, gleichfalls in Hut und Mantel, lächelte ein wenig, blinzelte ihm zu und nickte freundschaftlich mit dem Kopf. Herr Goljädkin wollte schreien, konnte aber nicht – wollte irgendwie protestieren, doch die Kraft reichte dazu nicht aus. Die Haare standen ihm zu Berge, und er setzte sich, starr vor Schreck. Dazu hatte er freilich Ursache. Herr Goljädkin erkannte sofort seinen nächtlichen Freund. – Sein nächtlicher Freund aber war niemand anderer als er selbst – ja: Herr Goljädkin selbst, ein anderer Herr Goljädkin und doch Herr Goljädkin selbst – mit einem Wort und in jeder Beziehung war er sein eigener Doppelgänger!" (ebd., S.51)

Dostojewski benennt im Verlauf des Romans die beiden Personen: Einmal ist es Goljädkin der Ältere, ein anderes Mal Goljädkin der Jüngere. Der Jüngere ist der Doppelgänger des wahren Goljädkins, versinnbildlicht das Böse, das Triebhafte und die von Goljädkin empfundene Nichtigkeit des Menschseins:

„Die Sache war sonderbar, unbegreiflich, ohnegleichen. Es mußte einen verwundern.

Alles das ging Herrn Goljädkin selbstverständlich durch den Kopf. Er fühlte sich wie auf einem kleinen Feuer bratend. Und wahrlich: das hatte seinen Grund. Derjenige, welcher Herrn Goljädkin gegenüber saß, war – der Schrecken Herrn Goljädkins, war – die Schande Herrn Goljädkins, war – der gestrige Alpdruck Herrn Goljädkins, kurz, war – Herr Goljädkin selbst." (ebd., S.55)

Mehr und mehr gewinnt der Schatten, Goljädkin der Jüngere, die Oberhand, wird zum dominanten Part:

„‚Mein Liebster!' erwiderte Herr Goljädkin der Jüngere, schnitt Herrn Goljädkin dem Älteren eine ziemlich unehrerbietige Grimasse und kniff ihn plötzlich unerwartet mit zwei Fingern in seine ziemlich füllige rechte Backe." (ebd., S.78)

„‚Mach' keine dummen Streiche, mein Lieber, keine dummen Streiche, Jakoff Petrowitsch! Wir wollen doch zusammen Intrigen spinnen, Jakoff Petrowitsch, Intrigen!'" (ebd., S.79)

„Herr Goljädkin der Jüngere warf sich den Mantel um und blickte dabei Herrn Goljädkin dem Älteren ironisch ins Gesicht, um ihn auf diese Weise ganz offen und frech zu ärgern." (ebd., S.81)

Genauso grausam und erschütternd wie spannend liest sich das Finale der Geschichte. Der echte Goljädkin, was wörtlich übersetzt so viel heißt wie „armer Schlucker", wird von einem Arzt in einem Irrenhaus abgeliefert. In finsteren Farben malt der Dichter diesen seelischen Zustand der Umnachtung.

Eine Anregung

Sicherlich wurde deutlich, daß sich das Doppelgängerphänomen nicht einheitlich zeigt. Jeder Dichter wird sein eigenes persönliches Erlebnis mit dem Doppelgänger gehabt haben. Die verschiedenen Schilderungen einem wissenschaftlichen System unterzuordnen fällt schwer. Zumal die hier genannten Autoren natürlich nur beispielhaft einen Teil derer repräsentieren, die sich mit diesem Thema beschäftigt haben. Die differenzierten anthroposophischen Darstellungen zum Doppelgänger und Schatten des Menschen eröffnen hier immer tiefergehende Zugänge. Und am besten, jeder versucht, aufgrund der Anregungen, die in diesem FLENSBURGER HEFT gegeben sind, sich den Doppelgängermotiven in der Literatur, die schon einmal eine Bedeutung für ihn gehabt haben, aufs neue zu nähern und sich weiterführende Gedanken zu bilden.

Literatur:

Andersen, Hans Christian: Märchen und Historien. Bayreuth 1979.

Chamisso, Adelbert von: Peter Schlemihls wundersame Geschichte. Leipzig 1944.

Dostojewski, Fjodor Michailowitsch: Der Doppelgänger. Frankfurt a.M. 1975.

Goethe, Johann Wolfgang von: Aus meinem Leben. Dichtung und Wahrheit, 11. Buch. Berlin 1890.

Hesse, Hermann: Kindheit des Zauberers. In: Gesammelte Werke, Bd. 6. Frankfurt a.M. 1980.

Hoffmann, E.T.A.: Die Elixiere des Teufels. München o.J.

Meyer, Conrad Ferdinand: Gesammelte Werke. Wien/München/Basel 1954.

Poe, Edgar Allan: Das gesamte Werk. Olten 1980.

Aus „Des Knaben Wunderhorn“

Will ich in mein Gärtlein gehn,
Will mein Zwiebeln gießen,
Steht ein bucklicht Männlein da,
Fängt als an zu nießen.

Will ich in mein Küchel gehn,
Will mein Süpplein kochen,
Steht ein bucklicht Männlein da,
Hat mein Töpflein brochen.

Will ich in mein Stüblein gehn,
Will mein Müslein essen,
Steht ein bucklicht Männlein da,
Hat's schon halber gessen.

Will ich auf mein Boden gehn,
Will mein Hölzlein holen,
Steht ein bucklicht Männlein da,
Hat mir's halber gstohlen.

Will ich in mein Keller gehn,
Will mein Weinlein zapfen,
Steht ein bucklicht Männlein da,
Tut mir'n Krug wegschnappen.

Setz ich mich ans Rädlein hin,
Will mein Fädlein drehen,
Steht ein bucklicht Männlein da,
Läßt mir's Rad nicht gehen.

Geh ich in mein Kämmerlein,
Will mein Bettlein machen,
Steht ein bucklicht Männlein da,
Fängt als an zu lachen.

Wenn ich an mein Bänklein knie,
Will ein bißlein beten,
Steht ein bucklicht Männlein da,
Fängt als an zu reden:
Liebes Kindlein, ach ich bitt,
Bet fürs bucklicht Männlein mit!

„Zanoni“ und die Erlebnisse an der Schwelle

Arfst Wagner*

In der Auseinandersetzung mit dem Doppelgängerphänomen liegt einer der „Schlüssel zu den versteckten Türen in den Wällen der Natur, die kein Sterblicher passieren kann, ohne schreckliche Schildwachen aufzuwecken, die man auf dieser Seite noch nie gesehen“ hat. Der zitierte Satz stammt aus der Feder von Edward George Bulwer Lytton (1803–1873), dem englischen Schriftsteller und Staatsmann. (zit. nach: Jennings, S.160)

Bulwer Lytton war einer der führenden Gestalten in der englischen esoterischen Tradition des 19. Jahrhunderts. Er schrieb u.a. Werke wie „Die letzten Tage von Pompeji“, „Rienzi“ und „Vril oder Eine Menschheit der Zukunft“. Letzteres erschien in den vergangenen Jahrzehnten im Verlag am Goetheanum (Edition Rudolf Geering Verlag) in bisher fünf Auflagen. In dem Vorwort zu dieser Ausgabe erwähnt der Übersetzer Guenther Wachsmuth, daß Rudolf Steiner ihn auf den Autor aufmerksam gemacht habe:

> „Nach dem Ersten Weltkriege forderte mich Rudolf Steiner auf, dieses Werk Bulwers ins Deutsche zu übersetzen. Als ich ihm damals erwiderte, daß die Inhalte doch recht phantastische seien, entgegnete er, dies sei nur scheinbar und zeitbedingt, in Wirklichkeit habe Bulwer im inneren Bilde richtig geschaut, was in der Evolution potentiell veranlagt sei, insbesondere durch die zukünftige Entdeckung bisher unbekannter Naturkräfte. Die Bilderwelt in Bulwers Werk sei teils als Rückschau in verlorengegangene Fähigkeiten des Menschen in frühester Vorzeit der ‚atlantischen Epoche‘, insbesondere aber als Vorschau in künftige Evolutionsphasen ein sehr wesentlicher Beitrag.“ (zit. nach: Bulwer Lytton: Vril, S.6)

Bulwer Lytton hatte starken politischen Einfluß. Er war Unterhausmitglied, Staatssekretär und Kolonialminister. Lennhoff/Posner vermuten, daß er Freimaurer gewesen ist; eine Frage, die bis heute nicht geklärt ist. (siehe

* **Arfst Wagner,** geb. 1954. Mitarbeiter der Flensburger Hefte-Redaktion, Verleger (Lohengrin Verlag), arbeitet als Eurythmie-Lehrer an der Freien Waldorfschule Rendsburg.

Lennhoff/Posner, S.972 f.) Der Sohn Bulwers, der Earl of Lytton, war von 1876–1880 Vizekönig von Indien. Auch er ist als Schriftsteller unter dem Decknamen Owen Meredith bekannt. Außerdem ist er der Autor einer umfangreichen Biographie Bulwers, seines Vaters, die im Jahre 1913 unter dem Titel „Life of E.B., First Lord Lytton" in zwei Bänden erschien.

Wieviel wußte Bulwer?

Bevor ich mich nun Bulwers Roman „Zanoni" zuwende, möchte ich nicht unerwähnt lassen, daß Bulwer auch Helena Petrowna Blavatsky bekannt war. Im ersten Band ihrer „Geheimlehre" erwähnt sie Bulwer in einem Zusammenhang, der sich auf die Thematik des „Zanoni" bezieht. Der Mensch hat einige Begleiter, von denen er meist nichts ahnt. Blavatsky schreibt über einen dieser „menschlichen Begleiter":

> „Der Stern, unter welchem eine menschliche Wesenheit geboren wird, sagt die occulte Lehre, wird für immer sein Stern bleiben während des ganzen Kreislaufes der Wiederverkörperungen [...]. Aber dieser ist nicht sein astrologischer Stern. Der letztere hat nur Bezug auf und Zusammenhang mit der Persönlichkeit; der erstere mit der Individualität. Der Engel dieses Sternes, oder der mit ihm verbundene Dhyani-Buddha wird entweder der lenkende oder bloß der vorstehende Engel, sozusagen, bei jeder neuen Wiedergeburt der Monade sein, die ein Teil ist seiner eigenen Wesenheit, obwohl ihr Vehikel, der Mensch, für immer mit dieser Thatsache unbekannt bleiben mag. Die Adepten haben ein jeder seinen Dhyani-Buddha, seine ältere ‚Zwillingsseele', und sie kennen dieselbe, nennen sie ‚Vater-Seele' und ‚Vater-Feuer'. Jedoch erst bei der letzten und höchsten Initiation, wenn sie Angesicht zu Angesicht mit dem hellen ‚Bilde' gestellt werden, lernen sie es erkennen. Wieviel wußte Bulwer Lytton von dieser mystischen Thatsache, als er, in einer seiner höchsten inspiratorischen Stimmungen, Zanoni Angesicht zu Angesicht, mit seinem Augoeides beschrieb?" (Blavatsky, S.626)

Die Hüterin der Schwelle

In dem Roman „Zanoni" finden sich mehrere Beschreibungen von Doppelgängererlebnissen. Die Geschichte selbst spielt in der Zeit der französischen Revolution. Man vermeint, in den Vorgängen des Romans rosenkreuzerische Einflüsse wahrzunehmen. Glyndon, die Hauptfigur des Romans, sucht die Unsterblichkeit. Die verschiedenen Gestalten des Romans stellen Seelenkräfte dar, denen der geistig suchende Mensch auf dem Weg seiner spirituellen Entwicklung in sich selbst begegnet. Ihm begegnen „die Urgestalt des Lichts unseres tiefsten Seelengrundes; die unsterbliche Kraft der höheren Erkenntnis; die sich himmelwärts sehnende, unsicher zwischen Zeit und Ewigkeit flatternde Seele; die Hüterin der Schwelle als Königin des Totenreichs und als schreckenerregender Dämon der Furcht sowie die ungeläuterte, frevelnde Neugier einer unerwachten Seele". (Bulwer Lytton: Zanoni, Klappentext)

Die Begegnung mit der Hüterin der Schwelle wird nun von Bulwer wie folgt beschrieben:

> „Dasselbe Gefühl von Kraft, Jugend, Freude und ätherischer Leichtigkeit, das er am Morgen empfunden hatte, trat augenblicklich an die Stelle der tödlichen Erstarrung, welche soeben in die Burg des Lebens eingedrungen war. Er stand mit auf der Brust gekreuzten Armen aufrecht und unverzagt da, harrend, was da kommen werde.
>
> Der Dunst hatte jetzt beinahe die Dichtigkeit und anscheinende Festigkeit einer Schneewolke angenommen. Die Lampen schienen wie Sterne durch. Und jetzt sah er deutlich Gestalten, die in ihren Umrissen Menschen glichen, langsam und mit regelmäßigen Bewegungen durch die Wolke gleiten. Sie schienen blutlos; ihre Körper waren durchsichtig und zusammengezogen oder ausgedehnt, wie die Ringe einer Schlange. Als sie sich in majestätischer Ordnung dahinbewegten, hörte er einen leisen Ton – gleichsam den Geist einer Stimme –, den jede von der anderen auffaßte und wiederholte. Ein leiser, aber harmonischer Ton, der wie der Gesang einer unaussprechlich ruhigen Freude schien. Keine dieser Erscheinungen beachtete ihn. Sein lebhaftes Verlangen, sie anzureden, einer der Ihrigen zu werden, an diesen Bewegungen ätherischen Glücks teilzunehmen (denn ein solches schien es ihm), machte, daß er seine Arme ausstreckte und laut zu rufen versuchte, aber nur ein unartikuliertes Flüstern kam über seine Lippen. Die Bewegung und die Musik gingen fort, als ob kein Sterblicher da wäre. Langsam schwebten sie im Kreis umher und in die Höhe, bis sie in derselben majestätischen Ordnung eine nach der anderen durch das Fenster schwebten und sich im Mondlicht verloren. Als sein Auge ihnen folgte, wurde das Fenster von einem auf den ersten Blick nicht zu unterscheidenden Etwas ver-

dunkelt, das aber doch hinreichte, das zuvor gefühlte Entzücken Glyndons geheimnisvoll in unsäglichen Schreck zu verwandeln. Nach und nach nahm dieses Etwas für sein Auge Gestalt an. Es war wie ein mit einem dunklen Schleier bedeckter Menschenkopf, aus welchem mit gelbem, dämonischem Feuer Augen glotzten, die das Mark in seinen Gebeinen gefrieren machten. Nichts sonst war von dem Gesichte zu unterscheiden, nichts als diese unerträglichen Augen. Aber sein Grauen, das im Anfang die Kräfte der menschlichen Natur zu erschöpfen schien, wurde noch tausendfach vermehrt, als das Phantom nach einer Weile langsam ins Zimmer hereinglitt. Die Wolke zog sich vor ihm zurück, während es vorwärts kam. Die hellen Lampen wurden matt und flackerten unruhig, wie infolge der Gegenwart seines Hauches. Seine Gestalt war wie das Gesicht verschleiert, aber der Umriß war der eines weiblichen Wesens. Doch es bewegte sich nicht, wie sich selbst Geister bewegen, welche sich lebend stellen. Es schien eher wie ein ungeheures, mißgestaltetes Gewürm zu kriechen. Als es endlich stillestand, kauerte es sich neben dem Tische nieder, auf welchem das mystische Buch lag, und heftete wieder seine Augen durch den dunstigen Schleier auf den vorschnellen Beschwörer. Alle Phantasien, selbst die groteskesten von Mönch und Maler des Nordens der alten Zeit, wären nicht imstande gewesen, dem Gesicht eines Teufels oder Kobolds diesen Ausdruck tödlicher Bosheit zu geben, welcher aus diesen Augen allein zu der schaudernden Natur sprach. Alles andere so dunkel, verhüllt, verschleiert und larvenähnlich. Aber dieser brennende, durchdringende, gelbe und doch lebendige Blick hatte etwas an sich, das in seinem leidenschaftlichen Haß und Hohn beinahe *menschlich* zu nennen war, etwas, das zeigte, daß der schattenhafte Schrecken nicht ganz nur Geist war, sondern wenigstens genug Materie an sich hatte, um für materielle Wesen ein noch tödlicherer und furchtbarerer Feind zu sein. Als er, mit krampfhafter Anstrengung der Todesangst an der Mauer sich haltend, mit gesträubten Haaren, mit herausgetriebenen Augäpfeln immer noch nach dem erschrecklichen Auge zurückblickte, sprach das Phantom zu ihm. Seine Seele mehr als sein Ohr verstand die Worte, die es sprach.

‚Du bist in das unermeßliche Reich eingedrungen. Ich bin die Hüterin der Schwelle. Was willst du von mir? Du schweigst? Fürchtest du mich? Bin ich nicht deine Geliebte? Hast du nicht um meinetwillen den Freuden deines Geschlechts entsagt? Möchtest du weise werden? Mein ist die Weisheit zahlloser Jahrhunderte. Küsse mich, mein sterblicher

Geliebter!‘ Der Greuel kroch näher und näher zu ihm, kroch an seine Seite, sein Atem berührte seine Wange! Mit einem gellenden Schrei fiel er bewußtlos zu Boden und wußte nichts mehr von sich, bis er am hohen Mittag des nächsten Tages seine Augen öffnete und sich in seinem Bette fand. Die herrliche Sonne strömte durch das Gitterfenster, und der Bandit Paolo saß neben ihm, putzte seinen Karabiner blank und pfiff ein kalabresisches Lieblingslied.“ (ebd., S.249 f.)

Rudolf Steiner charakterisiert Bulwer Lytton als einen Menschen, an dem man sehen könne, „wie der Mensch dem Leben gegenüber sich dann verhält, wenn er im Inneren eben diese andersgeartete Welt nicht bloß in Begriffen aufnimmt, sondern in die ganze Seelenverfassung, eben in das ganze innere Erleben. Man muß dann manches ganz anders beurteilen, als es nach dem Maßstabe der gewöhnlichen Philisterei geschehen kann.“ (GA 207/1981/23.09.1921/S.17)

Der tiefe Blick in die spirituelle menschliche Entwicklung, wie ihn Bulwer vor unseren Augen in seinem „Zanoni“ ausbreitet, offenbart eine zum Teil erschreckende Konsequenz, die unheimlich anrührend ist. Wer die spirituellen Probleme verschlafen möchte, der wird diese Darstellungen möglicherweise sogar anstößig finden. Das tut aber der inneren Wahrheit der Schilderungen keinen Abbruch.

„Warum sträubt sich dein Haar?“

Im Roman „Zanoni“ versucht Glyndon nun, seine erschütternden Erfahrungen durch künstlerische Betätigung zu verarbeiten. Das ägyptische Gericht der Lebenden über die Toten aus dem ersten Buch Diodors inspiriert ihn zu einer Zeichnung. Bulwer Lytton schildert das Geschehen einer sich daran anschließenden weiteren Hüterbegegnung:

> „Wunderbarer, inbrünstiger Eifer, o Künstler, der plötzlich aus den Nebeln und aus dem Dunkel hervorbricht, welche die verborgene Wissenschaft so lange über deine Phantasie gebreitet hatte! Wunderbar, daß die Rückwirkung der Schrecknisse der Nacht und der Enttäuschung des Tages dich zu deiner heiligen Kunst zurückführt! Ha, wie frei zeichnet die kühne Hand die großen Umrisse! Wie spricht trotz dieses rohen Materials daraus nicht mehr der Lehrling, sondern der Meister! Wie verleihst du, noch frisch glühend von dem herrlichen Elixier, deinen Gestalten das dir selbst versagte höhere Leben! – Eine Macht, die dir

nicht angeboren ist, schreibt die großen Symbole an die Mauer. Im Hintergrund erhebt sich das mächtige Grab, ein Ruheplatz der Toten, bei dessen Auftürmung die Leben von Tausenden sich verzehrten. Dort sitzen in einem Halbkreis die ersten Meister. Schwarz und schwerfällig wallt der See. Hier liegt der einbalsamierte königliche Tote. Zitterst du bei den Falten seiner leblosen Stirne? Ha! gut gemacht, Künstler! auf stehen die hohläugigen Gestalten! blaß drohen die gespenstischen Gesichter! Soll nicht die Menschlichkeit nach dem Tode sich rächen an der Macht? Deine Idee, Clarence Glyndon, ist erhabene Wahrheit; deine Zeichnung verheißt dem Genie Ruhm. Besser diese Magie als die Zauber des Buchs und des Gefäßes. Stunde um Stunde ist verstrichen, du hast die Lampe angezündet, die Nacht findet dich noch an deiner Arbeit. Barmherziger Himmel, was erkältet die Luft? Warum brennt die Lampe so matt? Warum sträubt sich dein Haar? Da! ... da! ... da! am Fenster! ... Es starrt nach dir, das finstere, in einen Mantel gehüllte, entsetzliche Wesen! da, mit ihrem teuflischen Hohne, mit ihrer häßlichen Tücke glotzen dich diese scheußlichen Augen an!

Er stand und stierte hin. Es war keine Täuschung, es sprach nicht, bewegte sich nicht, bis er, unfähig, diese durchbohrenden brennenden Blicke noch länger zu ertragen, sein Gesicht mit den Händen bedeckte. Mit einem Schreck, einem Schauer zog er sie wieder weg, er fühlte die größere Nähe des namenlosen Wesens. Da kauerte es am Boden neben seiner Zeichnung. Und siehe! Die Gestalten schienen aus der Wand hervorzutreten! diese blassen, anklagenden Gesichter, die Gestalten, die er selbst geschaffen, sahen ihn finster an und zischelten. Mit einer gewaltigen Anstrengung, die sein ganzes Wesen in eine konvulsivische Aufregung brachte und seinen Körper mit dem Schweiß des Todeskampfes übergoß, überwältigte der junge Mann sein Entsetzen. Er ging auf das Phantom zu, hielt seinen Blick aus. Er redete es mit fester Stimme an, er fragte, was es wolle, und bot seiner Macht Trotz.

Da ertönte seine Stimme wie der Wind aus einem Totenhause. Was es sagte, was es offenbarte, ist dem Munde zu wiederholen, der Hand aufzuzeichnen verboten. Nur das feine Leben, das noch in dem Körper glühte, dem das Einatmen des Elixiers Stärke und Tatkraft verlieh, wie sie der Kräftigste nicht hatte, konnte diese schreckliche Stunde überleben. Lieber in den Katakomben wachen und die Begrabenen aus ihren Wachsleinwandhüllen aufstehen sehen und die Geister bei ihren scheußlichen Orgien hören unter den Geisterschauern modernder Verwesung, als diesen Zügen gegenüberstehen, wenn der Schleier zurückgeschlagen war, und das Flüstern dieser Stimme hören!

Am andern Tage floh Glyndon aus dem zerfallenen Schlosse. Mit welchen Hoffnungen auf sternhelles Licht war er über die Schwelle geschritten! Mit welchen Erinnerungen, die ihn immer vor der Finsternis schauern machten, blickte er zurück nach seinen düsteren, von der Zeit zernagten Türmen!" (ebd., S.276 ff.)

Am Grenzland des Unsichtbaren

Die beiden hier zitierten Schilderungen Edward Bulwer Lyttons aus seinem Roman „Zanoni" können als eine Begegnung Glyndons mit dem eigenen Doppelgänger an der Schwelle zur geistigen Welt gedeutet werden. Darin folge ich den Ausführungen eines anderen englischen Okkultisten, C.G. Harrison, der über sie wie folgt in einem Vortrag gesprochen hat:

„Die abenteuerlichsten Begriffe herrschen in Betreff des ‚Hüters der Schwelle', welche wahrscheinlich aus einer zu buchstäblichen Deutung der Erfahrungen Glyndons in der herrlichen Allegorie ‚Zanoni' hervorgegangen sind, oder lassen Sie mich lieber sagen, in der herrlichen Parabel der menschlichen Sehnsucht nach dem Ideale [...]. Er [Bulwer Lytton] gibt jedoch zu, daß unter der Geschichte, die er erzählt, typische Bedeutungen verborgen sind. Er wollte sicherlich nicht sagen, daß eine verschleierte Gestalt, deren Augen in dämonischem Feuer glänzen, dem thatsächlichen Blicke, weder dem normalen noch dem hellsehenden, erscheint. In dem Falle Glyndons war es der Teufel seiner eigenen ruchlosen Begierden, welcher in dem Lichte, das auf ihn blitzte im Augenblicke, in welchem er die Schwelle überschritt, ihn erblassen machte, indem er ihm, in ihrer ganzen ursprünglichen Scheußlichkeit, die nahe Verwandtschaft offenbarte, welche zwischen den aus der Verderbnis seiner eigenen niedereren Natur geborenen Kräften und den zerstörenden Kräften des Planeten bestand, und die ein verhängnisvolles Anziehungsband zwischen ihm und den bösen Dienern von Krankheit und Tod bildete. Und darauf kam die Versuchung, welche nach den Worten Zanonis den Lippen verboten ist auszusprechen und der Hand niederzuschreiben. Doch kann sie durch Analogie erläutert werden: Es ist ein Leichtes, quer über den Boden eines Zimmers zwischen zwei parallelen, sechs Zoll voneinander entfernten Kreidestrichen zu gehen. Es erfordert großen Muth und Nervenstärke, um einen Abgrund auf einem sechs Zoll breiten Brette zu überschreiten. Die Versuchung, einen Fehltritt zu machen, scheint fast unwiderstehlich und wird von solchen, die das Kunststück ausgeführt haben, als instinktives Bestreben geschildert, dem Hange, von einer Seite zur anderen zu schwanken, entgegenzuwirken, welcher die natürliche Wirkung des raschen Zusammenziehens und Wieder-Zusammenziehens des durch die entfernten Einzelheiten in der Tiefe beeinflußten Auges ist. In gleicher Weise führt die Schwierigkeit, zwischen Blendwerk und Wirklichkeit nahe am Grenzlande des Unsichtbaren dazu, das geistige Gleichgewicht zu stören. Die Empfindung feindlicher Einflüsse (deren Natur in der Sinnenwelt nur durch ihre Wirkung offenbar wird) in ihrer vollen nackten Wirklichkeit hat für den, dessen niederere Natur nicht durch Zucht [Selbsterziehung; A.W.] geläutert ist, einen furchtbaren Zauber. Wie ein Ertrinkender im Augenblicke, bevor er das Bewußtsein verliert, sein früheres Leben, wie in einem Panorama, rasch an sich vorüberziehen sieht, so erscheint dem, der die Schwelle überschreitet, jeder schlechte Gedanke, dessen er fähig ist, gleichviel ob er in die Tat umgesetzt ist oder nicht, als ein von Händen ergriffener Strick, um ihn in den Abgrund herabzuziehen. Es gibt keine solchen Stricke, aber die Lage ist unerträglich grauenhaft, wenn man sie zum ersten Male durchmacht. Geistesgegenwart ist jedoch alles, was erforderlich ist." (Harrison, S.39 f.)

Nicht Unwissenheit, sondern mehr Wissen

Seitdem Bulwer Lytton seinen Roman „Zanoni" geschrieben hat, sind eineinhalb Jahrhunderte vergangen. Die Aktualität seiner Schilderungen hat seither zugenommen. Fragt man sich, wieso es heute eine solche Unmenge von Filmen gibt, die schaurige geistige Ereignisse oder Sciencefiction zum Inhalt haben – man denke hier z.B. an die Filme eines Stephen King oder die von dem Crowley-Schüler Giger ausgestatteten „Alien"-Filme –, so erkennt man auch in manchen dieser Filme die mehr oder weniger verzerrte Darstellung geistiger Schwellenerlebnisse. Die Filme bieten allerdings zumeist keine Hilfen zur Verarbeitung dieser Erlebnisse. Harrison weist in seinen erwähnten Vorträgen darauf hin, daß die Menschen zwei Möglichkeiten haben, die Schwelle zu überschreiten: bewußt oder unbewußt. Gehen sie unbewußt und ohne Unterscheidungsvermögen und Geistesgegenwart über die Schwelle, dann wäre es besser, „am

Delirium tremens zu sterben, als unter den Einfluß der tausendundein trüglichen Gespenster zu geraten, welche den Rückweg in die Sinnenwelt besetzen". (ebd., S.41) „Wenn ‚wenig wissen eine Gefahr ist', liegt das Gegenmittel sicher nicht in Unwissenheit, sondern in mehr Wissen." (ebd., S.7)

Und dieses Wissen war bei Edward Bulwer Lytton kein abstraktes, sondern äußerte sich in seiner ganzen Seelenverfassung, die den Spießbürgern seiner Zeit befremdlich erscheinen mußte. Rudolf Steiner stellt dazu fest:

> „Es weiß die Menschheit von dem Grade der Philistrosität, in den sie hineingewachsen ist, nicht viel, und immer weniger weiß sie davon, weil diese ein Naturgemäßes wird. Man sieht nur das als vernünftig an, wie man sich nun eben jetzt ‚benimmt'. Aber die Dinge im Leben hängen zusammen, und die moderne Trockenheit und Schläfrigkeit, die moderne Art, von Mensch zu Mensch sich zu verhalten, gehört als Folge zu der intellektualistischen Entwickelung der letzten Jahrhunderte. Beide Dinge gehören zusammen. Solch ein Mensch wie Bulwer paßt da natürlich an sich nicht hinein. [...] Man muß nur den Abstand der einen Seelenverfassung von der anderen im richtigen Lichte sehen, dann wird einem so etwas doch auch im richtigen Lichte erscheinen können. Aber es war bei Bulwer so, weil in ihm etwas aufleuchtete, was so unmittelbar nicht da sein konnte in der modernen intellektualistischen Zeit, sondern nur als Tradition." (GA 207/1981/23.09.1921/S.18)

Literatur:

Blavatsky, Helena Petrowna: Die Geheimlehre. Bd. 1: Kosmogenesis. Den Haag o.J.

Bulwer Lytton, Edward G.: Vril oder Eine Menschheit der Zukunft. Dornach 1958.

Bulwer Lytton, Edward G.: Zanoni. Das Hohelied des Opfers. (Die sieben Stufen der Einweihung, der Liebe und des Opfers). Schwarzenburg 1980.

Harrison, C.G.: Das transcendentale Weltenall. O.O. 1897.

Jennings, H.: Die Rosenkreuzer – ihre Gebräuche und Mythen. Berlin 1912.

Lennhoff, Eugen/Posner, Oskar: Internationales Freimaurerlexikon. Wien 1932.

Woran scheitern Gespräche?

Ein Doppelgänger-Selbstversuch

Ute Hallaschka*

Am guten Willen fehlte es nicht auf beiden Seiten. Ausgerüstet mit einem umfangreichen Fragenkatalog marschierte ich zum ersten Treffen in die psychotherapeutische Gemeinschaftspraxis, wo die befreundete Psychologin mich zum Interview erwartete.

In der Praxis traf ich zunächst auf ihren Kollegen, der gerade Kaffeepause machte. Wir kamen ins Gespräch über das Vorhaben: Interview zum Thema Doppelgänger. Was sagt die klassische Psychoanalyse dazu? Wie sieht die Realität der therapeutischen Arbeit aus?

Doppelgänger? Der Kollege schaut mich verwirrt an, nie gehört diesen Begriff, was ich denn damit meine? Ein Testballon. Ich versuche es zunächst auf neutralem Boden, pirsche mich vorsichtig an über das Doppelgängermotiv in der Literatur. Recht unverfänglich, dachte ich, und wie gut, wenn man seinen Goethe, seinen Meyer auswendig kann. Aber da war ich schön schief gewickelt. Noch verwirrter und ziemlich skeptisch jetzt, beäugte mich der tiefenpsychologische Fachmann. Aha, es geht um Mystik oder halluzinatorische Ausnahmezustände, vermutet er, während seine Blikke besagen: Merkwürdiges Thema ...! Scheinbar hatte ich einen schlechten Einstieg gewählt, doch der Versuch einer Kurskorrektur machte es noch schlimmer. Nein, nein, insistierte er auf meinen Vorstoß, da fände man nichts bei Freud. Castaneda vielleicht ...

Nun war ich erstmal bedient und sah dem Interview leicht beklommen entgegen. An diesem Tag kamen wir dann auch über die Anfangsgründe nicht hinaus. Wir verbrachten zwei geschlagene Stunden mit dem Versuch, uns einander verständlich zu machen. Keine Rede von den wundervollen Fragen in meinem Gepäck, und so zog ich bekümmert von dannen.

Beim zweiten Termin hatten wir uns beide eine Verzichthaltung auferlegt, es sollte zunächst ein offenes Gespräch, kein Interview werden. Dann würden wir weitersehen. In diesem Gespräch trat immerhin die Quelle des Mißverständnisses zutage, und es stellte sich heraus:

---

* **Ute Hallaschka,** geb. 1959, ist Eurythmistin und freie Autorin.

Folgt man dem klassischen Freudschen Modell, so ergibt sich ein geschlossenes Theoriegebilde, das nach zwei Seiten hin Probleme bereitet. Es läßt sich nicht erstürmen, es sei denn, um den Preis allzu populärwissenschaftlicher Vereinfachung – hinter jeder fraglichen Tür geht eine weitere Tür auf ... Wer dagegen von drinnen Meldung machen will, muß im Gegenüber die Bereitschaft zur Einsicht in die Unabänderlichkeit gewisser Grundannahmen voraussetzen können. Die neuralgischen Punkte, auf die wir wenigstens den Finger legen konnten, waren folgende:

- Statt von Wesenspotentialen ist bei Freud von Strukturbereichen die Rede.
- Das Ich wird als eine sich entwickelnde Struktur des Ausgleichs, der Vermittlung zwischen Es und Über-Ich aufgefaßt, nicht als Person, es kann nur als Entwicklungsstruktur beschrieben werden.
- Der Anfang bleibt im Dunkeln; die Verschiedenheit, welche Menschen mit auf die Welt bringen – ehe noch Strukturen des Zwischenmenschlichen entstehen –, muß ignoriert werden, sie kann kein Untersuchungsgegenstand sein.
- Sämtliche seelischen Phänomene sind ausschließlich Fragen von Beziehungsgestaltung und auf dieser Ebene zu behandeln.
- Die Ichhaftigkeit des Menschen bei der Geburt würde die Erforschung einer vorgeburtlichen Beziehungsgestaltung erforderlich machen, wofür das Empirieverständnis der Freudschen Psychologie keine Instrumente entwickelt hat.
- Eine Diskussion des Doppelgängers würde also stets von Formen der Beziehungsgestaltung handeln (Spiegelbild, Alter-Ego, Projektion, Idealisierung etc.).

So weit waren wir, als wir uns zum dritten Treffen zusammenfanden. Auf der abgeklärten Basis der gegenseitigen Voraussetzungen sollte es endlich „zur Sache gehen". Aber es ging nicht. Während dieses Termins entschieden wir uns zum Eingeständnis des Scheiterns. Wir drehten uns im Kreis und gerieten immer wieder in den Strudel der gleichen Grundsatzdiskussionen.

Weil das mißlungene Gespräch selbst als ein exemplarisches Beispiel für das Wirken und Sich-Darleben des allergewöhnlichsten, ganz alltäglichen Doppelgängertums gelten kann, soll im folgenden der Frage des Mißverstehens nachgegangen werden, um auf diese Weise einige Grundsatzdispositionen des „finsteren Gesellen" aufzuspüren. Die Frage ist also: Woran scheitern Gespräche? Und wie?

Das Unberechenbare des Gesprächs

Weniger entscheidend, als man zunächst vermuten könnte, ist der Anlaß. Die Erfahrung zeigt, daß sogenannte Streitgespräche, wo von vornherein Konfliktpotential im Spiel ist, oft einen unvermutet guten und befriedigenden Ausgang für die Betroffenen nehmen, während es gerade dann, wenn sich alle Teilnehmer guten Willens zusammenfinden, manchmal um so heftiger kracht und die Fetzen fliegen.

Weder Ursache, Anlaß noch die Motive der Gesprächsführung scheinen wesentlich bestimmende Faktoren. Keine wie auch immer geartete Ausgangsvoraussetzung garantiert ein glückliches Ende. Das Unberechenbare des Gesprächs charakterisiert es als Entwicklungswesen. Zwischen zwei Polen lebend, verfügt es über Eigendynamik, Eigenbewegungskraft und – Sinn. Es kann sich jeder Führung entziehen, dann springt es, galoppiert davon oder beflügelt, es schleppt sich zäh oder flammt auf, schlägt überraschende Haken, nimmt plötzliche Wendungen, gerät in Sackgassen, gebärdet sich kämpferisch oder tröstet. Tötet und heilt ... die Liste ließe sich beliebig fortsetzen – doch es ist deutlich: Das wesentlich Sich-Bewegende, das wir Gespräch nennen, erhält sein Eigenleben durch die inneren Bewegungen, der in ihm engagierten Partner. Keineswegs besteht es aus Worten und Inhalten, die wie Spielbälle hin- und hergeworfen würden; das Gespräch ist nichts – als das, was wir daraus machen. Es ist eine Leerstelle, ein nicht den Gesetzen von Raum und Zeit unterworfener Zeitraum, der sich erfüllt, indem er eröffnet wird. Ein Entwurf von immer Zukünftigem.

Gesprächspartner wirken miteinander ein Spiegelbild, ein Abbild der gegenseitigen Beziehung, und dazu zeigt der Spiegel jedem der Beteiligten sein eigenes Antlitz. Das Doppelantlitz wohlgemerkt, denn schon im Verlauf eines simplen gesprächsweisen Austauschs mit banalem Inhalt, sind wir imstande, all unser „Gut und Böse" in den Grundzügen einzumischen. Das rhetorische Know-how der Kommunikationstheorien kann nicht darüber hinwegtäuschen, daß im Miteinander-Sprechen die intimste und unmittelbarste Menschenbegegnung stattfindet. So sinnvoll und notwendig die Instanzen der Moderatoren, Gesprächsleiter und Supervisoren scheinen, letztendlich läßt sich die unverhüllte Begegnungskraft, die worthafte Geistbewegung zwischen Menschen nicht *von außen* steuern. Man kann Techniken entwickeln – die selbst wieder nicht vor Zerredung gefeit sind –, Subtexte und Metabotschaften aufspüren und benennen – auf *einen* Nenner bringt man damit das Gespräch noch lange nicht, geschweige denn die Teilnehmer. Man kann eingreifen in den Prozeß, kann zähmen, lenken, leiten, aber das, was sich *wirklich* zwischen Menschen im Gespräch ereignet, ist eine *Tat* der Beteiligten miteinander.

Gespräch ist Kunstwerk, wenn es gut geht, Schöpfung im eigentlichsten Sinne, in der die Eigenwilligkeit des einzelnen *so* aufgehoben und geborgen ist, daß er sich im Zusammenhang findet, ohne Zwang, ohne Unterdrükkung oder Liquidation seiner Individualität. Kurz und gut: Es ist ein Liebes-, ein Zeugungsakt im sokratischen Sinne. Bis es aber dahin kommen kann, steht die Selbstbegegnung bevor, und damit sind wir beim Thema: Gespräch bedeutet Anblick und Überwindung der feindlichen Kräfte im eigenen Innern, die einer Verständigung entgegenstehen. Der – in der Anthroposophie so genannte – Doppelgänger hat alles andere im Sinn. Er labt sich am Mißverstehen, er wächst daran und steigert seine Macht. Mit dieser Ausgangsvoraussetzung läßt sich sagen: *Jedes* mißratene Gespräch – und dafür kann man getrost den anderen zum Maßstab nehmen –, das Unglück meines Gesprächspartners ist also zugleich ein Unglück für mich selbst, denn es zeigt mir das Wachstum der Kräfte im eigenen Innern an, die der Zerstörung dienen.

Der Doppelgänger lügt uns an

Den ersten Ansatz- und Angriffspunkt der abwehrenden, begegnungs- und verständigungsfeindlichen Kräfte könnte man nennen: die Suggestion der Standortsicherung. In ihr spiegelt sich die vorgebliche Notwendigkeit der Verteidigung der eigenen Position, die wie ein abgegrenztes Gebiet gesichert wird, ein Claim des eigenen Innern, der mir gehört, worauf kein anderer Anspruch machen darf, weil sonst das bißchen Ichempfindung zusammenzubrechen droht. Eine Stellung, ein Meinungsverhau, in dem die Seele in Deckung geht und sich sicher wähnt. Jeder Eindringling muß das richtige Paßwort nennen, den Erkennungsdienst passieren und wird sogleich gedanklich abgetastet: Hat er die gleiche Haltung? Nun gut, es ist unvermeidlich, hin und wieder Besucher ins Bollwerk einzulassen, aber die werden auf Herz und Nieren geprüft, ob sie aus demselben Stall stammen. Wenn ja, nennt man sie geist- oder seelenverwandt, Freunde, Brüder, Sympathisanten, alle anderen müssen Spione sein oder kommen jedenfalls in feindlicher Absicht, und schon werden die Geschütze in Stellung gebracht ...!

Welche Illusion, ein Gespräch – über was auch immer – beginnen zu wollen, ohne die Bereitschaft, sich in Bewegung zu setzen. In diesem sinnlosen Unterfangen gleichen wir Maulwürfen, die zu fliegen versuchen. Niemand kann von einem anderen zu dieser notwendigen Haltung gebracht werden. Es ist nicht mehr und nicht weniger als die Überwindung, mit der man auf Reisen geht – die freiwillige und freudige Spannung auf das Unbekannte zu, in dem Bewußtsein, daß es Neues zu entdecken gibt, daß niemand ewig am gleichen Fleck verharren kann und daß wir das bißchen festgestampfte Meinungserde, das uns so lieb und teuer, weil es Wohnung unseres Geistes ist, schon nicht gleich für immer verlieren werden.

Die Angst, den festen Boden des innerlich Bekannten und Gewohnten zu verlassen, sorgt dafür, daß das Gemüt sich anklammert an den Überzeugungen, die es einmal gewonnen hat. Doch geistig gesehen findet sich, anders als im Irdischen, um so mehr Heimat, je mehr man gelernt hat, im Mitbewegen bei sich zu sein. Der Doppelgänger lügt uns an, wenn er Stärkung im Beharren, im Festhalten am Überkommenen verspricht, ob es sich dabei nun um Traditionen, Konventionen oder persönliche Überzeugungen handelt. *Er* wird stärker darin, nicht wir. Die Angst vor der Bedrohung durch die Meinung des anderen ist eine bodenlose Illusion. Erst recht, wenn es um ein Thema geht, mit dem wir unmittelbar gar nichts zu tun haben, wo lediglich Meinung abgegeben wird für die Grundlage des Tuns von anderen. Schwieriger wird die Sache sofort, wenn in den Konsequenzen der Meinung unmittelbar eigene Betroffenheit gegeben ist. Aber auch hierin gilt, wer sich, in letzter Konsequenz durchdacht, ausschließlich durch die eigene Meinung in seinem Tun betreffen läßt, der wird am Schluß von gar nichts mehr betroffen als seiner eigenen Enge und Einsamkeit. Die Bereicherung durch den anderen erfordert im ersten Schritt immer das Loslassen, das Leeren der Hände, sonst kann keine Gabe empfangen werden. Auch diese Angst, in ungewollte Bewegung gebracht zu werden, ist im Grunde verkehrt und allzu durchsichtig.

Ein langer Weg zur Verwirklichung der Gesprächsfähigkeit

Die Praxis zeigt: Es ist ein langer Weg von solchen Einsichten zu ihrer Verwirklichung. Vielleicht sind die Grundbedingungen der Gesprächsfähigkeit der schwerste Schritt für den, der sich auf den Weg der Auseinandersetzung mit seiner eigenen Dunkelheit macht. Auch wenn der Schritt wieder und wieder geübt wird, auch wenn die Erfahrung wächst: Es wird dir kein Haar gekrümmt, wenn du einfach eine kleine Strecke mit jemandem mitgehst, du findest schon wieder nach Haus. Da ist nicht nur die bodenlose, abgründige Furcht, ins Leere zu stürzen, das eigene Bewußtsein mit seinen Haltegriffen zu verlieren, da sind immer wieder neue, aktuelle Stolpersteine in der Seele. Sei es der frühkindlichste Trotz, der mit Macht aufschießt, sei es Eifersucht auf den anderen, der schon immer besser wegkam, oder der Neid auf den, der sich so glanzvoll inszenieren kann und Anerkennung findet. Da lauert der Moralteufel, der ganz selbstlos, angeblich nur um des anderen willen und aus übergroßer eigener Menschenliebe, ein Stück weit mitgeht ... Da können Enttäuschung, Trauer und Zorn zusammenschießen, die Bitternis unerfüllter Lebensansprüche, das Unglück, sich nicht geliebt und angenommen zu fühlen, Stolz, Scham, Eitelkeit, das Verlangen, dem anderen Schmerz zuzufügen ... Es gibt keine Grenze.

Alles, was im verborgenen Untergrund der Seele haust, kann hervordringen, sobald ein Mensch bewußt entscheidet: Ich gehe ins Offene – fort von da, wo ich schon immer war, um der zu werden, der ich sein könnte, den ich im Gespräch mit dem anderen suche. Schon beim allerkleinsten, banalsten Gesprächsanlaß wittern die dämonischen Seelenbewohner Gefahr und tun alles in ihrer Macht stehende, den Menschen nicht über sich hinauswachsen zu lassen.

Das erste also ist: Offenheit als Lust an der eigenen Beweglichkeit – wo sie fehlt, kann kein Gespräch beginnen, weil Determiniertheit durch das Vergangene herrscht. Wo diese Lust nicht pure Lust, sondern Moralkodex, zähneknirschende Einsicht, pflichtgemäße Haltung ist, wird es ebensowenig gelingen. Die lustfeindlichen Prinzipien des „guten Menschen" in uns sind oft genug Verkleidung und Lebensmittel für unseren bösen Zwilling.

Im Selbstversuch läßt sich konstatieren, daß eine merkwürdige Dualität in bezug auf unser Seelenleben besteht. Auf der einen Seite scheint es den Boden abzugeben, es bildet den Schau- und Tummelplatz für unzählige Fühlkräfte, die nicht dem bewußten Zugriff unterliegen. Haß, Liebe, Trauer, Freude – das führt ein Eigenleben, spielt sich in uns ab, führt sich auf, spielt manchmal mit uns und auf uns. Das seelische Gelände als ein Tanzboden für jemand anderes, als ich es bin, unabhängig von mir, denn ich kann nicht einmal sagen: Komm! oder: Verschwinde! Was jedoch die Substanz dieser tanzenden Fühlwesen angeht, so findet sich, daß sie aus demselben „Stoff" bestehen, der ihnen den Boden bereitet.

Plötzlich, unvermittelt bricht in der eben noch freudig gestimmten Seele Trauer aus, macht sich eigenmächtig, vielleicht sogar gegen unseren Willen breit. Ohnmächtig schauen wir ihrer Entwicklung zu, nicht wissend, woher sie stammt. Ihr Ursprung reicht tiefer, als dem Bewußtsein gewöhnlich zugänglich ist. Mag sein, der erkennbare Anlaß verweist auf ein zugrundeliegendes Ursachenerlebnis und wir verstehen uns in unserer Trauer, aber verstehen wir sie selbst in ihrem Vorhandensein? Doch woher soll sie sonst rühren, ihr Sein stammt aus unserer eigenen Traurigkeit.

So wie die Erde sich aufwölbt im Berg, im Baum, im kleinsten Grashalm und trotz der veränderten Gestalt immer noch Erde ist, so wölbt sich das Erdreich des Innern im Fühlen auf. Aber hier bleibt es nicht, was es ist – indem es ins Bewußtsein eintritt, wird es wesentlich Gestalt und beginnt sich eigensinnig zu bewegen. Wer hält schon dem Zorn in einem Wutanfall so stand, daß der Zorn den Bewegungen des Zornigen folgt und nicht umgekehrt? Hat nicht der Haß eine Art Gliedmaßen, unsichtbare Hände, mit denen er *uns* anfällt und würgt ... die Liebe dagegen Flügel, mit denen sie schmerzlos die Seele weitet? Gefühle bewegen sich selbst und uns. Will man sie zu fassen bekommen und damit den in ihnen wirksamen Anteil des seelischen Untergrunds, so ist das Verkehrteste, was man tun kann, der Appell an die Vernunft, die Herrschaft der Ideale oder sonst eine vermeintlich übergeordnete Instanz.

Nicht nur, daß solche Regungen sich nicht unterdrücken lassen, weit schlimmer, sie tarnen sich, sind wandlungsfähig, verändern ihre Gestalt und zeigen sich darin jeder Gegenwehr gewachsen, resistent wie ein Virus. Gegenüber der Vitalität und Regsamkeit der Dunkelkräfte des Bewußtseins geraten seine Imperative stets ins Hintertreffen. Die schnellen Einsatztruppen sind längst am Werk, ehe man sie ortet, eine Gefühlsregung ist immer schon da, ehe sie erkannt werden kann. Mit diesem Vorsprung arbeitet der Doppelgänger in uns. Das hoffnungslose Unterfangen, einem Gefühl sein Dasein, seine Entstehung verbieten zu wollen, kommt jedem dämonischen Wesen gerade recht, denn es lebt in der Illusion.

Einen Freiraum schaffen

Real spürbar allerdings wendet sich genau die Kraftanstrengung, die man einsetzt, gegen einen selbst. Je stärker die Bemühung, Haß oder Unruhe zu unterdrücken, um so mehr schwellen sie an oder regt sich Hektik. Die Dämme der Unterdrückung halten nie, was sie versprechen, und wenn sie brechen, wird das Bewußtsein vollständig überflutet – so weit, daß der, der gerade noch erkennen könnte, was wirklich in ihm wirksam ist, mit untergeht. Der einzige Ausweg besteht darin, die Ruhe zu bewahren, in aller Ruhe bei sich zu bleiben, das Kommen der Eindringlinge mit Bewußtsein zu begleiten und Neugier an die Stelle der Scham, Angst, Überwältigungssorge zu setzen, und plötzlich entsteht – wie im Zentrum des Wirbelsturms – ein innerer Leerraum.

Ein neuer seelischer Boden wird bereitet, bei dem es sich weder um das gewöhnliche, von unkenntlichen Seelenregungen durchzogene Bewußtsein noch um die vordergründige Kommandoebene des scheinbar vom Bewußtsein beherrschten Fühlens handelt. Eine neue Erde, die frei von Ablagerungen aus der Vergangenheit ist. Dort zeigt sich die wundersame Erscheinung, daß die Zeit stillsteht, zum Raum wird. Ein unermeßlicher Augenblick von Freiraum, in dem die herandrängende Flutwelle des Fühlens gerade dadurch aufgehoben wird, daß man – erkennend, bejahend – mit ihr mitgeht.

Während die Wasserwoge noch in der Luft steht und so ein für allemal klar wird, daß zumindest ein Teil des eigenen Wesens, nämlich der, der ihr gegenübersteht, nicht mit ihr identisch ist, kann man gerade diesen Teil mit einem Luftsprung über die Flut hinüberretten. Es ist ein ganz eigener seelischer Muskel, den man dabei erstarken fühlen kann. Der Mut der Geistesgegenwart, ganz bei sich zu sein, was auch immer geschieht, der keine Maxime und keinen Moralkodex braucht, dieser Mut bringt die prinzipielle Freiheit der Willenskräfte – grundsätzlich geeignet zu *jedem* Tun – federnd ins Bewußtsein. Aus dieser Sprungkraft läßt sich begeistert sprechen und handeln. Der Sprung ins Offene führt immer dorthin, wo man nicht ist, also selbstverständlich an den Ort des anderen, dorthin, wo er *ist.* Existentielles Interesse am Gegenüber stellt sich beinah zwangsläufig ein, wenn die Unlustkräfte – die Dogmen der Sicherung des „richtigen Verhaltens" – überwunden werden.

Der von außen vorgegebene Verhaltenskodex, vereint mit der fundamentalen Angst, sich zu verlieren, ist der Aktionsradius des Doppelgängers, sein Spielraum. Die Überwindung der Angst, das „Verliere dich, um dich zu finden", dient also in erster Linie uns, nicht dem anderen, der sich als Sprungbrett dazu hergibt. Die Herausforderung durch die andere Meinung muß so weder als Bedrohung noch als Kampf betrachtet werden, man kann sie ganz egozentrisch verstehen als Zuwachs des eigenen schöpferischen Vermögens, der freien Beweglichkeit. Diese Betrachtungsweise erleichtert, denn sie liefert „moralfreie“ Gesichtspunkte für den Einstieg ins unbefangene Gespräch.

Das Raubtier der Macht

Neben dem Angstwesen, das um seine Eigenheit zittert, liegt jedoch noch ein anderes Tier im Hintergrund der Seele auf der Lauer. Das Raubtier der Macht wartet nur darauf, daß das Gegenüber, der andere sich eine Blöße gibt, damit es ihn zur Strecke bringen und Beute machen, sprich: seine seelisch-geistigen Gebietsansprüche befriedigen kann. Dem anderen unbefangen im Gespräch entgegentreten, unbewaffnet und mit offenem Visier, ist eines – ein anderes ist, dieses Gespräch nun auch so zu führen, daß er frei bleibt von der Kraft meines Willens, mit der ich ihn in eine bestimmte Richtung dränge, in der ich ihn haben möchte – im Konfliktfall, am liebsten in den Winkel, wo die Falle steht, aus der es kein Entrinnen mehr gibt.

Schlagende Argumente schießen plötzlich wie die mythologischen Drachenzähne aus dem Boden, wachsen sich zu bewaffneten, gewalttätigen Gestalten aus, und dann wird Krieg geführt: verbal zunächst und meist um die gute Sache (der alle Beteiligten dienen), die beste Lösung (die alle wollen), bis am Ende manchmal der pure Haß und die blanke Aggression offenliegen und das Kommando übernommen haben. Oder es wird taktiert: hier ein Scharmützel, ein Ablenkungsmanöver, dort ein Scheingefecht oder eine Vergewaltigung („Sie wissen doch, daß auf Seite XY im Buch XYZ steht ...“).

Wie bringt man seinen Eigenwillen dazu, sich pazifistisch zu verhalten und zugleich wirksam zu werden, was das Gewollte angeht? Denn jemand, der nichts will, führt kein Gespräch – das heißt umgekehrt: Jeder der ein Gespräch führt, will etwas – in der Begegnung mit dem anderen – bewirken, erzeugen, schaffen, ermöglichen, *tun* ...! Jeder sucht legitimen Kraftzuwachs im Gespräch; der Doppelgänger nutzt die Willenskraft, um Machtzuwachs für sich selbst zu verbuchen. Wenn ich der beste Redner bin und andere zwinge, durch verbale Übermacht, meinen Positionen zu folgen – was habe ich gewonnen? Nichts als mich selbst in meiner Beschränktheit, die Beschränkung der Welt durch mich.

Mögen es auch die besten Gründe, die phantastischsten Ideen, die überzeugendsten Lösungsvorschläge sein – wer kann von sich sagen, wenn das Feld geräumt und die Redeschlacht geschlagen ist, daß ihn selbstlose

Freude erfüllt, statt tiefer Befriedigung, wenn der eigene Vorschlag durchgesetzt wurde, daß er demgegenüber so fühlen könnte, als ob ein anderer ihn gemacht hätte? Es ist Triumph, wenn auch noch so unkenntlich, was die Seele ausfüllt, wenn der eigene Wille sich überlegen zeigt. Diese triumphale Endstimmung, oft genug Folge einer vermeintlich selbstlosen Ausgangsposition, ist Nahrung der eigenen Finsternis. Wer's nicht glaubt, mag die Gegenprobe machen: die Befriedigung der Gebundenheit entkleiden, sich vorstellen, daß der eigene angenommene Vorschlag vom allerunsympathischsten Gegenüber gekommen und man gezwungen worden wäre, ihn anzunehmen.

Man könnte soweit gehen zu sagen: Jede, mit verbaler Gewalt durchgesetzte Gesprächslösung (Überwindung des anderen) bedeutet in Wirklichkeit eine Schwächung des Ich. Der Ego-Wille triumphiert, die Kraft der Persönlichkeit nimmt ab. Alle wissen und spüren es längst – und das ist ein hilfreiches Zeitphänomen –: Niemand empfindet mehr das einsame Genie und seine genialen Vorschläge inmitten einer Gesprächsgruppe als „erleuchtet", sondern man fühlt deutlich, daß man einem Machthaber unterliegt. Findet aber Machtkampf mit anschließender Entmachtung statt, so ist meist augenblicklich jemand anderes zur Stelle und besetzt die freigewordene Position. Also den eigenen Willen entmachten, um ihm so zu einer neuartigen Wirksamkeit zu verhelfen – wie mag das zugehen, ohne daß man ein Mitläufer, ein opportunistischer Jasager wird? Oder hätte es Schizophrenie zur Folge, den Willen zweigeteilt, gespalten zu sehen in eine „bessere Hälfte" (seine ideelle Bestimmung) und den räuberischen Triebanteil, der lediglich Beute machen will ...? Ist es möglich, in einer Art intrapersonaler aktueller Psychoanalyse des Willens, in sich selbst zwischen die beiden Hälften zu treten, sie auseinanderzuhalten und zu vermitteln? Aber wer ist der Vermittler – der Uno-Botschafter des eigenen Innern –, der unsere Milosevic- und Gandhi-Seite miteinander ins Gespräch und zum friedfertigen Handeln bringt?

Sich mit dem anderen in Verbindung setzen

So geht es nicht! Und wieder muß der andere, das Gegenüber behilflich sein. Die berühmte Stelle in Rudolf Steiners „Philosophie der Freiheit", daß freie Geister nicht miteinander in Streit geraten können, bedeutet auch einen Hinweis auf das noch Unfreie in uns. Das Dunkelwesen der Machtergreifung im Zwischenmenschlichen kann nur dort bewältigt werden, wo es sich zeigt: *zwischen* Menschen. Damit untersteht es als ein Geistwesen im Irdischen der gleichen Gesetzmäßigkeit wie die übrigen Wesen der geistigen Welt. Was im Geistigen *getan* wird, kann nur interaktiv geschehen, im Mit- oder sogar Ineinander geschieht Wesentliches. Der Doppelgänger der Macht braucht den Spiegel des anderen, nicht nur, um von ihm erschaut, erkannt zu werden, sondern auch zu seiner Erlösung, die einem Kraftverlust gleicht. Es ist das Nachlassen der Kräfte, die uns fesseln. Aber wer wollte nicht seine Fesseln loswerden, um zu erfahren, wie es mit seiner eigentlichen, in ihnen gebundenen Kraft bestellt ist?

Wenn also im Gespräch im Gegenüber uns eine Kraft entgegentritt, die unseren Machtanspruch in die Schranken weist, ist es gut! Und es hat keinen Zweck, auf die kleine Stimme im Hinterkopf zu hören, die flüstert: Ja, aber, der hat doch auch ...! Natürlich hat der andere genauso sein Dunkelwesen, das auf Erlösung wartet – aber erstens hat man mit dem eigenen meist genug zu tun, und zweitens muß man sich darum keine Sorgen machen, die Regulation tritt von selbst ein. Befriedung des Eigenwillens kann jedoch nicht als Reaktion eintreten, sie vollzieht sich nur in der persönlichen Aktion. Dazu steht ein reichhaltiger Übungsfundus zur Verfügung. Von den urältesten Kulturformen bis zur Anthroposophie weist er stets ein Wesentliches auf, das lautet: Ich setze mich in Verbindung. Was die Gesprächsreise angeht, befindet man sich jetzt nicht mehr am Ausgangspunkt (weg von dort, wo ich war) und noch nicht am Ziel, sondern unterwegs. In zweifacher Weise tritt die Verbindlichkeit des Unterwegs-Seins ein.

Ich setze mich in Verbindung mit meinem Ziel; je nachdem wie es beschaffen ist – ob ich überzeugen, überwältigen, lösen, suchen, finden ... will –, wird die Vorgehensweise aussehen. Gleichzeitig setze ich mich in Verbindung zum anderen, denn im Grunde ist er mein Ziel. Wenn ich nicht ganz und gar isoliert, selbstbezogen und blind handeln will, dann muß ich den anderen als mein Ziel anerkennen, denn ich will ja etwas – in der Welt –, sprich: durch ihn, mit ihm und in ihm bewegen, indem ich spreche, d.h. meinen Willen im Wort zum Ausdruck bringe.

Meine Welt ist immer der andere, mich mit ihm wirklich in Verbindung zu setzen ist nur in einer einzigen Weise möglich: im Hören. Nicht im Inhalt dessen, *was* er spricht, schon eher darin, *wie* er sich äußert, aber vor allem, wovon *er* spricht – nämlich letztendlich immer von sich. Jeder ist im Gespräch ein Bote, Prophet, Verkünder des eigenen Innern. Ich kann durch das Sprechen des anderen in ihn hineinreichen, Einsicht durch das

Hören nehmen. Indem sein Mund spricht, gehe ich in ihn ein – das ist: kommunizieren.

Wenn es gelingt, mich zurückzuhalten bzw. den Machtdämon in mir solange aufzuhalten – und sei es, daß ich nur einen einzigen Satz des anderen wahrhaft höre –, dann bin ich in diesem Augenblick „eins" mit ihm, d.h. es kann zumindest für diese Momente der „Übereinstimmung" kein Mißverständnis geben. Die freiwillige Verbindung mit dem Willen eines anderen Menschen – denn dieser spricht aus seinen Worten – kostet mich nicht den Kopf meiner Überzeugung. Sie ist, auch in aller Radikalität gedacht (Verständnis für den Mörder), ein wirksames Heilmittel gegen seinen und meinen Doppelgänger zugleich.

Verständnis in diesem Sinne ist eine sehr nüchterne Angelegenheit der Zurückhaltung, nicht des bekannten Aktionismus von „sich einfühlen", „sich hineinversetzen" – schön getarnte Egoitäts-Termini. Das hier gemeinte Verständnis ist ein existentielles, es schließt ein, daß ich als Folge den anderen unter allen Umständen verstehe, ob ich es dann will oder nicht. Vielleicht fällt mir plötzlich ein, daß der andere mir doch eigentlich unsympathisch ist, und nun habe ich mich in die peinliche Lage gebracht, daß ich für jemanden, den ich nicht mag, wenigstens augenblicksweise vollstes Verständnis aufbringe. Das ist eine Zumutung für den Doppelgänger, nicht für die Beweglichkeit der Seele. Einen Mörder wirklich tief verstehen ... wer will das schon? Setzt man sich dann nicht dem Verdacht eigener mörderischer Tendenzen aus? In der Tat, das Verstehen des Mörders schließt das Risiko ein, mit den Totschlagkräften des eigenen Seelenlebens konfrontiert zu werden, darum wird solches Verständnis schnell an die Fachleute delegiert. Dabei sind es oft genug – besonders im Streitfall oder in Talk-Shows zu beobachten – sowieso die Doppelgänger, die sich miteinander unterhalten und ihre ahnungslosen Träger, die vermeintlichen Akteure, zu Objekten degradieren.

Wo Übereinstimmung im Sinne einer existentiellen Begegnung, eines Austauschs im Hören nicht besteht, kann strenggenommen gar kein Gespräch stattfinden, nur Gerede über etwas. Eine Stelle in Sten Nadolnys Roman „Die Entdeckung der Langsamkeit" charakterisiert diesen Tatbestand so: Immer dann, wenn jemand sagt: „Darum geht es doch gar nicht", ist es sinnlos, ein Gespräch führen zu wollen. – Man sieht es beinah bildlich vor sich, wenn man es wortwörtlich nimmt: Zwei gehen miteinander um, aber sie betrachten nicht dasselbe, sie gehen um zwei ganz verschiedene Dinge herum, auf verschiedenen Ebenen ... Wie auch immer, auf jeden Fall können sie unmöglich miteinander sprechen, da sie offensichtlich keinen gemeinsamen Gegenstand meinen. In diesem Fall wäre es nur konsequent, das angebliche Gespräch zu beenden – solange man sich nicht *einig* ist, worüber man spricht, wie soll man da miteinander sprechen? Die Entzweiung ist vorprogrammiert. Wie viele solcher zweideutigen Doppelgängergespräche werden aber geführt, wo einer dem anderen unentwegt erklärt, daß es darum doch gar nicht geht ... Worum aber dann miteinander?

Einigkeit im Verstehen

Das Erlebnis der „Einigkeit" *im* Verstehen, selbst mit einem Vorhaben, das meinen Plänen diametral entgegensteht, ist alles andere als Stammtisch-Verbrüderung und sorgt ganz gewiß nicht für Gleichschaltung der Bewußtseine. Warum sollte der, der sich freier von den Einschränkungen seiner Eigenheit bewußt zwischen verschiedenen Willensimpulsen hin- und herbewegen kann, anfälliger für Irrtum, Illusion oder Demagogie sein als der, der in der scheinbaren Sicherheit seiner Egoität verharrt? Wieso sollte der Sich-Bewegende auf die Idee verfallen, sich mit dem anderen zu verwechseln, bloß weil er sich selbst bewegt?

Das frei bewegliche, sozusagen begehbare Selbstbewußtsein, erfüllt mit den Willensimpulsen eines anderen, wird resistent gegen jede Art von „Besessenheit", Besetztheit, Determiniertheit. Die Erfahrung anderer möglicher Standorte erlaubt weiterreichende und differenziertere Urteile. Auch in der Willenssphäre ist nichts gegen die „Luftprobe" – den Verlust des bekannten Bodens als Prüfung – einzuwenden.

Die dritte und letzte Frage hängt mit dem Erreichen des Ziels zusammen: Wie findet man wieder nach Hause, zur Verwirklichung der ursprünglichen Absicht? Manchmal wird das ursprünglich gesteckte Ziel im Rückwärtsgang erreicht: 1. Schritt: von mir weg; 2. Schritt: zum anderen hin; 3. Schritt: zurück zum Ursprung, von dem neu, gemeinsam ausgegangen wird. Manchmal reicht der Seitenwechsel des zweiten Schritts, daß man von dort aus direkt das für alle befriedigende Ziel erreicht. Das Wahrscheinlichste ist jedoch, daß sich im veränderten Umgang miteinander auch das Ziel mitverändert.

Werden die Doppelgänger im Verlauf des Gesprächs tatsächlich ein wenig abgehängt, einfach stehen- und liegengelassen in ihren alten Geleisen – indem ich mich mit einem Menschen im Verstehen existentiell verbinde, trenne ich mich ein Stück von meinem Doppelgänger –, sind also die Triebfedern von Angst und Macht nicht mehr dominant, dann wird das vergangenheitsbezogene Doppelgängerhandeln abgelöst von einem zielvollen, d.h. aus der Zukunft stammenden Schaffen von Möglichkeit. Kann sein, die Verwirklichung solcher Ideen kostet uns das Leben – wie im Falle Gandhis –, aber das kostet es uns sowieso. Die Frage ist lediglich, ob wir seine Substanz in Zukunft oder Vergangenheit investieren.

Als Wortwesen sind wir kosmische Mitarbeiter; die in uns tätigen Doppelgänger – vorläufig noch unverzichtbar für das „Unternehmen Mensch" – tun Sklavendienste, indem sie uns beherrschen. Sprechen wir sie ruhig ein bißchen frei, sprechen wir uns frei durch geistiges Know-how. Geist, d.h. Zukunftshandlung, die nur aus Zusammenhang und Beziehung möglich ist, tritt sofort ein – und sei es in einem Gespräch über das Wetter –, wenn das Wort nicht als Waffe, sondern als Wegweiser verstanden wird, als Fenster und Tür zur Welt des anderen.

So betrachtet könnten wir das Interview nun erst recht durchführen. Aber inzwischen hat sich das Ziel verändert, es ist ein Aufsatz daraus geworden – doch, siehe da, welche Überraschung: Dieser Aufsatz handelt ausschließlich von Formen der Beziehungsgestaltung.

Stimmengewirr

Über den Umgang mit der inneren Vielfalt

Thomas Höfer*

Die Seele jedes Menschen ist erfüllt von den unterschiedlichsten Gefühlen, Empfindungen, Gedanken, Motiven, Willensimpulsen und Trieben. Die Seeleninhalte wechseln dabei ständig, von Situation zu Situation und häufig von Augenblick zu Augenblick. Ärger, Freude, Trauer, Wut, Langeweile, der Gedanke an den nächsten Lohnsteuerjahresausgleich oder an den Wochenendeinkauf, Lust auf Sex oder ein Glas Bier, Enttäuschung darüber, daß der Besuch des besten Freundes ausfällt, Wut über Hundehaufen im Vorgarten, die Empfindung von Wärme, der Geruch von Lavendel – täglich durchströmen Tausende von Eindrücken unsere Seele.

Die innere Vielfalt

Dabei kann ein und die gleiche Wahrnehmung unterschiedliche Seelenregungen auslösen: Ich ärgere mich z.B. über den Regen, weil ich trotz des Regens mit meinem Hund spazierengehen muß. Gleichzeitig freue ich mich darüber, daß es regnet, weil die Pflanzen in meinem Garten dringend Wasser brauchen und ich mir das Gießen am Nachmittag sparen kann. Ich kann meine Eltern lieben (z.B. dafür, daß sie meine Eltern sind, mich aufgezogen und so zu dem gemacht haben, was ich bin) und gleichzeitig verabscheuen (z.B. für die Doppelbödigkeit ihrer Moral, ihre Ausländerfeindlichkeit oder ihren Körpergeruch) oder sogar hassen (z.B. wenn sie mich immer noch wie ein kleines Kind behandeln, obwohl ich längst erwachsen bin und meinen eigenen Weg gehe).

Je nach Rolle, die ein Mensch einnimmt, sind seine Reaktionen auf seine Wahrnehmungen außerdem unterschiedlich: Stehe ich auf einer blühenden Streuobstwiese, nehme ich andere Dinge wahr, je nachdem ob ich Spaziergänger oder Bauwilliger bin. Der Spaziergänger in mir freut sich an der Farbenvielfalt und der ungestörten Naturidylle; der Bauwillige sieht

---

* **Thomas Höfer,** geb. 1964. Mitarbeiter der FLENSBURGER HEFTE-Redaktion, arbeitet hauptberuflich als Lehrer in der Benachteiligtenförderung in der Handwerkskammer Flensburg; auch als Eheberater tätig.

unter Umständen Probleme mit einer alten Eiche auf sich zukommen, die genau dort steht, wo er seine Garage errichten möchte.

Die Seelenregungen sind auch abhängig von der Situation, in der mich befinde. Wenn ich einen Krankenbesuch mache, gehen mir andere Dinge durch den Kopf und durchs Herz als im Arbeitsalltag, selbst dann, wenn ich in einem Krankenhaus arbeite. Als Besucher fällt mir vielleicht die Sterilität der Krankenstation auf, die Unruhe, der die Patienten ausgesetzt sind, die Hektik des Personals. Ich empfinde Anteilnahme für den Kranken, den ich besuche, und bin froh, daß ich selbst gesund bin und nach dem Besuch wieder nach Hause gehen kann. Wenn ich im Krankenhaus als Pfleger oder Arzt arbeite, bin ich Helfer für den Patienten. Ich empfinde Sorge und oft wohl auch Überforderung, Ermüdung und den Druck durch die Einsparungen im Gesundheitswesen.

Auch das Handeln des Menschen, sein Wirken nach außen, ist vielfältig. Der Mensch verhält sich in ähnlichen Situationen nicht zwangsläufig in gleichbleibender Art und Weise. Einmal können wir über eine unachtsam hingeworfene Bemerkung locker hinweggehen, dann wieder trifft sie uns tief und löst eine entsprechende Reaktion aus. Bin ich ausgeschlafen und guter Dinge, so kann ich über Fehler, die andere im Straßenverkehr machen, lächelnd hinwegsehen. Bin ich aber müde und abgespannt, treibt mich die gleiche Situation womöglich an den Rand eines Herzinfarktes. Mal bin ich empfindlich, unruhig, aggressiv, launisch und ungesellig, dann wieder aufgeschlossen, gesprächsfreudig, locker, lebhaft und ausgeglichen.

Jeder Mensch findet sich somit täglich in einer Vielzahl von Situationen und spielt viele verschiedene Rollen, die ihn zu unterschiedlichen Wahrnehmungen und daran anknüpfenden Gedanken, Empfindungen, Bewertungen und auch Handlungen führen.

In der Vielfalt bin ich immer der eine

Diese Vielfalt ist in den meisten Situationen kein Problem, denn ich weiß, daß *ich* diese Vielfalt erlebe, und diese Wahrnehmung meiner selbst ist es, die für mich den Zusammenhang zwischen den vielen einzelnen, mehr oder weniger zusammenhängenden oder auch widersprüchlichen Wahrnehmungen herstellt. Ich spüre z.B. nicht nur Freude, sondern ich habe dabei gleichzeitig eine Empfindung meiner selbst. Ich denke nicht nur einen Gedanken, sondern ich weiß gleichzeitig auch, daß ich selbst es bin, der diesen Gedanken denkt. Genaugenommen treten also immer zwei

Wahrnehmungen in mein Bewußtsein, nämlich die Wahrnehmung meiner selbst und die Wahrnehmung eines Sinneseindrucks, einer Empfindung, eines Willensimpulses usw. Ich nenne dies die Verschmelzung von Selbst- und Fremdwahrnehmung, unabhängig davon, ob der Inhalt der Fremdwahrnehmung von außen – wie die Wahrnehmung eines Baumes – oder von innen – wie die Wahrnehmung eines Gefühls – in mein Bewußtsein dringt. Beide, Fremd- und Selbstwahrnehmung, verschmelzen zumeist aber miteinander, so daß nur eine Wahrnehmung im Bewußtsein zu leben scheint. Dieses Erleben führt dazu, daß ich mich mit meinen Seelenregungen identifiziere. Eine bewußte Differenzierung zwischen Selbst- und Fremdwahrnehmung tritt zumeist dann auf, wenn der Inhalt der Fremdwahrnehmung mir unsympathisch ist, während eine Fremdwahrnehmung, der ich mit voller Sympathie hingegeben bin, mich mein Selbst vergessen und in der Fremdwahrnehmung aufgehen läßt. Mein Selbst ist mir dann zwar als fundamentales Lebensgefühl gegenwärtig, aber nicht als eigenständiger Wahrnehmungsinhalt.

Aber unabhängig davon, ob ich mir der Gleichzeitigkeit von Selbst- und Fremdwahrnehmung bewußt bin, ist diese Gleichzeitigkeit doch immer gegeben, so daß das Bewußtsein meiner selbst in all den wechselhaften Bewußtseinseindrücken nie ganz verlorengeht.

Wir identifizieren uns mit unserer Psyche

Das Dilemma bei der Verquickung von Selbstwahrnehmung und Fremdwahrnehmung ist, daß wir uns mit dem jeweiligen Seeleninhalt identifizieren. Wenn z.B. unser Handeln kritisiert wird, beziehen wir die Kritik auf unsere Person als Ganzes, fühlen uns vor den Kopf gestoßen und zurückgesetzt. Das bedeutet auch, daß wir bestimmte Seeleninhalte als zu uns selbst gehörig erleben. Wir definieren uns z.B. als einen liebe- und verständnisvollen Menschen, wir glauben, fair zu sein oder ein sanguinisches oder melancholisches Temperament zu haben. Wir wissen, daß unser Sternzeichen z.B. Fische ist, und schreiben uns aufgrund dessen eine ganz bestimmte seelische Grundeinstellung zu.

Diese Vorgehensweise hat Methode und läßt sich erkenntnistheoretisch begründen (vgl. Thomas Höfer: Denk mal! Bedeutung und Schulung des Denkens. In: FLENSBURGER HEFTE 47, S.134 ff.): Ich nehme mich selbst oder andere Menschen wahr und bilde aus meinen Wahrnehmungen Vorstellungen, auf deren Grundlage ich dann das Urteil fälle: Ich *bin* sanftmütig, offen und ehrlich, hilfreich, oder mein Gegenüber *ist* gemein, hinterhältig, verschlagen und will mir Böses. Daß mein Urteil lediglich auf wenigen Wahrnehmungen gründet und daher einseitig ist, stelle ich nicht in Rechnung. Jede neue Wahrnehmung, die ich mache, betrachte ich nun durch den Filter meiner einmal gebildeten Vorstellung und der sich daran anknüpfenden Urteile. Was nicht in dieses Schema paßt, wird ausgeblendet oder umgedeutet. Mit der Zeit beginnt man, sich dem Bild, das man von sich selbst hat, entsprechend zu verhalten. Das gesamte Denken, Empfinden und Verhalten bekommt aus der eigenen Sicht eine bestimmte Richtung.

Die meisten Menschen gehen aufgrund dieses Sachverhaltes von der Vorstellung aus, daß die unterschiedlichen Gedanken, Gefühle, Wünsche, Motive und Bedürfnisse, die ein Mensch in sich vereint, aus einer einheitlichen Psyche stammen, die insgesamt seine Persönlichkeit ausmacht. Sie meinen, ihre Psyche sei mehr oder weniger ein monolithischer Block, der irgendwie auf einen Nenner zu bringen sein müsse. Sie verwechseln damit Ursache und Wirkung. Sie meinen, weil sie eine einheitliche Psyche hätten, würden sie sich entsprechend verhalten und sich selbst entsprechend erleben. Dabei ist es genau umgekehrt: Weil sich der Mensch eine bestimmte Vorstellung, ein Bild von sich macht, nimmt er sich in bestimmter Weise wahr – unter Ausblendung nicht ins Bild passender Seelenanteile – und verhält sich entsprechend.

Diese Vorstellung, daß der Mensch eine einheitliche Persönlichkeit habe, hat sich auch in der psychologischen Forschung festgesetzt:

> „Persönlichkeit bezieht sich auf die einzigartigen psychologischen Merkmale eines Individuums, die eine Vielzahl von charakteristischen konsistenten [beständigen; T.H.] Verhaltensmustern (offenen und verdeckten) in verschiedenen Situationen und zu verschiedenen Zeitpunkten beeinflussen.
>
> Obwohl nicht geklärt ist, wie konsistent das Verhalten von Menschen zu verschiedenen Zeiten und in verschiedenen Situationen *wirklich* ist, nehmen die meisten Persönlichkeitstheoretiker an, daß ein beträchtliches Maß an *Konsistenz* existiert." (Zimbardo, S.475)

Unter dem Begriff Persönlichkeit wird also im allgemeinen eine Summe von Eigenschaften verstanden, die kennzeichnend für einen Menschen sind wie Charakter, Temperament, bestimmte habituelle Motive usw. Es wird allgemein angenommen, daß die Persönlichkeit eines Menschen eine gleichbleibende psychische Struktur sei, daß also die Merkmale, die eine Person an einem Tag und in einer Situation auszeichnen, auch an anderen Tagen und in anderen Situationen vorzufinden sind. Genau für diese Annahme gibt es jedoch keine hinreichenden Belege.

Die Einheitlichkeit der Psyche – eine Illusion?

Verschiedene Studien, die zum Ziel hatten, die Konsistenz der menschlichen Psyche nachzuweisen, kamen zu dem Ergebnis, daß genau diese Konsistenz kaum nachweisbar sei:

> „Hartshorne und May fanden in ihren klassischen Untersuchungen über die *Natur des Charakters* (1928; 1929) an über 10.000 Schulkindern wenig *Konsistenz* zwischen unterschiedlichen Maßen für moralisches Verhalten wie Ehrlichkeit und Selbstkontrolle. Es war unmöglich vorherzusagen, ob ein Kind, das im Klassenzimmer mogelte, auch bei den Hausaufgaben schummeln oder lügen oder Geld stehlen würde. ‚Ehrlichkeit' wurde deshalb als eher zusammengesetzt aus *situationsspezifischen Gewohnheiten* denn als übergreifender Charakterzug aufgefaßt.
>
> ‚Pünktlichkeit' scheint ein guter Kandidat für allgemeine Eigenschaften zu sein. Rechtzeitig zum Unterricht zu kommen, Verabredungen einzuhalten, nicht zu spät ins Kino oder zum Gottesdienst zu gelangen, sollten Bestandteile einer allgemeinen Eigenschaft ‚Pünktlichkeit' sein. Das ist nicht so, wenn wir die Ergebnisse einer Studie an über 300 College-Studenten betrachten (Dudycha 1936). Über 15.000 Beobachtungen wurden von den Ankunftszeiten der Studenten zu verschiedenen Ereignissen, die mit dem College zusammenhingen, vorgenommen. Die Pünktlichkeit in einer Situation stand in *keinem Zusammenhang* zur Pünktlichkeit in einer anderen.
>
> In einer dritten aufwendigen Untersuchung der *Konsistenz* [...] wurden Berater trainiert, das Verhalten von 51 Jungen zu protokollieren. Drei Wochen lang zeichneten sie in über 30 Situationen (gemeinsames Kochen, Sport und so weiter) das Auftreten von Verhaltensweisen auf, die mit neun Persönlichkeitseigenschaften zusammenhingen (wie Unabhängigkeit und Geselligkeit). Als dann die Werte von je zwei Verhaltensweisen, die die gleiche Eigenschaft messen sollten, verglichen wurden, erwies sich die durchschnittliche Korrelation als sehr schwach (Newcomb 1929)." (ebd., S.481)

Sowohl die Beobachtung des eigenen Verhaltens als auch die fremden Verhaltens zeigt objektiv weniger Konsistenz, als wir annehmen. Deutlicher gesagt: Wir nehmen an uns und anderen Menschen Verhaltensweisen wahr und deuten sie nach einem einheitlichen Muster. Tatsächlich besteht diese Einheitlichkeit weitgehend jedoch nur in unserer Deutung. Das heißt, wir deuten Einheitlichkeit in unsere Wahrnehmungen hinein, obwohl diese Einheitlichkeit bei Berücksichtigung aller Umstände kaum objektiv vorhanden ist. Offenbar hat der Mensch ein Bedürfnis, sich selbst und andere als einfach oder zumindest gleichbleibend strukturierte Wesen zu sehen. Das Bedürfnis des Menschen, sich ein einheitliches Bild von sich selbst und anderen Menschen zu machen, scheint damit – neben der Wahrnehmung des Selbst – die einzige Verhaltensweise zu sein, die wirklich konsistent ist.

Umgang mit inneren Gegensätzen

Zurück zu den wechselhaften Seeleninhalten: Was aber tun wir, wenn es uns nicht gelingt, unser Selbstbild und unser Verhalten in einer bestimmten Situation auf einen Nenner zu bringen? Und wie verhalten wir uns, wenn in einer Situation gleichzeitig einander widerstrebende Seelenregungen auftauchen?

Da wir uns selbst einmal als jähzornig und ein andermal als liebevoll erleben können, leben wir mit einem zwiespältigen Bewußtsein unserer selbst. Die vielen widersprüchlichen Seelenregungen sind nur schwer unter einen Hut zu bringen, sie ergeben eben kein einheitliches, konsistentes Bild.

Nehmen wir an, ich empfinde mich selbst als sanftmütigen Menschen. Erlebe ich mich dann in einer bestimmten Situation als wütend oder jähzornig und bin ich ehrlich zu mir selbst, so muß ich auch diese Wut meiner Persönlichkeit, meinem Selbst zuschreiben. Ich muß mir eingestehen: „Ich bin jähzornig!“ obwohl dies womöglich überhaupt nicht dem Ideal meiner selbst entspricht. Ich beginne, Scham vor mir selbst zu empfinden, mich zu verachten, und stehe damit am Anfang einer dämmernden Depression:

> „Diese Sichtweise der Persönlichkeit als einheitliche führt zu allen möglichen Arten unnötiger Verzweiflung. Wenn beispielsweise Bills Zorn die Zuneigung zu seiner Frau Mary überlagert, gerät er in Panik, weil er glaubt, *er* liebe sie nicht mehr. Wenn er sich inkompetent und hilflos

fühlt, lähmt ihn der Gedanke, daß er dies auch wirklich sei. Wenn Mary inmitten eines Streits sagt: ‚Ich hasse dich', glaubt Bill selbst nach ihren Entschuldigungen hinterher, daß sie ihn tief in ihrem Innersten hasse, weil ‚*sie* es nicht gesagt hätte, wenn *sie* es nicht auch so gemeint hätte'." (Schwartz, S.28)

Die Situation, daß man an sich selbst Seelenregungen wahrnimmt, die man z.B. aus ethischen oder religiösen Gründen nicht verspüren sollte, kennen viele Menschen: Die Mutter, die ihr Kind aus dem Affekt heraus schlägt, obwohl für sie Schlagen kein Mittel der Erziehung ist; der katholische Geistliche, der sich trotz Zölibat zu einer Frau hingezogen fühlt; der Ehemann, der fremdgeht, obwohl er seine Familie nicht aufs Spiel setzen will. Das Problem ist immer das gleiche: Vor unserem vollbewußten Ich hat das, was wir denken, fühlen oder wollen, keinen Bestand, wird als nicht akzeptabel bewertet. Und dennoch ist da.

Verleugnung

Wenn wir an dem Anspruch festhalten wollen, daß unsere Persönlichkeit eine einheitliche Entität ist, können wir diejenigen Persönlichkeitsanteile ausgrenzen, die nicht in unser Bild von uns selbst passen. Wir definieren uns selbst in bestimmter Weise, schreiben uns gewisse Eigenschaften zu und sprechen uns andere ab. Diese Selbstdefinition kann wie ein Filter wirken, der nur das durchläßt, was tatsächlich erwünscht ist. Alles andere wird durch verschiedene Mechanismen ausgeblendet.

Die einfachste Möglichkeit, mit unerwünschten Seelenregungen umzugehen, ist das Verleugnen. Verleugnung ist ein bewußter Vorgang: Man weiß, daß man bestimmte Empfindungen hat, Gedanken denkt oder Handlungen tut, aber man streitet ihr Vorhandensein ab oder deutet sie so um, daß sie akzeptabel werden.

Ein Mann wird z.B. von seinen Kollegen gefragt, ob er noch auf ein Bierchen mit in die Kneipe komme. Er weiß, daß er seiner Frau beim Einkauf helfen soll und ist schon geneigt, abzusagen. Als er zögert, sagt einer der Kollegen: „Oder wartet deine Frau wieder auf dich? Mensch, die hat dich ganz schön unter dem Pantoffel." Der Mann widerspricht natürlich, obwohl aus seiner Sicht diese Einschätzung in gewisser Weise zutrifft. Aber vor seinen Kollegen kann er das nicht zugeben und geht mit. Als er später nach Hause kommt, erzählt er seiner Frau, er hätte Überstunden machen müssen, und hat dabei ein schlechtes Gewissen, weil sie den Einkauf allein machen mußte. Die Wahrheit aber kann er ihr nicht gestehen, weil er davon ausgeht, daß sie sie nicht akzeptieren würde.

Diese Art der Verleugnung ist weit verbreitet und wird meist genutzt, um einmalig unangenehmen Situationen aus dem Weg zu gehen. Problematisch wird dieses Vorgehen, wenn sich auf diese Art und Weise eine Fülle von unwahren Behauptungen ansammeln, die aufeinander aufbauen und sich gegenseitig stützen, so daß ein Ehepartner dem anderen eine Scheinrealität vorgaukelt. Diese Scheinwelt entwickelt eine Eigendynamik, die zum einen immer weitere Konstrukte produziert und es andererseits immer schwieriger macht, aus dieser Scheinwelt auszubrechen.

Ein Ehemann hatte ein Verhältnis mit einer Arbeitskollegin, von dem er seiner Frau nichts erzählte. Er hatte auch gar nicht vor, sich von seiner Frau zu trennen, sondern suchte lediglich Abwechslung und Anregung außerhalb der zur Routine gewordenen Ehe. Um seiner Frau einen Grund dafür zu liefern, daß er nach der Arbeit nicht gleich nach Hause kam und abends und am Wochenende hin und wieder nicht zu Hause war, erfand er einen neuen Arbeitskollegen, mit dem er – so sagte er seiner Frau – ein gemeinsames Hobby teilen würde: das Angeln. Tatsächlich hatte der Mann vor etlichen Jahren geangelt, und so schien es ihm das Einfachste, dieses zeitintensive Hobby, das am besten in den frühen Abendstunden oder nachts auszuüben ist, wiederzubeleben. Er begann, seiner Frau den fiktiven Kollegen in immer mehr Einzelheiten zu schildern, wobei er zunehmend aufpassen mußte, daß er sich nicht in Widersprüche verstrickte. Auch kaufte er Angelutensilien wie Haken, Schnüre und Köderwürmer und schleppte die gesamte Ausrüstung mit, wenn er seine Freundin besuchte. Er hinterließ seiner Frau sogar eine fiktive Telefonnummer des Kollegen, für den Fall, daß sie ihn einmal erreichen mußte. Da er eine Handynummer angegeben hatte, würde er im Ernstfall einfach behaupten, der Kollege hätte sein Handy abgeschaltet oder es verkauft. Der Schwindel flog schließlich auf, als die Frau den Arbeitskollegen ihres Mannes auf der Dienststelle anrufen wollte, um ihn zu einer Überraschungsparty zum 40. Geburtstag ihres Mannes einzuladen.

Eine häufige Form der Verleugnung ist das Abstreiten von Fehlern. Viele Menschen, die auf Fehler aufmerksam gemacht werden, neigen dazu, die Fehler abzustreiten, indem sie leugnen, für die kritisierte Handlung verantwortlich zu sein. Wenn z.B. Texte aus einem Computer verschwinden und ganz klar ist, daß nur die Sekretärin den Computer bedient und sie die Texte gelöscht haben muß, weil ein technischer Defekt ausgeschlossen werden kann, so wird sie vielleicht dennoch versuchen, dem Computer die Schuld anzulasten. Oder der Ehemann, der zu spät nach Hause kommt, weil er über seiner Arbeit die Zeit vergessen hat, wird alle möglichen Ausreden erfinden, nur um von seinem – wie er es empfindet – persönlichen Versagen abzulenken.

Je gravierender die persönliche Verfehlung ist, die man sich anlasten muß, desto größer ist das Streben, sie zu verleugnen und Gründe zu finden, die zu dieser Verfehlung geführt haben und außerhalb der persönlichen Verantwortung liegen. Insbesondere wenn ideologische oder religiöse Rechtfertigungen ins Spiel kommen, werden extreme Verdrängungsmechanismen aktiv.

Verdrängung

Unter Verdrängung verstehe ich im Gegensatz zur Verleugnung einen weitgehend unbewußten bzw. unterbewußten Prozeß, bei dem diejenigen Seelenregungen aus dem Bewußtsein ausgeblendet werden, die nicht erwünscht sind. Sie dringen daher gar nicht erst in das Bewußtsein ein und entfalten ihre Wirkung, wenn überhaupt, dann im Verborgenen. Jemand kann z.B. eine Verabredung auf sich zukommen sehen, die ihm unangenehm ist und der er am liebsten aus dem Weg ginge. Nach einer gewissen Zeit stellt er dann fest, daß er die Verabredung tatsächlich versäumt hat, aber nicht, weil er vorsätzlich nicht hingegangen wäre, sondern weil zur betreffenden Zeit das Vorhandensein der Verabredung ausgelöscht war.

Eine extreme Form der Verdrängung zeigt der alkoholkranke Mensch. Obwohl er nicht ernsthaft abstreiten könnte, daß er wesentlich mehr Alkohol trinkt, als ihm bekommt, wird er es dennoch tun. Das Tragische dabei ist, daß nicht die Außenstehenden von der Alkoholsucht überzeugt werden müssen, sondern der Alkoholkranke selbst. Dies gelingt tragischerweise zumeist erst dann, wenn der Alkoholiker am Boden zerstört ist.

Sowohl in der Verleugnung als auch in der Verdrängung werden Seelenanteile, die nicht in das Selbstbild passen, ausgeblendet, bewußt oder unbewußt. Deshalb sind sie aber dennoch vorhanden. Der Alkoholiker bleibt Alkoholiker, ob er dies nun wahrhaben will oder nicht. Der Mann, der ein Verhältnis hat, hat ein Verhältnis, auch wenn er seiner Frau nicht die Wahrheit erzählt.

Handlungsunfähigkeit

Verleugnung und Verdrängung sind psychische Mechanismen, die zwar bestimmte Seelenaspekte ausblenden, dem Menschen insgesamt aber seine Handlungsfähigkeit erhalten. Es gibt jedoch Situationen, in denen der Mensch angesichts der inneren Vielfalt seine Handlungsfähigkeit verliert, gerade weil er die innere Vielfalt zuläßt, mit ihr jedoch nicht umgehen kann. Er nimmt die Vielfalt wahr, bekommt aber keine Ordnung in das Chaos. Er weiß daher nicht, wie er sich verhalten soll, sein Handeln wird indifferent, oder er lähmt sich selbst.

In der Eheberatung klagte Paula, eine Klientin: „Wenn es etwas zu entscheiden gibt, kriege ich nie etwas aus Uwe, meinem Mann, heraus. Und wenn ich dann eine Entscheidung für uns beide treffe, war es ihm hinterher selten recht, und ich habe dann die Hölle auf Erden."

So hatte beispielsweise die Schwester von Paula angerufen und gefragt, ob sie und Uwe nicht am Wochenende zu Besuch kommen würden, um den Geburtstag der Schwester zu feiern. Paula hatte sich gefreut. Sie hatte ihre Schwester lange nicht gesehen, und auch andere Verwandte und Bekannte würden kommen, denen sie schon länger nicht begegnet war. Die Anfahrt mit dem Auto würde zwar mehrere Stunden dauern, aber für eine Übernachtungsmöglichkeit war gesorgt.

Als sie ihrem Mann davon berichtete und ihn nach seiner Meinung fragte, reagierte er zurückhaltend und ausweichend. Mehr als ein unbestimmtes Brummen war letztlich nicht aus ihm herauszubekommen, und als sie schließlich sagte: „Wenn du dich nicht äußern magst, kann ich ja allein entscheiden", hatte er nur geantwortet: „Wenn du meinst."

Daraufhin hatte Paula ihre Schwester angerufen und zugesagt. Das Wochenende war auch ganz leidlich verlaufen, sie hatte ihre Schwester und andere Verwandte gesehen, und sie hatte viele nette Gespräche geführt. Auch ihr Mann hatte sich angeregt unterhalten und sich nicht gelangweilt oder sich fehl am Platz gefühlt – so jedenfalls war ihr Eindruck gewesen. Streit hatte es keinen gegeben.

Zu Hause war es dann aber zum Krach zwischen Paula und Uwe gekommen. Er warf ihr vor, nicht auf seine Bedürfnisse Rücksicht zu nehmen und nur ihren Interessen zu folgen. Was er wolle und wofür er sich eigentlich interessiere, sei ihr vollkommen gleichgültig. Er fühle sich wie ein fünftes Rad am Wagen. Wäre sie doch allein gefahren. – Paula kannte solche Situationen zwar, schließlich war es nicht der erste Vorfall dieser Art, aber verstehen konnte sie ihren Mann nicht. Sie hatte ihn nach seiner Meinung gefragt, und er hätte doch etwas sagen können. Statt dessen hatte er geschwiegen und alles über sich ergehen lassen, und nun, hinterher, machte er ihr Vorwürfe. Dies empfand sie als ungerecht.

Neben der Wut spürte sie aber auch Schuldgefühle in sich aufsteigen. Vielleicht hatte sie ja doch etwas falsch gemacht, schließlich kannte sie ihren Mann gut genug, um diese Situation vorherzusehen. Bei der nächsten Gelegenheit würde sie vielleicht aus Rücksicht auf ihren Mann absagen. Oder war es doch vielmehr die Angst vor der Reaktion ihres Mannes, die sie vorsichtig werden ließ? So konnte es jedenfalls nicht weitergehen.

Uwe bestätigte in der Eheberatung die Schilderung von Paula weitgehend. Auf die Frage, warum er denn keine Bedenken angemeldet hatte, als Paula ihn nach seiner Meinung fragte, sagte er zunächst: „Ich weiß nicht. Mir kam die Einladung nicht gelegen, aber Paula freute sich darauf, ihre Schwester zu sehen, und ich mochte ihr die Freude daran nicht verderben." Angesichts des Streits, den er nach dem Wochenende vom Zaun gebrochen hatte, mußte Uwe zugeben, daß er seiner Frau zwar nicht vorher, dafür aber hinterher um so gründlicher die Freude verdorben hatte. Er hatte also genau das getan, was er nicht tun wollte.

Im Laufe eines längeren Gesprächs wird deutlich, daß in Uwe eine Vielzahl von Interessen, Stimmungen und Vorurteilen miteinander in Konflikt gerieten, was im Resultat dazu führte, daß er gar nicht mehr in der Lage war, sich zu äußern. Im einzelnen spielten die folgenden Gesichtspunkte eine Rolle:

1. An diesem Wochenende wollte Uwe eigentlich eine Automobilausstellung besuchen, die nur noch dieses Wochenende geöffnet war, und außerdem den Garten aufräumen. Die letzten Wochenenden hatte es geregnet, und nun sollte endlich die Sonne scheinen. Uwe hatte seine Aktivitäten schon fest vor Augen, er wußte, welche Autos er sich ansehen wollte, was genau ihn interessierte, und er hatte auch schon innerlich eine Liste der Arbeiten erstellt, die er in der verbleibenden Zeit im Garten erledigen wollte. Paulas Anliegen warf seine ganze Planung über den Haufen.
2. Andererseits bot sich ihm die Möglichkeit, etwas mit seiner Frau gemeinsam zu unternehmen, was er auch schon lange nicht mehr getan hatte. Dies würde bedeuten, daß er auf seine Vorhaben verzichten müßte.

3. Sein schlechtes Gewissen regte sich und flüsterte ihm zu: „Uwe, du bist ein Egoist, du denkst nur an dich selbst."
4. Der Ehemann von Paulas Schwester war ihm zutiefst unsympathisch, weil er in Uwes Augen rechthaberisch war und zur Angeberei neigte. Eigentlich kam es regelmäßig zu kleinen Streitereien zwischen den beiden, und dazu hatte Uwe keine Lust.

All dies hätte er seiner Frau natürlich sagen können, aber die verschiedenen Stimmen, die sich in seinem Inneren regten und zu Wort meldeten, bekam er nicht auf einen Nenner. Also sagte er gar nichts, was seine Frau veranlaßte, die Initiative zu ergreifen. Und genau diese Fähigkeit seiner Frau, die Initiative zu ergreifen, war es, was später, nach dem gemeinsam verbrachten Wochenende, den Krach auslöste. Uwe fühlte sich unverstanden, mußte sich allerdings insgeheim eingestehen, daß er dieses Unverständnis seiner Frau durch sein Schweigen selbst provoziert hatte. Er ärgerte sich, daß er mit sich selbst nicht zu Rande gekommen war, und richtete nun diesen Ärger nach außen, auf seine Frau.

Das Modell des inneren Teams

Jeder von uns kennt Situationen, in denen er mehrere Stimmen oder Gedankenströme und daran gekoppelte Empfindungen in sich wahrnimmt und ihnen nicht gerecht werden kann. Das kommt schon in ganz alltäglichen Situationen vor, z.B. wenn man sich nicht entscheiden kann, welches Fernsehprogramm man sehen oder welche Pizza man im Restaurant bestellen möchte. Manchmal regen sich gegensätzliche Stimmen auch erst, wenn die eigentliche Entscheidungssituation vorbei ist.

So kann es vorkommen, daß man von einem Freund um Hilfe beim Umzug gebeten wird und zusagt, sich aber später ärgert, weil dieser Freund zwar gerne Hilfe annimmt, aber seinerseits immer eine andere Verpflichtung vorschiebt, wenn er selbst um Hilfe gebeten wird. In diesem Beispiel melden sich verschiedene Stimmen nacheinander: Die eine, die Hilfsbereitschaft signalisiert, ist sofort zur Stelle, die andere, die sich ausgenutzt fühlt, verschafft sich erst später Gehör. In anderen Situationen ertönen verschiedene Stimmen gleichzeitig – wie in dem Beispiel von Paula und Uwe –, beeinflussen sich gegenseitig, verstärken oder lähmen sich.

Eine Möglichkeit, mit solchen inneren Konflikten umzugehen, ist es, die verschiedenen Stimmen, die sich in einer Situation regen, zu identifizieren, zu benennen und als fiktive Teilpersönlichkeiten zu behandeln, die in der menschlichen Psyche zusammenwirken. Hierzu gibt es verschiedene Ansätze, z.B. von Richard Schwartz (1997) oder Friedemann Schulz von Thun (1998).

Das Modell des inneren Teams von Schulz von Thun, auf das ich an dieser Stelle näher eingehen werde, geht von der inneren Vielfalt als einer Realität aus. Eine ausführliche Darstellung, insbesondere des Umgangs mit dem Modell, kann an dieser Stelle nicht erfolgen. Dazu sei auf das sehr lesenswerte Buch „Miteinander reden 3" von Friedemann Schulz von Thun verwiesen. Im folgenden werden also nur Grundzüge geschildert.

In einer bestimmten Situation geht es darum, die inneren Stimmen, die sich jeweils melden, einzeln zu identifizieren, ihre Botschaft aus dem inneren Stimmengewirr herauszuhören und dann, wenn jede Stimme einzeln gehört wurde, zu einer Lösung – einer Handlungsweise – zu kommen, die einen vertretbaren Kompromiß darstellt. Dabei wird jede einzelne Stimme gewissermaßen wie eine individuelle Persönlichkeit behandelt, die nach Möglichkeit auch namentlich benannt wird, denn es zeigt sich, daß eine Stimme nicht nur etwas zu sagen hat, sondern daß sich an diese Botschaft auch Gefühle und Handlungsimpulse knüpfen. Schulz von Thun spricht von Teammitgliedern:

> „Jedes Teammitglied hat eine *Botschaft.* Der Text dieser Botschaft ist freilich nicht immer von Anfang an gegeben, muß erst durch eine innere Erkundung ‚spruchreif' gemacht werden. [...]
>
> In der Regel hat der Text kognitive, emotionale und motivationale Komponenten. Zu deutsch: Es sind Gedanken, Gefühle und Bedürfnisse darin enthalten. Mehr noch, auch Werthaltungen, Normen und entsprechende Befehle an sich selbst. [...]
>
> Sobald wir in etwa die Botschaft kennen, können wir dem Mitglied einen *Namen* geben." (Schulz von Thun, S.24 f.)

Die Teammitglieder möchte Schulz von Thun allerdings nicht als eigenständige Wesen oder Persönlichkeiten verstanden wissen. Aber er stellt fest:

> „Auf jeden Fall sind es [die verschiedenen Seelen in der Brust; T.H.] energiegeladene seelische Einheiten, die ein Anliegen enthalten und sich bei bestimmten Anlässen melden und inneren Raum einnehmen, die etwas zu sagen haben oder auch Handlungsimpulse verwirklichen, das heißt, direkt ‚in Aktion treten'." (ebd., S.31)

Und etwas später heißt es:

> „Die ‚Mitglieder des Inneren Teams' [...] sind konzipiert als einheitliche Impulsmuster, als eindimensionale Geraden im seelischen Kräfteparallelogramm, als Teile, die *ein* seelisches Anliegen vertreten bzw. in der inneren Gruppendynamik *eine* bestimmte Rolle übernehmen. Sie sind damit nicht etwa gleichbedeutend mit Verhaltensweisen oder Gefühlen." (ebd., S.31 f.)

Jedes Teammitglied steht somit für einen Seelenimpuls, der sich in Reinkultur schauspielerisch darstellen ließe. Die Personifizierung dieser Seelenimpulse ist somit nicht wörtlich zu nehmen, sondern ein Kunstgriff, um diese Impulse in ihrem Streben und Wirken zu identifizieren und zu begreifen. Dies ist wichtig zu betonen, weil das Modell des inneren Teams die innere Vielfalt anerkennt, aber die menschliche Psyche nicht im Sinne einer multiplen Persönlichkeit verstanden wissen möchte, einer psychischen Erkrankung, die dazu führt, daß innerhalb einer Psyche verschiedene unabhängige Teilpersönlichkeiten stehen, die jeweils ein eigenes Bewußtsein haben und abwechselnd die Herrschaft über den Menschen übernehmen.

Multiple Persönlichkeiten

Um den Unterschied zwischen dem Modell des inneren Teams und einer multiplen Persönlichkeit deutlich zu machen, gehe ich kurz auf die psychische Störung der multiplen Persönlichkeit ein. In einem Lehrbuch der Psychologie wird dieses Phänomen folgendermaßen beschrieben:

> „Die Multiple Persönlichkeit ist eine dissoziative psychische Störung, bei der in einem Individuum zwei oder mehr unterschiedliche eigenständige Persönlichkeiten existieren. Zu jedem Zeitpunkt beherrscht eine dieser Persönlichkeiten das Verhalten.
>
> Die einzelnen Persönlichkeiten sind sich der Existenz der jeweils anderen in unterschiedlichem Ausmaß bewußt. Sie verfügen über eine einzigartige Identität, einen eigenen Namen, eigene soziale Beziehungen, Verhaltensmuster und sogar über typische Gehirnwellenaktivitäten. In einigen Fällen entwickeln sich Dutzende von Charakteren, um dem Individuum zu helfen, mit einer schwierigen Lebenssituation zurechtzukommen. Die Entstehung dieser unterschiedlichen Persönlichkeiten, deren jede ein eigenes Bewußtsein hat, erfolgt ganz plötzlich auf streßreiche Erfahrungen hin. [...]

Bei Patienten mit Multipler Persönlichkeit handelt es sich typischerweise um Frauen, die während ihrer Kindheit über lange Zeit von ihren Eltern, Verwandten oder engen Freunden körperlich schwer mißhandelt oder sexuell mißbraucht wurden. Möglicherweise wurden sie von Menschen, die sie hätten lieben sollen und von denen sie so abhängig waren, daß sie sich nicht wehren oder weglaufen konnten, geschlagen oder eingesperrt. Durch die Dissoziation sind sie symbolisch geflüchtet. Sie schützen ihr verwundbares Selbst, indem sie härtere innere Schauspieler und Schauspielerinnen schaffen, die ihnen helfen, die traumatische Situation zu bewältigen. Irgendwie konstruieren diese mißbrauchten Kinder sich eine andere Wirklichkeit und leben sich darin so ein, daß sie zum Ersatz der tatsächlichen Realität wird." (Zimbardo, S.620 f.)

Die Leitung durch das Oberhaupt

Schulz von Thun will die einzelnen Teammitglieder im Gegensatz dazu nicht als pathologische Erscheinung, sondern als allgemeines psychisches Phänomen mit dem wesentlichen Unterschied verstanden wissen, daß eine ordnende Instanz – Schulz von Thun spricht vom Oberhaupt – vorhanden ist, die in der Lage ist, die einzelnen Stimmen wahrzunehmen, zwischen ihnen Beziehungen herzustellen, zu lautstarke Schreier in ihre Schranken zu weisen usw.:

„Wir sind alle ‚multiple Persönlichkeiten'; was uns aber vor einer multiplen Persönlichkeitsstörung bewahrt, ist die ‚Ko-Bewußtheit', die Fähigkeit zur Teambildung unter der Regie eines gut entwickelten Oberhaupts. Freilich trennt uns vom [pathologischen; T.H.] Nachbarn keine sichere Grenze. Trübungen der Ko-Bewußtheit, Mangel an innerem Wir-Gefühl, mißlungene Teambildung und eine gelegentliche oder dauerhafte Führungsschwäche des Oberhaupts: Das sind ja geläufige Normalphänomene gesunder Menschen, bis hin zu gelegentlichen ‚bürgerkriegsähnlichen Zuständen'!" (Schulz von Thun, S.114)

Unter normalen Umständen sind die einzelnen Teammitglieder nicht isoliert, sondern wirken aufeinander ein und beeinflussen einander:

„Die inneren Mitglieder stehen (meist) nicht unverbunden nebeneinander, sondern nehmen miteinander Kontakt auf, reden miteinander, gehen Beziehungen ein (innere Gruppendynamik). Je nachdem, welches *innere Betriebsklima* hier herrscht, werden wir uns mehr oder minder gut oder schlecht fühlen, werden wir unsere Kraft im Bewältigen der inneren Verhältnisse verbrauchen oder für kraftvolles Handeln zur Verfügung haben. Das Innere Team ist das Entwicklungsziel, der ‚zerstrittene Haufen' oft der reale Ausgangspunkt." (ebd., S.29)

Das ist ja gerade das Problem: Wir hören oft alle Stimmen gleichzeitig und bekommen keine Ordnung in das innere Stimmengewirr. Hier setzt die Arbeit mit dem inneren Team an.

Arbeit mit dem inneren Team

Der erste Schritt in der Arbeit mit dem inneren Team ist die Identifizierung der einzelnen Stimmen. Es gibt Stimmen, die sich früh zu Wort melden, und andere, die sich erst später, wenn sich der erste seelische Sturm gelegt hat, ans Tageslicht trauen. Einige Stimmen sind immer vertreten, andere nur in bestimmten Situationen. Während wir einige Stimmen gern hören und ihnen bereitwillig folgen, neigen wir dazu, andere, wenn möglich, zu überhören.

So meldet sich z.B. in der Verliebtheitsphase eine Nähe suchende Stimme – „Ich will bei dir sein, auf immer und ewig, ganz nah und unzertrennlich!" – und bringt die Abstand suchende Stimme zum Schweigen, die leise ruft: „Ich brauche auch Zeit für mich, ich habe eigene Interessen; ich bin auch allein, ohne dich, von Wert."

In der beruflichen Situation ist gegenüber dem Chef vielleicht ein Ducker und Jasager am deutlichsten zu hören, während gegenüber unterstellten Mitarbeitern oder aber zu Hause ein Aufbegehrer und Tyrann das Sagen hat.

Eine Schwierigkeit entsteht dadurch, daß die inneren Stimmen der einzelnen Teammitglieder in einer Selbsterkundung erforscht oder mit Hilfe eines Klärungshelfers ans Tageslicht gebracht werden müssen. Dabei sind mit inneren Stimmen nicht nur Gedankenströme gemeint, sondern auch Stimmungen, undeutliche Gefühle oder ähnliches:

„Wenn wir von ‚inneren Stimmen' sprechen, dann meinen wir weder ein akustisches Erlebnis noch unbedingt eine sprachliche Formulierung – diese ist oft erst das Endergebnis einer Selbsterforschung. Vielmehr melden sich die Einheiten in ganz unterschiedlicher Weise: als ein (‚irgendwie ungutes') Gefühl, als (Ver-)Stimmung, als ein (‚sich aufdrängender') Gedanke, als (,plötzlicher') Impuls, etwas zu tun oder zu lassen, als Körpersignal oder Krankheit (,Was wollen dir deine Kopfschmerzen sagen?'), als Befehl an die Gesamtperson (,Bloß weg hier!' usw.).

Zuweilen stehen sprachlicher Text und Bedeutung der inneren Regung sogleich zur Verfügung, zuweilen wollen sie erst mühsam erschlossen werden. Vielleicht verspüre ich bei irgendeiner Sache ein ‚Grummeln in der Magengegend'. Gut, wenn ich es wahrnehme und nicht übergehe, aber ich sollte auch herausbekommen, was es ‚sagt' – und was ‚es mir sagen will'.

Zuweilen spüren wir solche Impulse gar nicht von innen, sondern lesen sie von den Gesichtern unserer Mitmenschen ab. Wenn ein Mann bequem auf dem Sofa liegt, und seine Frau betritt das Zimmer, dann kann es passieren, daß ihr Blick ihm sagt: ‚Häng nicht so herum, tu was Vernünftiges!' Hat sie aber ganz harmlos geschaut, dann war es wohl sein eigener Antreiber, der auf der Lauer lag und sich den Text von den Augen seines Gegenübers abgeholt hat. Indem wir *Projektionen* als solche erkennen, kommen wir eigenen Anteilen auf die Spur. Andernfalls ist der Mann dazu verdammt, den eigentlich inneren Kampf nach außen zu verlagern." (ebd., S.35 f.)

Nachdem alle wesentlichen Stimmen identifiziert wurden, geht es in dann einem zweiten Schritt darum, die Teammitglieder miteinander ins Gespräch zu bringen. An dieser Stelle kommt das Oberhaupt ins Spiel, die Ich-Instanz, die auf der Grundlage deutlicher Vorstellungen der einzelnen Seelenregungen ordnend und lenkend in das seelische Treiben eingreifen kann:

„Bezeichnenderweise sagen wir ‚ich' und nicht ‚wir', trotz aller inneren Pluralität. Das bedeutet, wir identifizieren uns mit jener Instanz, die über dem Ganzen steht und die Einheit stiftet. Dieses übergeordnete Ich nimmt die Stimmen der inneren Mitglieder auf, jedenfalls soweit sie in Rufnähe gelangen, und erkennt sie als Teile des Selbst an, jedenfalls als existent, wenn auch nicht immer als erwünscht. Wenn es darum geht zu entscheiden, welche inneren Mitglieder sich in welcher Weise und in welcher Kombination in Handlungen und Äußerungen verwirklichen sollen – mit anderen Worten: Wenn es darum geht zu entscheiden, was nach außen dringt –, behält das Oberhaupt das letzte Wort, jedenfalls solange es Herr im eigenen Hause ist und nicht vor seelischen Teilkräften (vorübergehend oder endgültig) kapitulieren muß, die die ‚Herrschaft über die Seele übernommen' haben, wie es bei Dostojewski im ‚Spieler' heißt [...]." (ebd., S.68)

Noch einmal: Uwes Lähmung

In dem oben geschilderten Beispiel hätte Uwe mehrere Stimmen in sich identifizieren können: Der ersten Stimme, die sich sogleich meldete und die Aktivitäten für das Wochenende bereits fest vor Augen hatte, könnte man den Namen „der Planer" geben. Der Planer muß im voraus wissen, wie das Wochenende abläuft und was im einzelnen zu tun ist, er überläßt nichts dem Zufall und duldet keinen Müßiggang.

Da aber die Planung aus der Sicht Uwes erfolgt ist und er seine Frau nicht miteinbezogen hat, kann man davon ausgehen, daß diese Stimme von einer zweiten unterstützt wird, nämlich einem Egoisten oder, neutraler, einem Auf-sich-selbst-Bedachten. Dieser wacht darüber, daß es der Persönlichkeit insgesamt gutgeht. Dieser Auf-sich-selbst-Bedachte ist es auch, der sich nach dem gemeinsamen Wochenende im Streit lautstark zu Wort meldet, weil er sich übergangen und von Paula nicht genügend gehört fühlte. Ihm springt allerdings noch ein Aufbegehrer zur Seite und verleiht ihm die nötige Energie und Lautstärke.

Als nächstes meldet sich das schlechte Ehegewissen, das Uwe zuflüstert: „Du mußt etwas mit deiner Frau gemeinsam unternehmen. Immer denkst du nur an dich. Du solltest dich was schämen." Diese Stimme kriegt sich sofort mit dem Planer und dem Auf-sich-selbst-Bedachten in die Wolle, denn das schlechte Ehegewissen rät Uwe, seine Wochenendplanung hintanzustellen und seiner Frau nachzugeben. Diese Stimme kann Uwe übrigens am schlechtesten vertragen, denn sie weist auf seine persönliche Schuld hin: „Du bist ein Egoist und vergißt deine Verpflichtungen als Ehemann." Deshalb aktiviert sie im Streit auch den Verdränger, der postwendend Paula genau das Verhalten vorwirft, das Uwe sich selbst zum Vorwurf machte.

Schließlich meldet sich in Uwe noch die Stimme, die die Abneigung gegen den Ehemann von Paulas Schwester zum Ausdruck bringt. Vielleicht ist sie angesichts der Angeberei in ihrer Eitelkeit verletzt, vielleicht fühlt sie sich durch die Rechthaberei wie ein kleines Kind behandelt, was wiederum einen Empörer auf den Plan ruft. Auf jeden Fall aber schreit sie: „Da will ich nicht hin, das wird unangenehm für mich."

Alle diese Stimmen – und vielleicht noch einige weitere – waren in Uwe gleichzeitig aktiv, allerdings nicht in der hier beschriebenen expliziten sprachlichen Form. Uwe hätte sich kaum in dieser Weise äußern können. Statt dessen bewirkte das Stimmengewirr, daß er wie antriebslos und gelähmt war und gar nichts mehr sagen konnte. Hätte Uwe die Aussagen der verschiedenen Stimmen parat gehabt, dann hätte sein Oberhaupt lenkend eingreifen und zwischen ihnen einen Kompromiß aushandeln können, der zwar nicht allen Stimmen vollkommen entsprochen hätte, aber ein der Situation angemessenes Verhalten ermöglicht und den Streit am Ende vermieden hätte. Zumindest wäre er in der Lage gewesen, sie seiner Frau gegenüber zu artikulieren und mit ihr gemeinsam zu einer tragfähigen Lösung zu kommen.

Konsequenzen

Das Modell des inneren Teams bietet die Möglichkeit, die verschiedenen Seelenanteile, die sich ständig in uns regen, zu identifizieren und sozusagen in Reinkultur zum Klingen zu bringen. Dies in methodisch geschickter Weise in Realsituationen umzusetzen, bedarf sicherlich größerer Übung und einer eingehenden Beschäftigung mit dem Thema und den dazu passenden Techniken, die Schulz von Thun beschreibt.

Selbsterkenntnis kann auf jeden Fall nicht umhin, die verschiedenen, zum Teil auch sehr gegensätzlichen und unversöhnlichen Teilpersönlichkeiten, die jeder Mensch in seiner Psyche vereint, zu akzeptieren und als zugehörig zum eigenen Selbst anzuerkennen. Die Schwierigkeit dabei ist, versöhnlich mit sich selbst umzugehen und handlungsfähig zu bleiben oder – z.B. im Fall einer depressiven Störung – die Handlungsfähigkeit zurückzugewinnen. Das Modell des inneren Teams weist – als Methodik der Selbsterkenntnis verstanden – einen Weg, die verschiedenen gegensätzlichen Strebungen, die jeder Mensch in sich wahrnimmt, zu akzeptieren und zu integrieren. Auf diese Weise bietet sich die Möglichkeit, die eigenen Seelenregungen differenzierter kennenzulernen und bewußt gestaltend in innerseelische Entscheidungsprozesse einzugreifen. Das Oberhaupt in der menschlichen Seele lernt, den einzelnen Stimmen zuzuhören, und es befreit sich von dem Zwang, der lautesten und schnellsten Stimme folgen zu müssen.

Literatur:

Casey, Joan Frances: Ich bin viele. Eine ungewöhnliche Heilungsgeschichte. Reinbek 1993.

Jaeggi, Eva/Hollstein, Walter: Wenn Ehen älter werden. Liebe, Krise, Neubeginn. München 1985.

Maslow, Abraham A.: Psychologie des Seins. Frankfurt a.M. 1985.

Reinecker, Hans: Lehrbuch der Klinischen Psychologie. Göttingen ^{2}1994.

Schulz von Thun, Friedemann: Miteinander reden 3. Das „Innere Team" und situationsgerechte Kommunikation. Reinbek 1998.

Schwartz, Richard C.: Systemische Therapie mit der inneren Familie. München 1997.

Stierlin, Helm: Ich und die anderen. Psychotherapie in einer sich wandelnden Gesellschaft. Stuttgart 1994.

Zimbardo, Philip G.: Psychologie. Berlin/Heidelberg ^{6}1995.

Johannes Rogalla von Bieberstein
Die These von der Verschwörung 1776–1945
Philosophen, Freimaurer, Juden, Liberale und Sozialisten als Verschwörer gegen die Sozialordnung
216 S., kt. DM 33,–
ISBN 3-926841-36-2

Jimmy Carter
Frieden schaffen im Gespräch
Ein Impuls für die nächste Generation
206 S., kt. DM 32,–
ISBN 3-926841-71-0

Carola Cutomo
Medialität, Besessenheit, Wahnsinn
188 S., kt. DM 19,80
ISBN 3-926841-19-2

Klaus Engels
Destruktive Kulte im Spannungsfeld von Kirche und Gesellschaft
212 S., kt. DM 28,–
ISBN 3-926841-46-X

Hans-Diedrich Fuhlendorf
Rückkehr zum Paradies oder Erbauen des Neuen Jerusalem?
Geschichtsbetrachtungen in apokalyptischer Zeit
352 S., kt. DM 39,–
ISBN 3-926841-37-0

Wolfgang Gädeke
Anthroposophie und die Fortbildung der Religion
448 S., Leinen, DM 48,–
ISBN 3-926841-23-0
kt. DM 36,–
ISBN 3-926841-24-9

Dieter Hornemann
Geheimnisvolles Afrika
Anthroposophische Arbeit im Urwald
102 S., 32 farb. Abb., kt. DM 26,–
ISBN 3-926841-60-5

Johannes Kiersch
Fragen an die Waldorfschule
148 S., kt. DM 19,80
ISBN 3-926841-33-8

Peter Krause
Das Judasproblem
Von den spirituellen Hintergründen der Gewalt
128 S., kt. DM 19,80
ISBN 3-926841-38-9

Peter Krause
Feuer in Tschernobyl
Die Ukraine nach dem SuperGAU
168 S., 37 farb. Abb., kt. DM 28,–
ISBN 3-926841-58-3

Peter Krause, Faustus Falkenhahn (Hg.)
Einsam – gemeinsam
Jugend im Gespräch
192 S., kt. DM 22,80
ISBN 3-926841-43-5

Ernst-Martin Krauss
Holzwege, Steinwege ...
Erlebnisse mit Elementarwesen
92 S., Großformat, 13 farb. Abb., gebunden, DM 56,–
ISBN 3-926841-35-4

Jukka Kuoppamäki
Einsam – gemeinsam
Jugendliche singen Lieder mit Jukka Kuoppamäki
Musikkassette, DM 22,–

Andreas Meyer (Hg.)
Seele und Geist
Ansätze zu einer spirituellen Seelentherapie
160 S., kt. DM 26,–
ISBN 3-926841-47-8

Hans Philippsen
Götter, Hexen und Naturgeister
Sagen und Sagenhaftes der Insel Föhr
144 S., 16 farb. Abb., kt. DM 24,80
ISBN 3-926841-84-2

Sidney Saylor Farr
Tom Sawyers Nah-Todeserfahrung und die Wandlung seines Lebens
204 S., kt. DM 32,–
ISBN 3-926841-82-6

Heinz Schimmel (Hg.)
Tanz der Seelen
Der Tod als Verwandler der Seele. Die Totentanzdichtung von Joachim Fernau und ihre eurythmische Darstellung
108 S., 14 farb. Abb., kt. DM 25,–
ISBN 3-926841-53-2

Wolfgang Weirauch
Im Spiegel der Finsternis
Roman für Jugendliche und Erwachsene. Ab 13 Jahren.
252 S., geb. DM 33,–
ISBN 3-926841-86-9

Siehe auch die folgenden Seiten.

FH 11
Über Tod und Sterben
4. Aufl., 232 S., kt. DM 28,–
ISBN 3-926841-11-7

FH 13
Hexen, New Age, Okkultismus
3. Aufl., 196 S., kt. DM 19,80
ISBN 3-926841-08-7

FH 14
Erneuerung der Religion
Die Christengemeinschaft, Sakramente, Kirche und Kultus
4. Aufl., 184 S., kt. DM 16,80
ISBN 3-926841-07-9

FH 15
Waldorfschule und Anthroposophie
3. Aufl., 132 S., kt. DM 9,80
ISBN 3-926841-00-1

FH 16
Kulturvergiftung: Rauschgift, Sucht und Therapie
2. Aufl., 228 S., kt. DM 16,80
ISBN 3-926841-21-4

FH 17
Kulturvergiftung: Alkohol
2. Aufl., 160 S., kt. DM 16,80
ISBN 3-926841-34-6

FH 18
Biologisch-dynamische Landwirtschaft, Ökologie, Ernährung
2. Aufl., 184 S., kt. DM 19,80
ISBN 3-926841-03-6

FH 19
Musik
2. Aufl., 184 S., kt. DM 16,80
ISBN 3-926841-06-0

FH 20
Sexualität, Aids, Prostitution
2. Aufl., 170 S., kt. DM 14,80
ISBN 3-926841-09-5

FH 21
Aids
164 S., kt. DM 14,80
ISBN 3-926841-10-9

FH 22
Erkenntnis und Religion
Zum Verhältnis von Anthroposophischer Gesellschaft und Christengemeinschaft
132 S., kt. DM 14,80
ISBN 3-926841-13-3

FH 23
Engel
3. Aufl., 196 S., 9 farb. Abb., kt. DM 28,–
ISBN 3-926841-15-X

FH 24
Direkte Demokratie / 1789–1989
240 S., kt. DM 14,80
ISBN 3-926841-16-8

FH 25
Rechtsleben und soziale Zukunftsimpulse
Von der Dreigliederungsidee Rudolf Steiners zur Volksgesetzgebung
244 S., kt. DM 16,80
ISBN 3-926841-17-6

FH 26
Michael
Januskopf Bundesrepublik
184 S., 8 farb. Abb., kt. DM 16,80
ISBN 3-926841-22-2

FH 27
Strafprozeß, Strafvollzug, Resozialisierung
224 S., kt. DM 16,80
ISBN 3-926841-20-6

FH 28
Naturwissenschaft und Ethik
204 S., kt. DM 16,80
ISBN 3-926841-25-7

FH 29
Freie Schule
248 S., kt. DM 19,80
ISBN 3-926841-28-1

FH 30
Märchen
224 S., kt. DM 16,80
ISBN 3-926841-29-X

FH 31
Biographiearbeit
4. Aufl., 192 S., 7 farb. Abb., kt. DM 24,80
ISBN 3-926841-31-1

FH 32
Anthroposophen und Nationalsozialismus
168 S., kt. DM 16,80
ISBN 3-926841-32-X

FH 33
Destruktive Kulte, schwarze Magie, Sexualmagie
232 S., kt. DM 22,80
ISBN 3-926841-40-0

FH 34
Alte und neue Seelenfähigkeiten
192 S., kt. DM 19,80
ISBN 3-926841-41-9

FH 35
Die Christengemeinschaft heute
Anspruch und Wirklichkeit
212 S., kt. DM 19,80
ISBN 3-926841-42-7

FH 36
Schwangerschaftsabbruch
212 S., kt. DM 22,80
ISBN 3-926841-44-3

FH 37
Indianer
212 S., 6 farb. Abb., kt. DM 24,80
ISBN 3-926841-45-1

FH 38
Konfliktbewältigung
2. Aufl., 220 S., 10 farb. Abb., kt. DM 24,80
ISBN 3-926841-50-8

FH 39
Christus
184 S., 16 farb. Abb., kt. DM 24,80
ISBN 3-926841-51-6

FH 40
Ausländerhaß, Nationalismus, Rassismus
188 S., 13 farb. Abb., kt. DM 24,80
ISBN 3-926841-52-4

FH 41
Anthroposophie und Rassismus
212 S., kt. DM 24,80
ISBN 3-926841-54-0

FH 42
Sind wir noch zu retten?
Zerstörung oder Verwandlung der Erde?
224 S., 26 farb. Abb., kt. DM 24,80
ISBN 3-926841-56-7

FH 43
Gebet heute
168 S., kt. DM 24,80
ISBN 3-926841-57-5

FH 44
Scheidung – warum?
Partnerschaftsprobleme und ihre Bewältigung
2. Aufl., 228 S., 11 farb. Abb., kt. DM 28,–
ISBN 3-926841-59-1

FH 45
Hüter der Schwelle
Der Mensch am Abgrund
172 S., kt. DM 24,80
ISBN 3-926841-61-3

FH 46
Jugendideale
208 S., kt. DM 24,80
ISBN 3-926841-62-1

FH 47
Übungen zur Selbsterziehung
2. Aufl., 216 S., 16 farb. Abb., kt. DM 28,–
ISBN 3-926841-65-6

FH 48
Angst
188 S., 16 farb. Abb., kt. DM 24,80
ISBN 3-926841-66-4

FH 49
Depression
200 S., 8 farb. Abb., kt. DM 24,80
ISBN 3-926841-67-2

FH 50
Erziehung
188 S., 8 farb. Abb., kt. DM 24,80
ISBN 3-926841-68-0

FH 51
Nah-Todeserfahrungen
Rückkehr zum Leben
168 S., kt. DM 24,80
ISBN 3-926841-72-9

FH 52
Auferstehung
Von der Gegenwart Christi
168 S., 8 farb. Abb., kt. DM 26,–
ISBN 3-926841-73-7

FH 53
Gedächtnis und Erinnerung
184 S., kt. DM 26,–
ISBN 3-926841-74-5

FH 54
Ernährungsfragen
176 S., kt. DM 26,–
ISBN 3-926841-75-3

FH 55
Naturgeister
Vom Wirken der Elementarwesen
196 S., 16 farb. Abb., kt. DM 26,–
ISBN 3-926841-76-1

Siehe auch das Verzeichnis auf der vorangehenden Seite.